U0657256

中国股市投资技巧全集系列 2

只有更好地学习　才能更多地赚钱

■ 股市四十八种核心技术全面解读
■ 股票实用技术分析技巧深度透析
■ 艺不在多　而在于精

将股市赢利进行到底

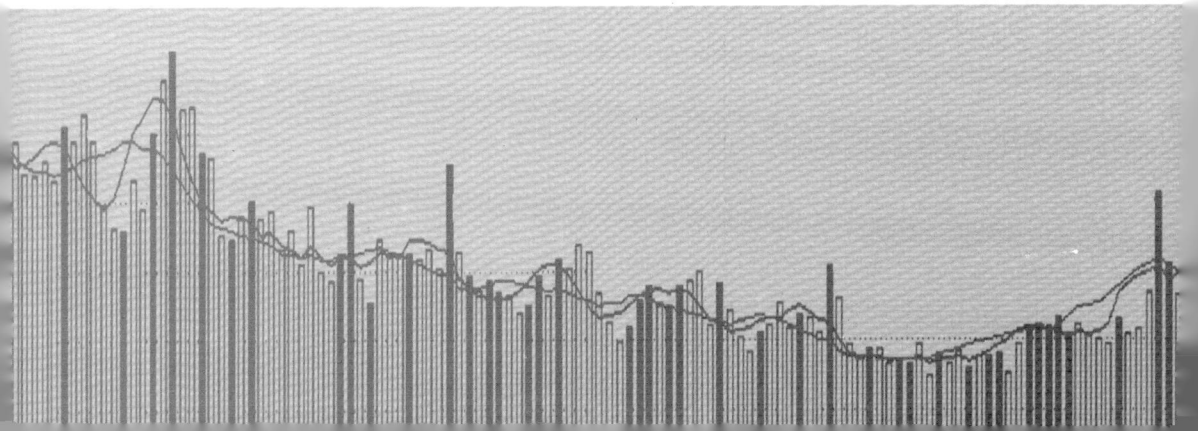

金牌股技

炒股的48种核心技术

尹宏 编著

海天出版社

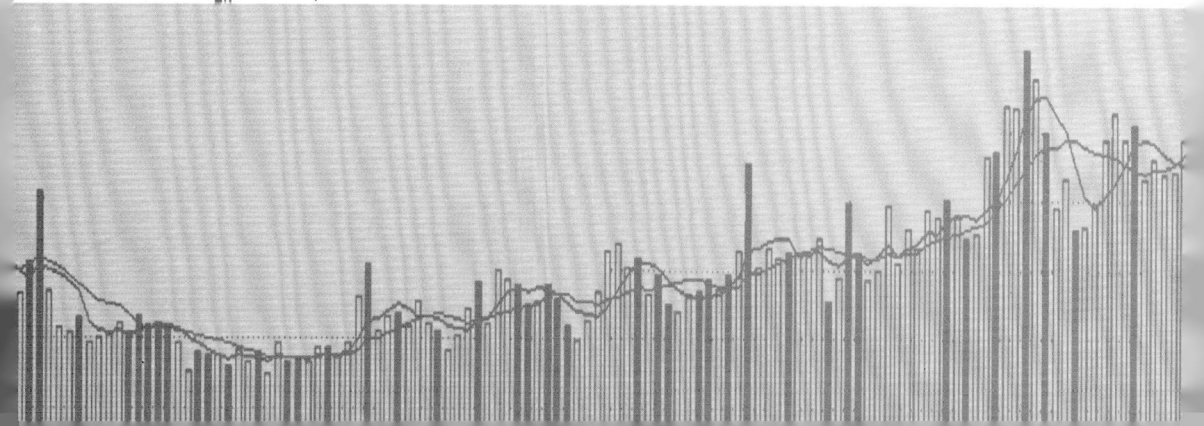

图书在版编目(CIP)数据

金牌股技 / 尹宏编著．—深圳：海天出版社，
2007.3
(中国股市投资技巧全集系列)
ISBN 978-7-80697-942-6

Ⅰ.金…　Ⅱ.尹…　Ⅲ.股票—证券投资—基本知识
Ⅳ.F830.91

中国版本图书馆CIP数据核字(2007)第021527号

责任编辑　来小乔（Email:lxq@htph.com.cn）
　　　　　张绪华（Email:zxh@htph.com.cn）
责任技编　钟愉琼
────────────────────
出版发行　海天出版社
地　　址　深圳市彩田南路海天大厦　（518033）
网　　址　www.htph.com.cn
订购电话　0755-83460137(批发)　83460397(邮购)
经　　销　新华书店
设计制作　深圳市海天龙广告有限公司　Tel:83461000
印　　刷　深圳市鹰达印刷包装有限公司
开　　本　787mm×1092mm　1/16
印　　张　15.75
字　　数　210千
版　　次　2007年5月第1版
印　　次　2007年6月第2次
印　　数　6001-9000册
总 定 价　84.00元（共3册 28.00元／册）
────────────────────
海天版图书版权所有，侵权必究。
海天版图书凡有印装质量问题，请随时向承印厂调换。

艺不在多　而在于精

技术分析是投资者入市交易的最主要分析工具，所有影响市场的因素最终必将反映到市场的价位波动之上，并形成一定的图形和数据，通过对这些图形和数据进行分析，将有助于投资者更加迅速地发现机会与风险所在。

技术分析包括画线分析、指标分析、形态分析和K线分析等等。每种分析都有很多种方法。以技术指标为例，技术指标的种类有很多，但是大多数技术指标的原理和基本算法是相通的，很多复杂的技术指标是通过对股市核心技术指标进行改变参数，附加条件和组合等来建造的，掌握了最根本的核心技术指标，就能够了解其它绝大多数指标的内涵。

本书分为四章，每章十二节，分别详尽介绍了各种技术分析方法中最核心的十二种技术。

学习技术分析的关键不在于多，而在于精，因为一个人的精力是有限的，股市行情却是瞬息万变的。投资者不需要用很多的技术指标分析行情，重要的是用那些市场适应性最强的核心技术。

在自己最熟悉的市场环境中，运用自己最熟悉的核心技术，投资最熟悉的股票，将是取得稳定收益的捷径。

很多投资者担心：那些股市中最根本的核心指标和技术已经在市场中长期存在，并被广泛应用，是否会被主力资金利用，成为"骗线"的手段。

其实，这种担心是没有必要。首先，这些指标和技术能够在市场中长期生存，已经证明了其旺盛的生命力；其次，经过长期的发展，这些核心技术的应用技巧已经得到了大幅扩展，并且形成了系统化的技术分析原理与技巧。在这种系统分析的作用下，主力资金将无所遁形。

同时，这也提醒了投资者，在学习技术的时候，不能简单了解各种技术分析方法的通用法则。而是要在充分理解基本原理及其一般应用法则基础上，还应对最重要的各种实用技巧作进一步分析，掌握技术分析的精髓，并在实际操作中逐步巩固和完善，将技术理论转化为实际的盈利策略。

尹　宏

2007 年 4 月

目 录

1 第一章　画线判势篇

67 第二章　指标选股篇

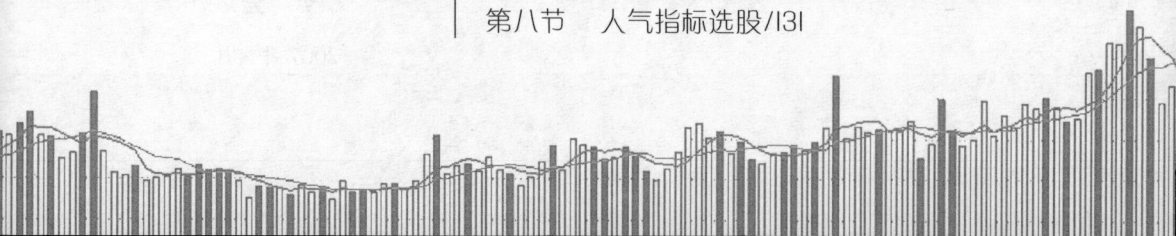

CONTENTS

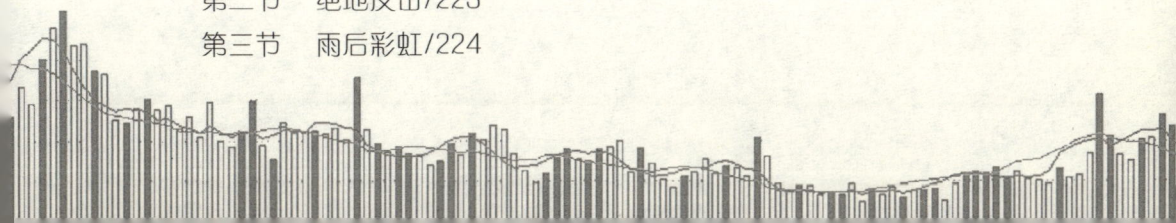

CONTENTS

第一章　画线判势篇

　　画线技巧所揭示的股价未来趋势往往是相当有效的，通常的画线是指股价较为明显的高点与高点、低点与低点之间的连线，这根连线一般构成股价上涨的压力线或股价下跌的支撑线；一组上升或下降的平行线将股价包括在其中，则构成股价的上升或下降轨道线；另外，百分线、黄金分割线、江恩角度线和速度线也属于画线分析方法。

　　画线对于研判大盘和个股的运行趋势相当有效。股市投资中只有"顺势而为"，才有可能立足于不败之地。实际上各种趋势分析方法，例如支撑和阻力、趋势线、通道、黄金分割率、速度线、江恩角度线等画线方法，阐述的都是如何更好地去把握市场趋势。

　　画线分析包含了极其重要的技术意义，它通过线条的方式说明股价运行过程中时间和空间、角度和间距、平衡和倾斜、反转和延续等技术内涵。

第一节　黄金分割线

"黄金分割率"是一种十分神奇的数字，用它来对股市行情进行预测分析，不仅能够较为准确地预测出股指或股价上涨或下跌的幅度，而且还能够测定股指或股价上涨过程中的各个阻力位（或压力位）和下跌过程中的各个支撑位。测出了股指或股价上涨过程中的各个阻力位和下跌过程中的各个支撑位，将为我们在持股待涨时最高能期望到什么程度，或在空仓观望时最低应看跌到什么程度，提供有力的参考依据。

一、神奇的"黄金分割率"

15世纪末期，法兰图教会的传教士路卡·巴乔里（LUCAPACIOLI）发现金字塔之所以能屹立数千年不倒，且形状优美，原因在于其高度与基座每边的结构比例为"5∶8"。因为有感于这个神秘比值的奥妙与价值，而使用了黄金一词，将描述此比例法的书籍命名为"黄金分割"。

数百年来，一些学者专家陆续发现，包括建筑结构、力学工程、音乐艺术，甚至于很多大自然的事物，都与"5∶8"比例近似的0.382和0.618这两个神秘数字有关：

5／（5＋8）＝0.3846

8／（5＋8）＝0.6154

而由于0.382与0.618这两个神秘数字相加正好等于1，所以，将"0.382"及"0.618"的比率称之为"黄金分割率"或"黄金切割率"。

许多专家学者指出，"黄金分割率"不但具有美学观点更具有达到机能的目的。比如，建筑物、门窗、画框、十字架、扑克牌和书籍等，它们长和宽的比例都十分接近于"黄金分割率"。再比如，一位正常成长的人，从肚脐到脚底的长度，大约占身躯总长度的0.618，而头顶到肚脐的长度，则大约占身躯总长度的0.382。如果某个人的身长比例恰巧是0.618及0.382，那么他（她）的身材必然非常匀称。另外，细菌繁殖的速率、海浪的波动、飓风云层及外层空间星云的旋转，都与"黄金分割率"所延伸的"黄金螺旋"1.618倍的比率有关。

最近数十年来，一些美国学者将"黄金分割率"应用在股市行情分析方面，发现并当股指或股价的上涨速度达到前波段跌幅的0.382倍或是0.618倍附近时，都会产生较大的反压，随时可能出现止涨下跌；当股指或股价出现下跌时，其下跌的幅度达到前波段涨幅的0.382或是0.618倍附近时，都会产生较大的支撑，随时可能出现止跌上涨。为什么会这么巧合呢？究其根源，既然自然界都受到"黄金分割"这种神奇力量的规范，那么，人类无可避免地也会受到自然界的制约。股市行情是集合众人力量的行为，它也属于一种自然的社会现象，因此其必然有规律可循，在一般情况下也不可能不受到自然界无形力量的制约。可以预言，在对股市行情的观察分析中，如果能够恰到好处地运用"黄金分割率"，必然能够较为准确地预测股指或股价的走势，大大提高股票投资的盈利率。

二、"黄金分割率"在股市中的应用

黄金分割线股市中最常见、最受欢迎的切线分析工具之一，主要运用黄金分割来揭示上涨行情的调整支撑位或下跌行情中的反弹压力位。不过，黄金分割线没有考虑到时间变化对股价的影响，所揭示出来的支撑位与压力位较为固定，投资者不知道什么时候会到达支撑位与压力位。因此，如果指数或股价在顶部或底部横盘运行的时间过长，则其参考作用则要打一定的折扣。与江恩角度线与江恩弧形相比略有逊色，但这丝毫不影响黄金分割线为实用切线工具的地位。

黄金分割线是利用黄金分割比率进行的切线画法，在行情发生转势后，无论是止跌转升或止升转跌，以近期走势中重要的高点和低点之间的涨跌额作为计量的基数，将原涨跌幅按0.191、0.382、0.5、0.618、0.809分割为5个黄金点，股价在反转后的走势将可能在这些黄金分割点上遇到暂时的阻力或支撑。黄金分割的原理源自弗波纳奇神奇数字即大自然数字，0.6180339……是众所周知的黄金分割比率，是相邻的弗波纳奇级数的比率，反映了弗波纳奇级数的增长，反映了大自然的静态美与动态美。据此又推算出0.191、0.382、0.809等，其中黄金分割线中运用最经典的数字为0.382、0.618，极易产生支撑与压力。

例如：从图中走势分析，股指的反弹明显受到整个下跌幅度的黄金分割位压制，行情也在此位置停止了上涨，再次转入弱市（见图1-1）。

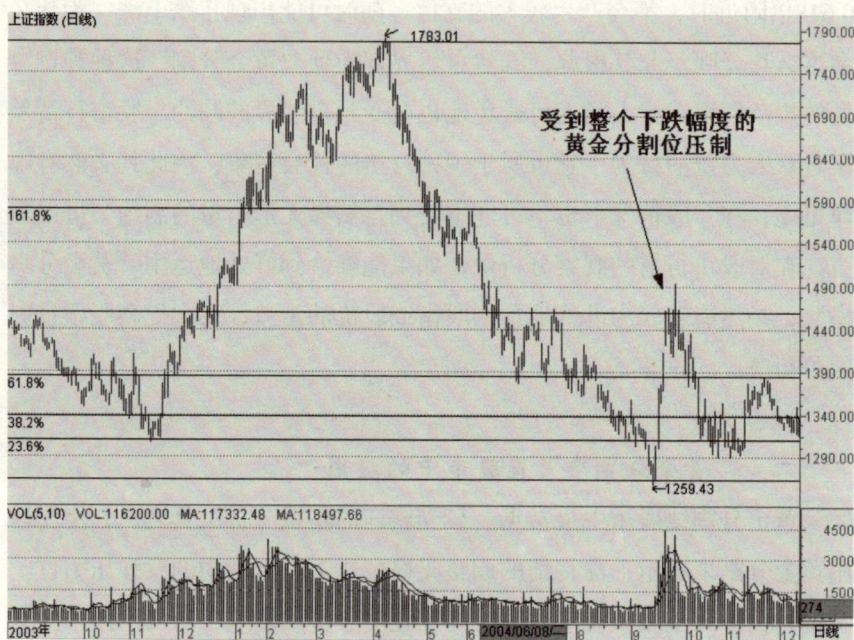

图1-1

目前，绝大多数股票分析软件上都有画线辅助功能，黄金分割线的作图比较简单，画法如下：

1. 首先是找到分析软件的画线功能将其点击（见图1-2）：

2. 在画线工具栏中点击黄金分割选项（见图1-3）：

3. 如果股价正处见底回升的阶段，以此低点为基点，用鼠标左键点击此低点，并按住鼠标左键不放，拖动鼠标使边线对齐相应的高点，即回溯这一下跌波段的峰顶，松开鼠标左键系统即生成向上反弹上档压力位的黄金分割线（见图1-4）。

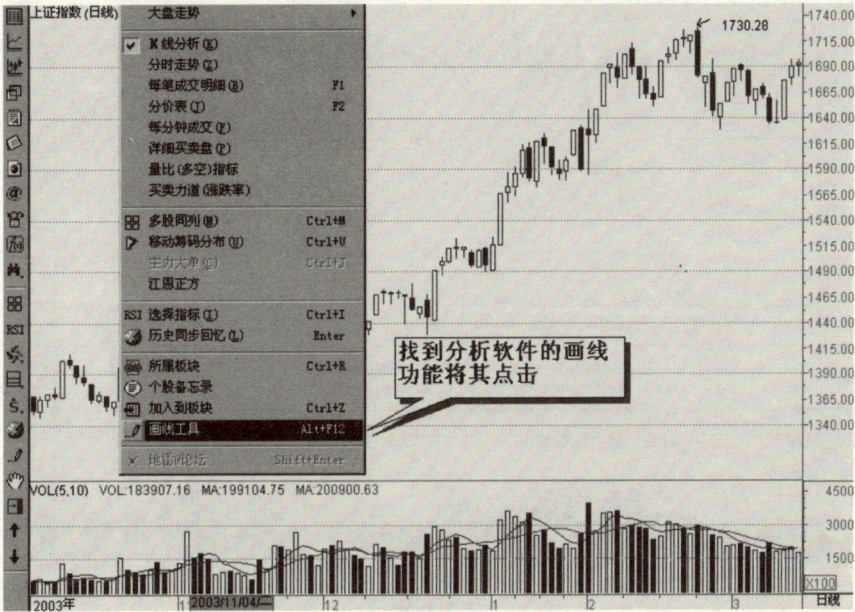

找到分析软件的画线功能将其点击

图1-2

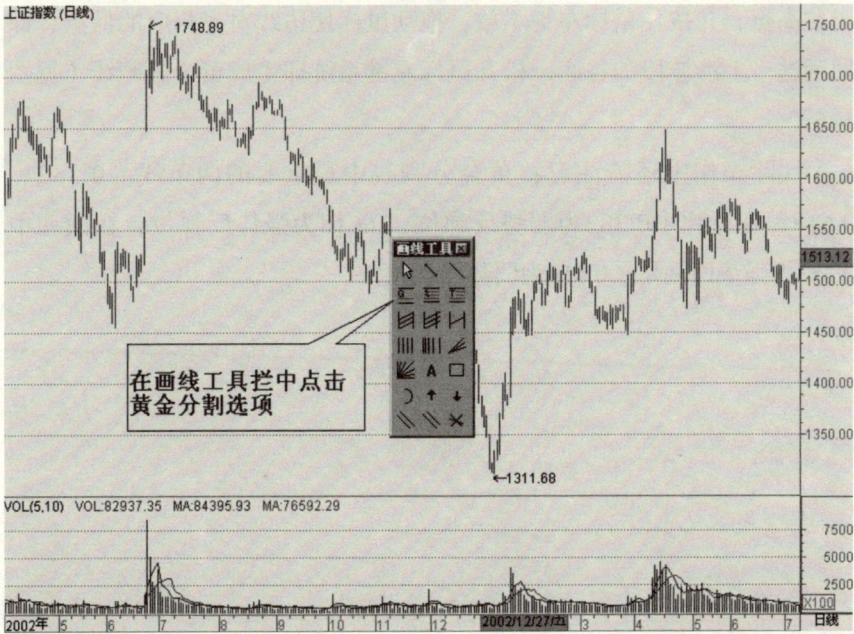

在画线工具栏中点击黄金分割选项

图1-3

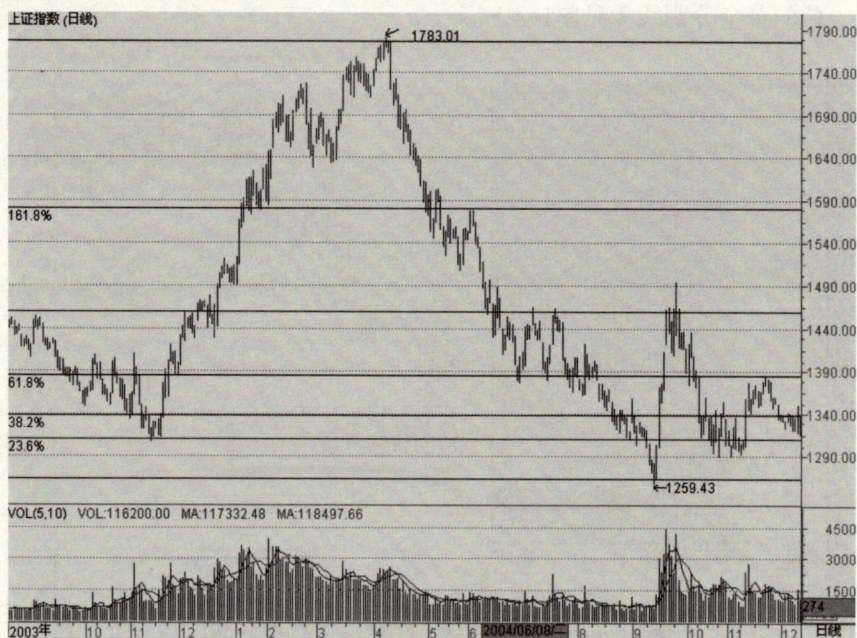

图1-4

如果股价正处于见顶回落的阶段，以此高点为基点，用鼠标左键点击此高点，并按住鼠标左键不放，拖动鼠标使边线对齐相应的低点，即回溯这一上涨波段的谷底，松开鼠标左键系统即生成黄金分割线（见图1-5）。

实际操作中还需注意：黄金分割线中最重要的两条线为0.382、0.618，在反弹中0.382为弱势反弹位、0.618为强势反弹位，在回调中0.382为强势回调位、0.618为弱势回调位。

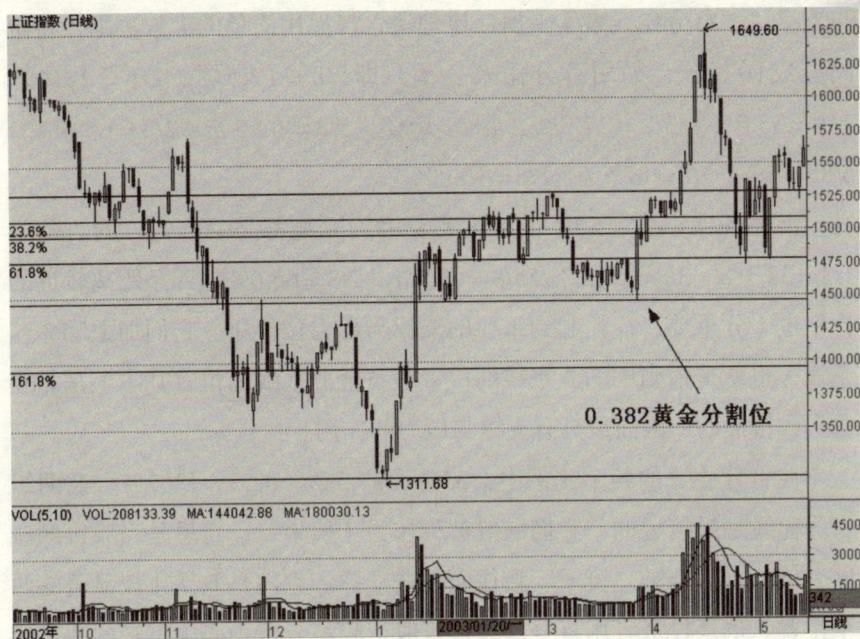

图1-5

第二节　百分比线

百分比线是一种比较常见、简便易行的切线分析工具，是利用百分比率的原理进行的切线分析，主要运用百分比率揭示支撑位或压力位，百分比线考虑问题的出发点是人们的心理因素和一些整数位的分界点，当股价持续向某个方向发展到一定程度，就会遇到压力或支撑，而这种压力和支撑位置与前一段时间的行情具有一定的联系。

百分比线将股价的前一次的涨跌过程作为重要的参照物，将上一次行情中重要的高点和低点之间的涨跌幅按1/8、2/8、1/3、3/8、4/8、5/8、2/3、6/8、7/8、8/8的比率生成百分比线来划分各等分。

百分比线可使股价的涨跌幅度更加直观，往往能形成重要的阻力位与支撑位。百分比线事实上属江恩理论，江恩用简单的大数法则，将空间分成10等分，如用百分比来表示，即1/8＝12.5%、2/8＝25%、1/3＝33.3%、3/8＝37.5%、4/8＝50%、5/8＝62.5%、2/3＝66.6%、6/8＝75%、7/8＝87.5%、8/8＝100%。

上述各比率中，50%最为重要，因为万物都是一分为二的，此外1/3＝33.3%、3/8＝37.5%及5/8＝62.5%、2/3＝66.6%这四条距离较近的比率也十分重要，往往起到重要的支撑与压力位作用。它们加上50%这条线，也就是最当中的五条线的位置与黄金分割线的位置基本上是相互重合或接近的，因而最具有支撑与压力的作用。

在百分比线的各个比例中，33%和37.5%、62.5%和67%。这两组百分比线是最接近的，它们一般被称作为"筷子"，意思是当股价触碰这个价位时，会被"筷子"夹住而无法动弹。它们是效果比较显著的两个位置。也是投资者用百分比线进行股价趋势分析中必须重视的两组比例。

以股价垂直比例分析的理论为主的百分比线不光是江恩理论的补充，同时能够和波浪理论进行正反对应。作为波浪理论3波上升浪、2波调整浪互相交错，循环往复的运行。而一般行情中的第1、3浪的高点应该落在筷子附近，据此可以预测股价可能上升的顶部和验证整波上升循环是否已经结束。

百分比线与黄金分割线不同之处在于所引用的比率不同，但两者的分析原理基本相似在对同一行情或个股进行分析时，所揭示的关键性点位的位置比较接近，因此在实际的应用中，二者是可以相互替代使用的。

百分比线与黄金分割线都是水平的直线，而其他的切线大多是斜的。水平切线只注重于支撑线和压力线所在的价位，而对什么时间达到这个价位不过多关心。而斜的支撑线和压力线会随着时间的向后移动，支撑位和压力位也要不断地变化。向上斜的切线价位会变高，向下斜的切线价位会变低，对水平切线来说，每个支撑位或压力位相对来说较为固定。

百分比线由于没有考虑到时间变化对股价的影响，所揭示出来的支撑位与压力位较为固定，因此，如果指数或股价在顶部或底部横盘运行的时间过长，则其参考作用则要打一定的折扣。为了弥补它们在时间上考虑得不周到，往往在画水平切线时多画几条。也就是说，同时提供好几条支撑线和压力线，提供的这几条中最终确有一条能起到支撑和压力的作用。为此，在应用黄金分割线和百分比线的时候，应注意它们同别的切线的不同。水平切线中最终只有一条被确认为支撑线或压力线，这样，别的被提供的切线就不是支撑线和压力线，它们应当自动被取消，或者说在图形上消失，只保留那条被认可的切线。这条保留下来的切线就具有一般的支撑线或压力线所具有的全部特性和作用，对于投资者今后的价格预测或趋势研判具有一定的帮助。

百分比线的作图比较简单，画法如下：

1. 如果股价的前一次行情是正处下跌阶段中，则以此前高点为基点，用鼠标左键点击此高点，并按住鼠标左键不放，拖动鼠标使边线对齐相应的低点，即回溯这一下跌行情的最低点，松开鼠标左键系统即生成百分比线（见图1-6）。

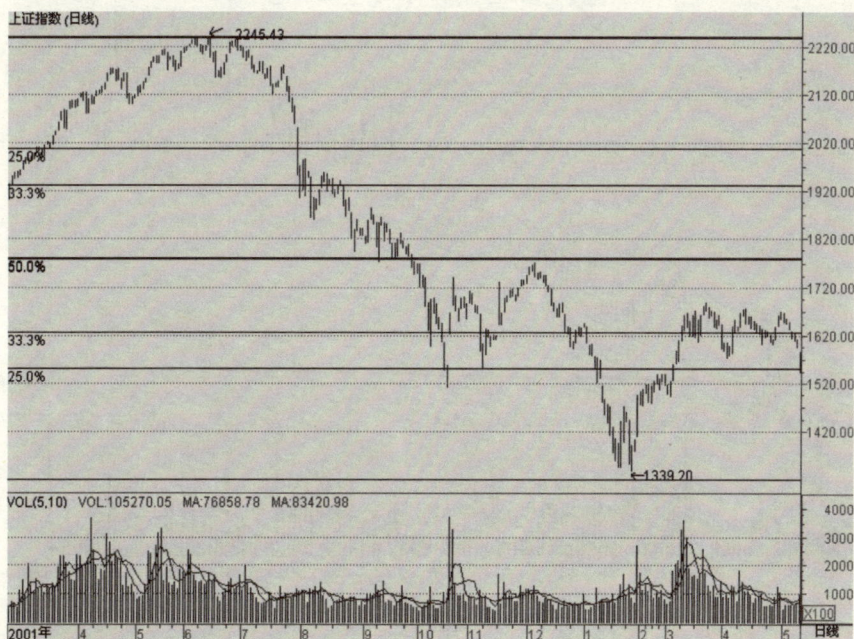

图1-6

第三节　趋势线

趋势线是一种简单明确的切线技术分析方法，其理论基础就是"顺势而为"。股市投资必须顺应趋势，不要逆势而为，所谓："顺势者昌，逆势者亡。"学会使用趋势线来确定趋势的方向，对于一个投资者来说，是必不可少的基本功之一。趋势线可以分为三类：

一、上升趋势线

上升趋势线是在股价持续上涨过程中，将每次的调整低点相连而形成的趋势线（见图1-7）。

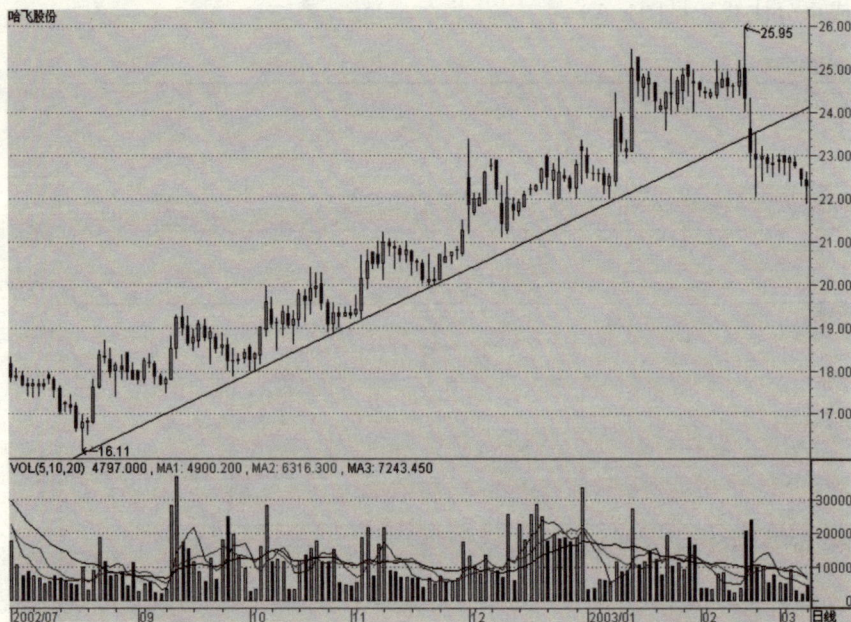

图1-7

二、下降趋势线

下降趋势线是在股价持续下跌过程中，将每次的反弹高点相连而形成的趋势线（见图1-8）。

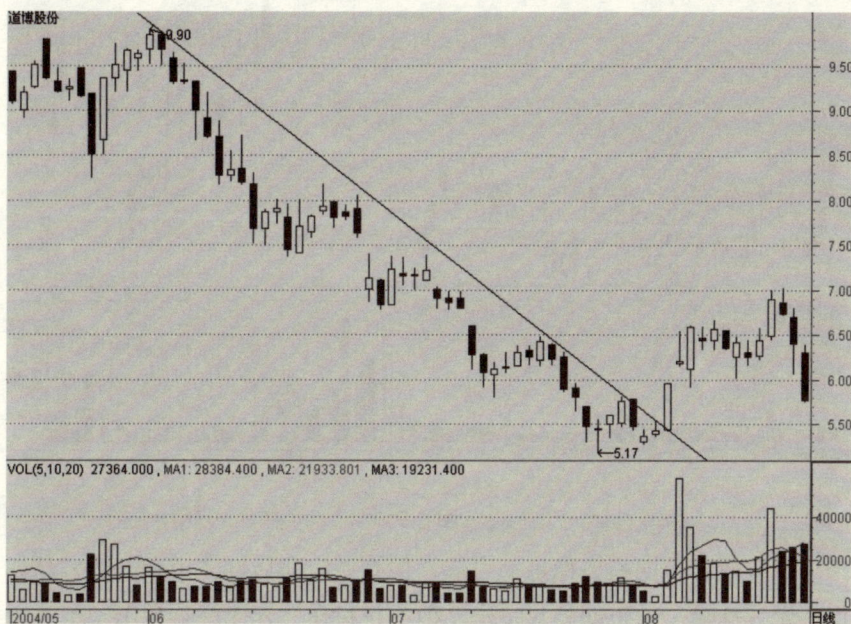

图1-8

三、水平趋势线

水平趋势线是在股价持续横盘整理过程中，将每次的低点或高点相连而形成的横向延伸线，没有明显的上升和下降趋势（见图1-9）。

趋势根据时间的长短，可以划分为长期趋势、中期趋势和短期趋势。长期趋势的时间跨度较长，通常在1年以上；中期趋势的时间跨度要短于长期趋势，而大于短期趋势，通常为4～13周；短期趋势时间较短，一般在4周以内。一个长期趋势要由若干个中期趋势组成，而一个中期趋势要由若干个短期趋势组成。

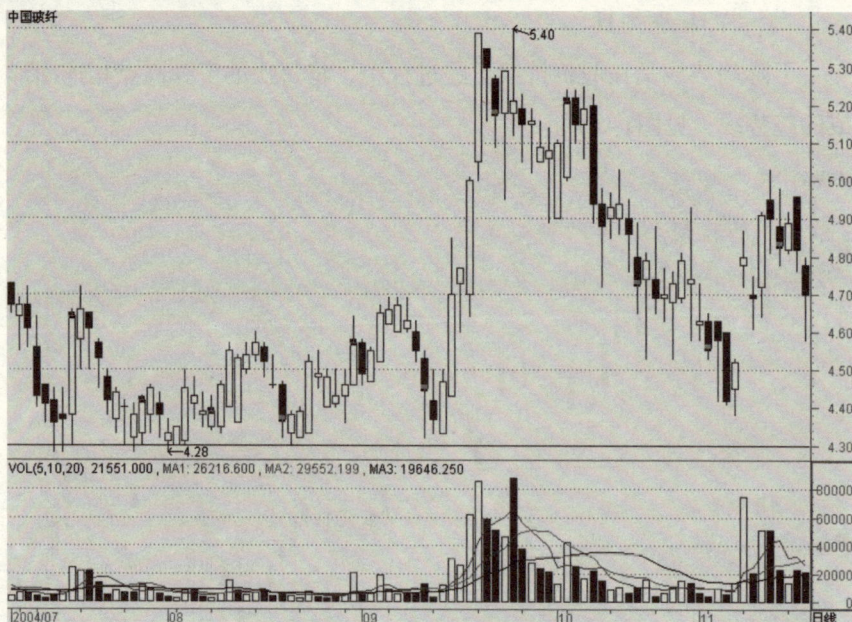

图1-9

相对而言长期趋势稳定，可靠，但有一定滞后性，中期趋势容易把握，实战性强，而短期趋势灵活，但变化较快。在实际分析中，需要将三者结合起来分析，不能厚此薄彼。投资者在分析趋势的过程中，应按照从长到短的原则，先分析长期趋势，再分析中期趋势，后分析短期趋势的顺序（见图1-10）。

趋势线的应用技巧：

一、趋势线支撑和阻力作用的应用技巧：

1. 股价运行于上升趋势线之上时，每一次股价与趋势线的接触位都是支撑位。当股价触及趋势线而不破位的时候，可以实施买入操作；

2. 股价运行于下降趋势线之下时，每一次股价与趋势线的接触位都是阻力位。当股价触及趋势线而不突破的时候，可以实施卖出操作（见图1-11）。

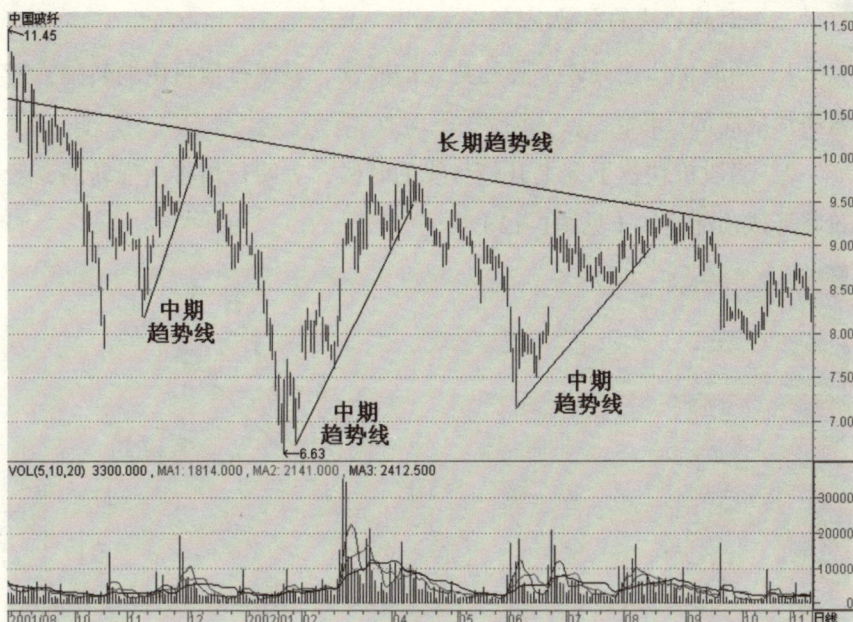

图1-10

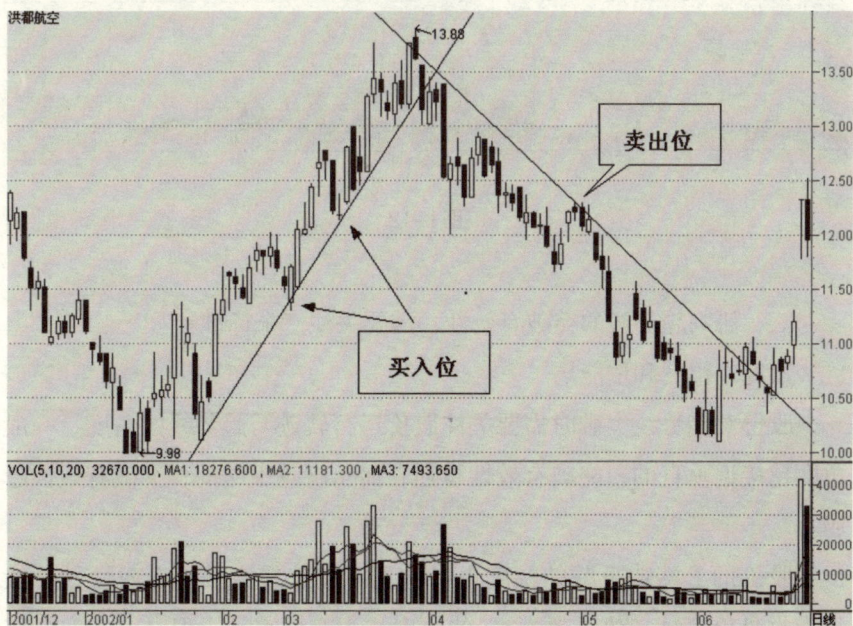

图1-11

二、对趋势线的突破反转：

1．当股价快速突破下降趋势线的时候，表明行情将由弱转强，股价将形成底部反转；

2．当股价快速下穿上升趋势线的时候，表明行情将由强转弱，股价将形成顶部反转（见图1-12）。

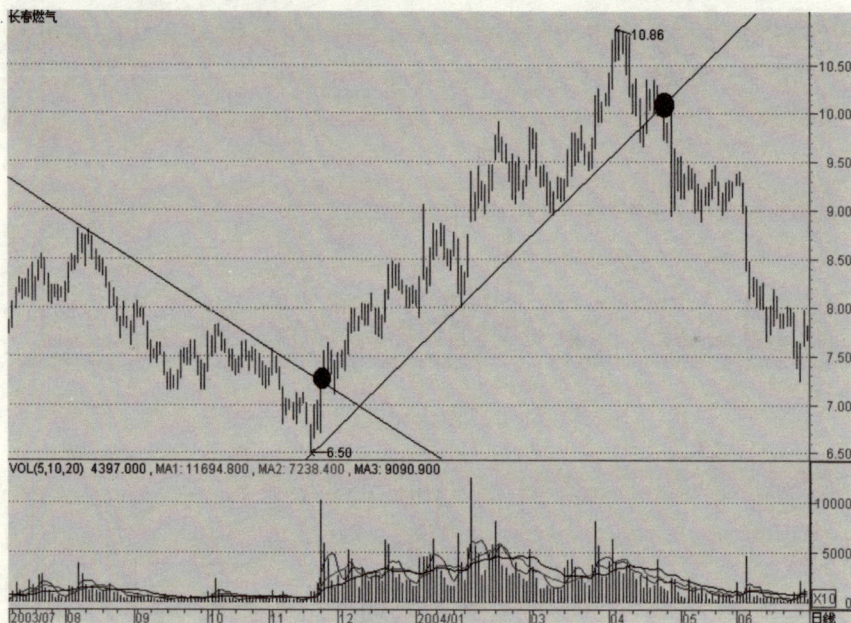

图1-12

三、研判趋势线的突破有效性，需要关注三个标准：

角度、幅度和量能。

股价对趋势线突破时需要关注股价运行轨迹与趋势线的角度，一般角度越接近垂直的，突破有效性越强；而角度越平缓的，突破有效性越弱。

股价的上涨或下跌的幅度也影响到对趋势线突破的有效性，一般认为收盘价穿越趋势线超过3%的幅度，为有效突破。但是，在实际应用中不必过于拘泥于教条，特别是在下跌破位中，即使跌幅没有达到3%，也需要果断卖出。

向上突破趋势线时，量能是检验突破有效性的重要指标，但是对于向下跌穿趋势线的突破，有时即使没有成交量的配合，也可以确认破位的有效性（见图1-13）。

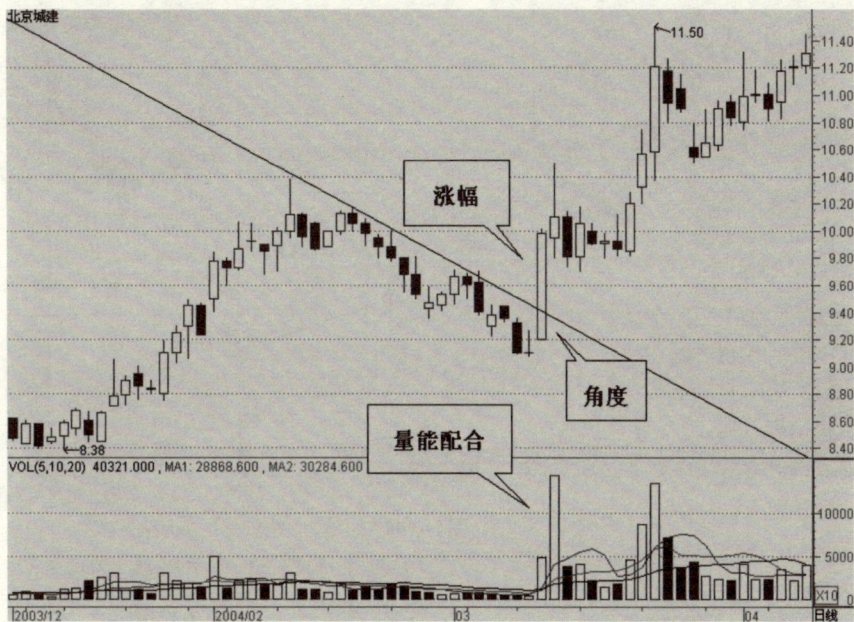

图1-13

四、对趋势线突破以后的重新回复确认：

股价对趋势线突破以后往往会出现重新回复确认走势，如果是向上突破，那么原来的下降趋势线就会从阻力作用演变成支撑作用，当股价确认支撑以后，往往会展开新一轮上升行情。因此，这种对下降趋势线突破后的回复确认行情往往是最佳买入时机（见图1-14）。

如果是向下破位，那么原来的上升趋势线就会从支撑作用演变成阻力作用，当股价确认阻力以后，往往会展开下跌行情。因此，这种对上升趋势线破位后的回复确认行情往往是最佳卖出时机（见图1-15）。

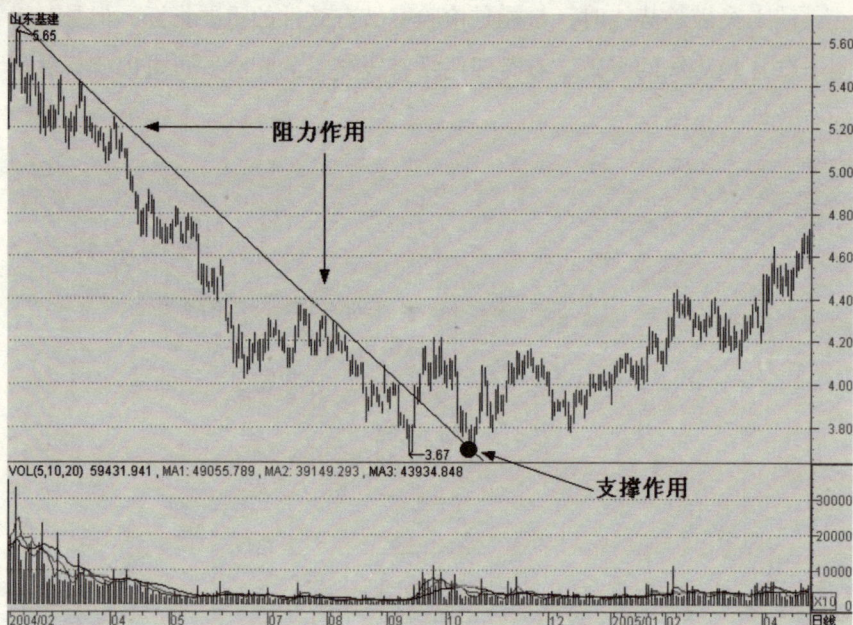

图1-14

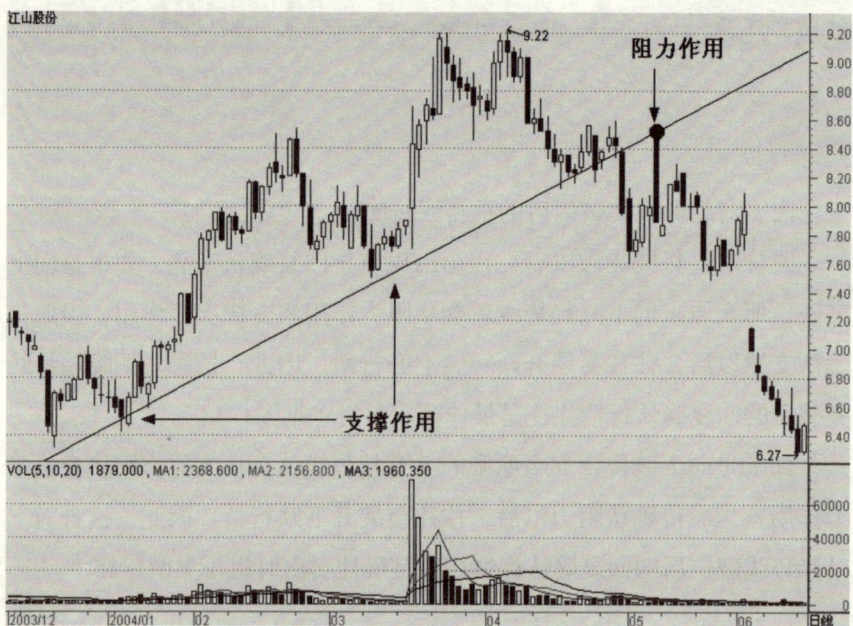

图1-15

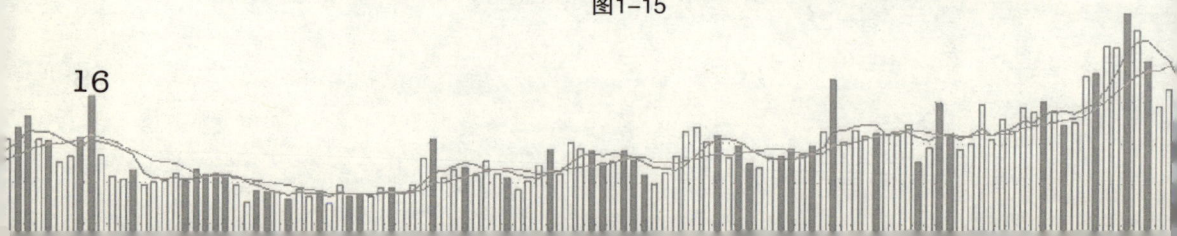

趋势线的投资要点：

1．趋势线连接的点数越多，也就是股价与趋势线接触的次数越多，其可靠性就越强；

2．趋势线的长短与其重要性成正比；

3．长期趋势线和中期趋势线的第一点和第二点距离不宜太近，如距离过近，所形成的趋势线的重要性将降低；

4．趋势线的角度至关重要，过于平缓的角度显示出力度不够，不容易马上产生大行情；过于陡峭的趋势线虽然表明股价有较强的上升或下降动力，但往往不能持久，容易很快转变趋势。

著名角度线大师江恩认为：45度角的趋势线非常可靠，也就是江恩所说的1×1角度线；但是，这个角度的说法在我们现有的软件中缺乏统一的标准。因为当图形放大或缩小的时候，角度会出现变化。所以，投资者在实际应用中不必限制在45度的固定标准中，只要寻找角度适中的趋势线就可以了；

5．在上升趋势中需要成交量温和放大的支持，而在下跌趋势中却不必一定有成交量的支持。

第四节　支撑与阻力线

支撑线和阻力线实际上是趋势线的一种，它们的定义如下：

支撑线就是股价横向整理过程中各个低点相连的水平趋势线；

阻力线就是股价横向整理过程中各个高点相连的水平趋势线（见图1-16）。

一、波段操作技巧

支撑线和阻力线组成的平行区间被视为股价运行的箱体，是波段操作中重要的参考依据。其使用方法非常简单，当股价运行到阻力线附近时，可以卖出股票；而当股价运行到支撑线时可以买进股票（见图1-17）。

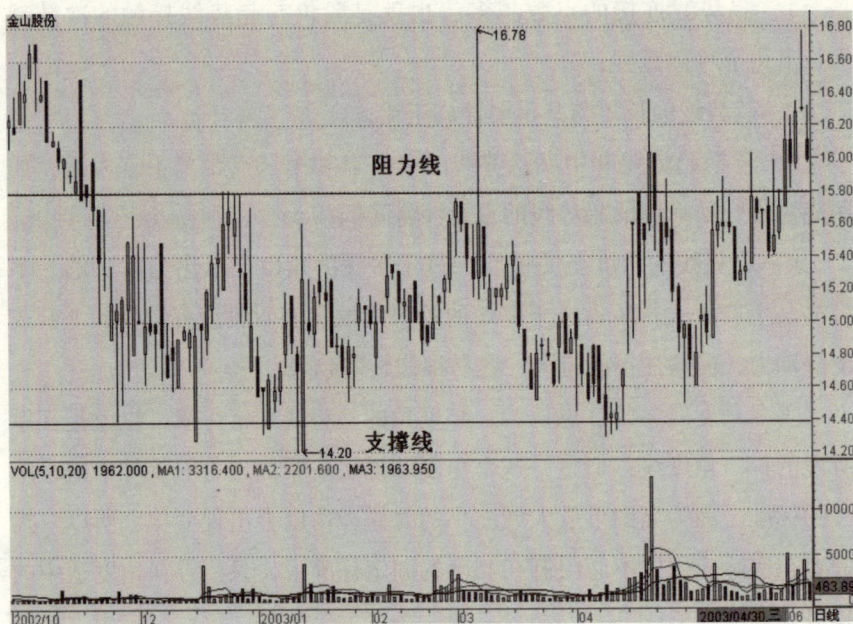

图1-16

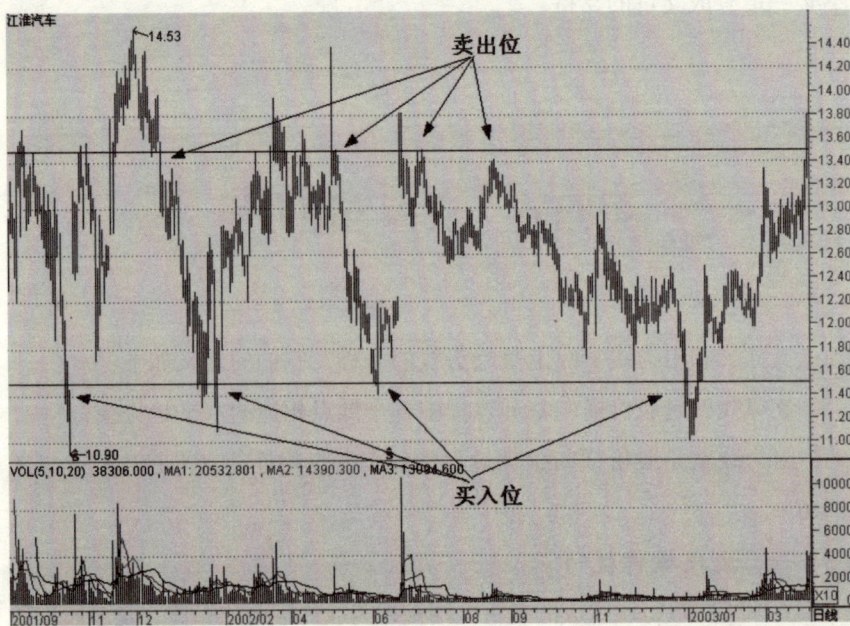

图1-17

运用波段操作时需要注意的要点：

1. 支撑线和阻力线运行的时间长短，时间短的平行区间缺乏稳定性；

2. 支撑线和阻力线之间的间距是多少，如果间距过于狭小，则缺乏必要的盈利空间；

3. 注意成交量的变化，当成交量过大时，往往会突破原有的平行区间。

二、突破操作技巧

股价在压力线下方向上突破阻力线时，应买入股票，并到上一根阻力线的位置寻找卖点（见图1-18）；

股价在支撑线上方向下突破支撑线时，应卖出股票，并到下一根支撑线位置寻找买点。

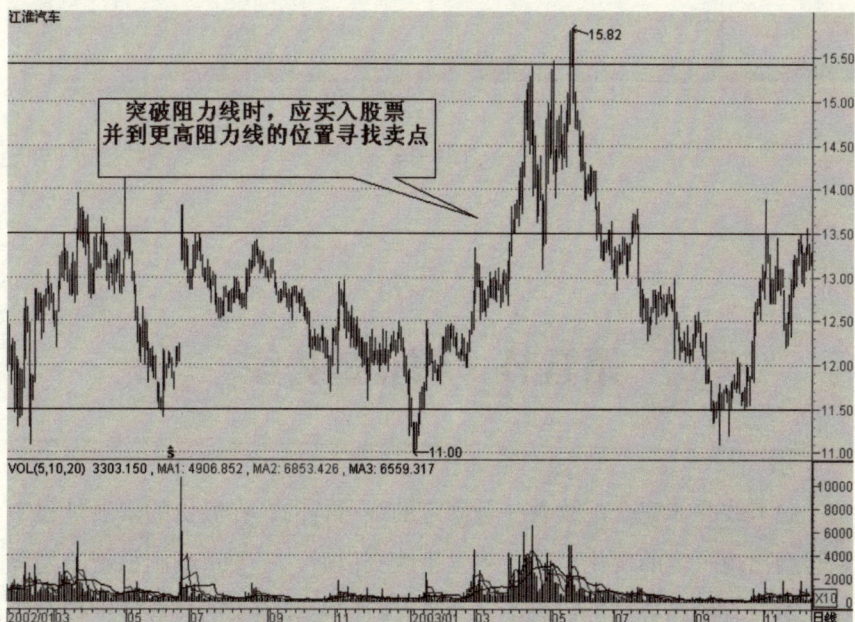

图1-18

三、支撑线和阻力线的作用转换

支撑线和阻力线的作用转换是可以相互转化的，当股价从上向下

突破一条支撑线后，原有的支撑线将可能转变为阻力线；而当股价从下
向上突破一条阻力线后，原有的阻力线也将可能转变为支撑线（见图
1-19）。

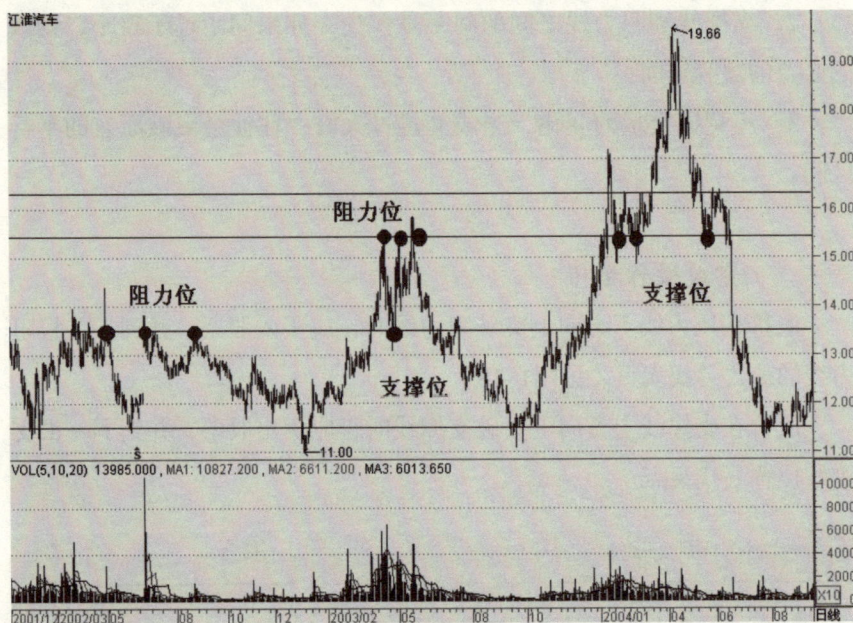

图1-19

第五节　修正趋势线

趋势线并非完全延续着一条固定的线运行的，在股价的发展过程中
趋势会出现一定的变化。当趋势发生改变以后，需要重新画出新的趋势
线，对原有的趋势线进行修正，并且有时需要和原来的趋势线进行对比
分析。

例如：山东黄金的上涨过程中，上升趋势线是不断修正的（见图
1-20）。

图1-20

　　修正趋势线主要是用于一轮较长时间的上涨行情或下跌行情的研判，往往可以通过对多条趋势线的突破来提高研判反转的有效性。

　　在个股的上涨行情中，有两种情况：一种是越涨越快型，一种是越涨越慢型。而下跌行情中也存在越跌越快和越跌越慢两种情况。在不同情况下，修正趋势线的研判技巧是不同的。

一、越涨越快型股票的研判技巧：

　　1. 越涨越快型股票的修正趋势线按照先后顺序可以分为①、②、③（如图1-21）；

　　2. 当股价跌穿③线的时候，投资者就需要提高警惕，盈利丰厚的投资者需要果断止赢；

　　3. 当股价跌穿②线的时候，可以确认反转，这时投资者要果断止损；

　　4. 当股价跌穿①线的时候，股价已经跌幅较深，投资者如果实施止损操作，相对来说，为时已晚（见图1-21）。

图1-21

二、越涨越慢型股票的研判技巧：

1. 越涨越慢型股票的最初上涨十分强劲，但是随着上涨幅度的增大，后续做多力量逐渐匮乏，其修正趋势线按照先后顺序可以分为①、②、③，但研判顺序上和越涨越快型股票不同；

2. 当股价跌穿①线的时候，投资者就需要提高警惕，盈利丰厚的投资者可以适当减仓；

3. 当股价跌穿②线的时候，可以确认反转，这时投资者要果断止损；

4. 由于越涨越慢型股票的③线是在高位缓慢上涨中形成的，所以当股价跌穿③线的时候，往往跌幅不深，投资者可以坚决实施止损操作（见图1-22）。

三、越跌越快型股票的研判技巧：

1. 越跌越快型股票在跌市形成初期，下跌趋势比较缓和，但随着股价的逐渐滑落，看空的人逐渐增多，股价逐渐演变成跳水走势。在此过程中，下降趋势线形成①、②、③三条修正趋势线；

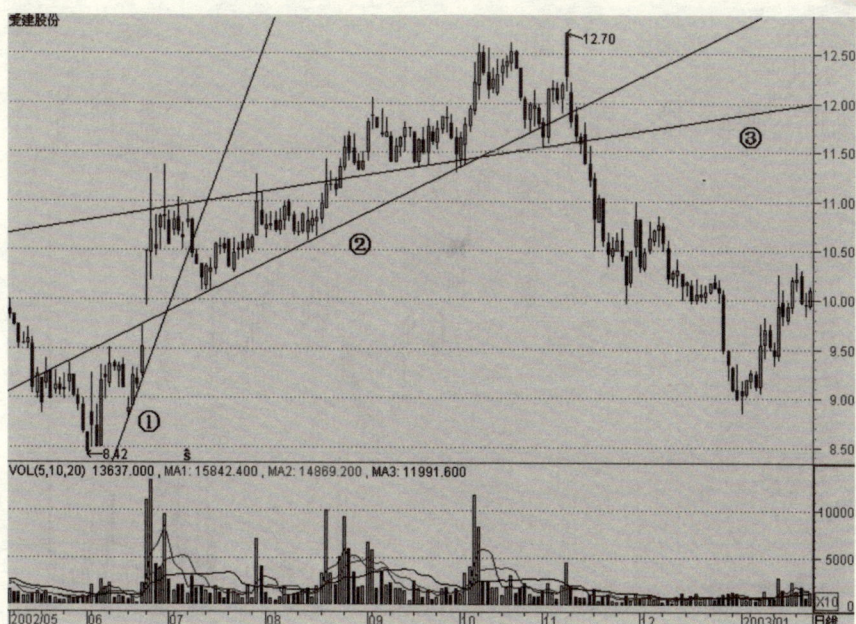

图1-22

2. 当股价下跌到一定程度后出现止跌企稳并上穿③线，投资者可以适当跟进买入；

3. 当股价上穿②线时可以确认反转，投资者宜果断买进；

4. 当股价上穿③线时，股价往往已经涨高，此时是否有必要实施追涨，需要根据当时的具体情况研判（见图1-23）。

四、越跌越慢型股票的研判技巧：

1. 越跌越慢型股票是起初表现出跳水式下跌，随着做空能量的逐渐释放，跌势逐渐趋于缓和，并最终停止下跌的走势；

2. 当股价上穿①线的时候，表示股价下跌趋势由急变缓，投资者适当关注；

3. 当股价上穿②线的时候，可以确认反转，这时投资者要实施买进操作；

4. 由于越跌越慢型股票的③线是在低位缓慢下跌中形成的，所以当股价上穿③线的时候，往往涨幅不大，投资者可以果断买进（见图1-24）。

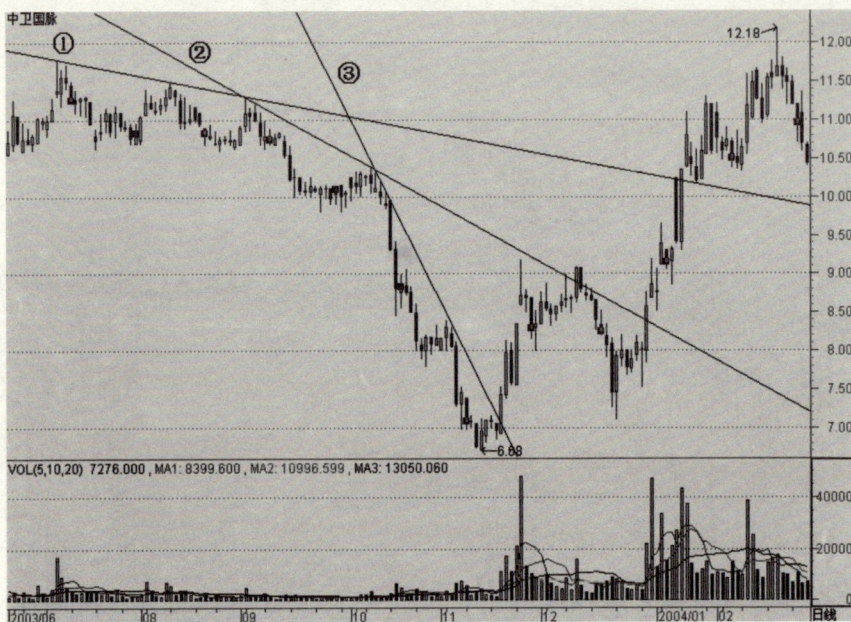

图1-23

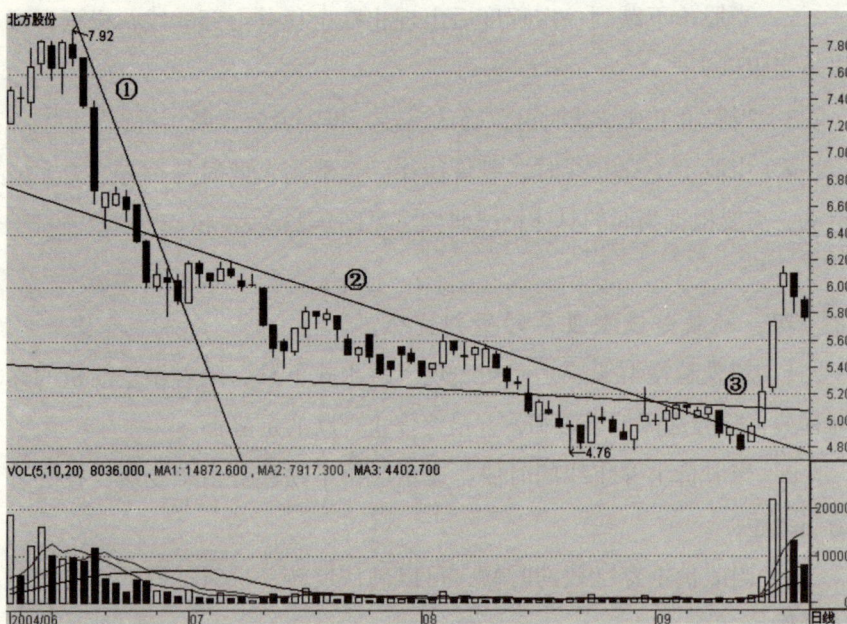

图1-24

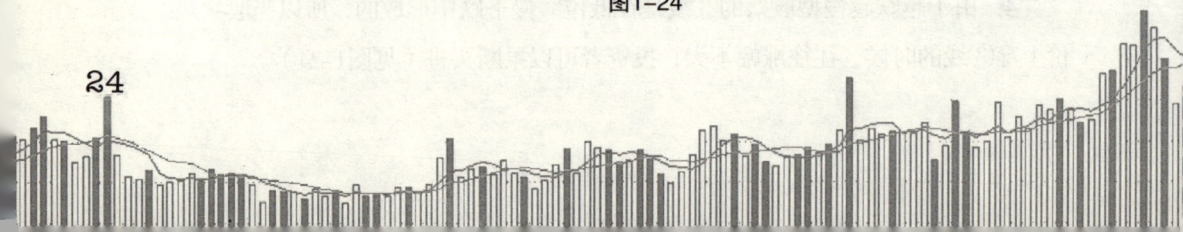

第六节　轨道线

　　轨道线在股票分析中是一种常用而又行之有效的切线理论分析方法。轨道线又称通道线或管道线，是基于趋势线基础上建立的一种支撑压力线。在已经得到了趋势线后，通过第一个峰和谷可以做出这条趋势线的平行线，这条平行线就是轨道线。

　　两条平行线组成一轨道，这就是常说的上升和下降轨道。轨道的作用是限制股价的变动范围，让它不能变得太离谱。一个轨道一旦得到确认，那么价格将在这个通道里变动。如果有对上面的或下面的直线的突破，这意味着股价将会形成新的较大变化。

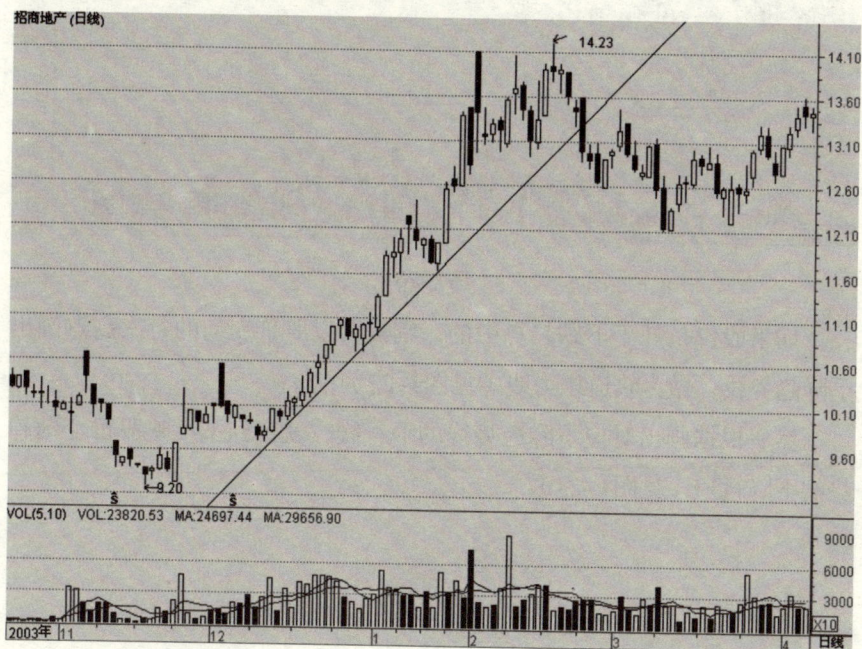

图1-25

轨道线的画法：

首先必须画出趋势线，如果股价是处在上升行情中的，要以股价变动的每次低点画出上升趋势线，做为轨道支撑线（见图1-25）；

然后根据画出对应上升趋势线的平行线，就得到了反映股价变动趋势的上升轨道。从理论上来讲，另一条趋势线必须与上升趋势线平行。但为了提高实际应用价值，在操作中还是要重点考虑股价的历次高点所形成的上轨线（见图1-26）；

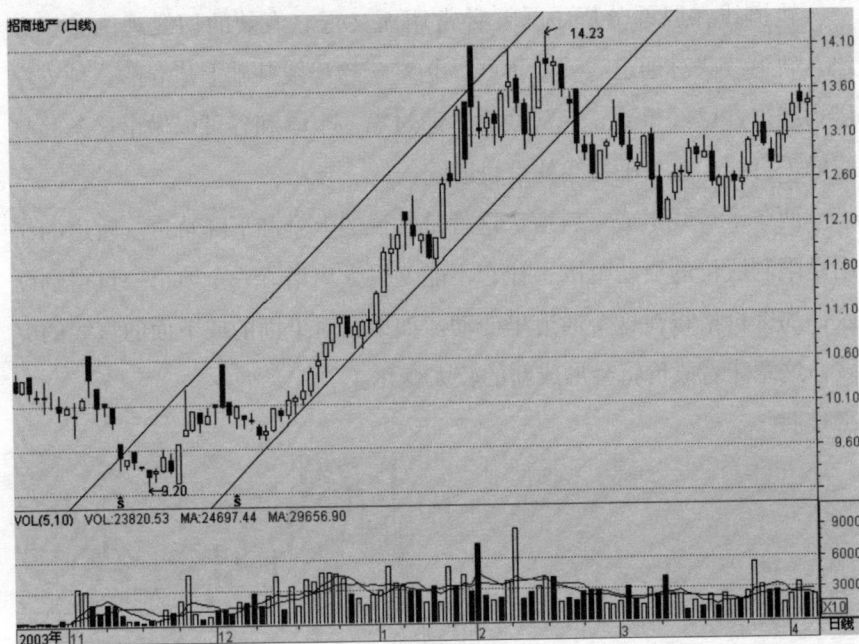

图1-26

如果股价是处于下跌趋势中的，则需要以股价变动的每次高点画出下降趋势线，做为轨道压力线（见图1-27）；

然后根据画出对应下降趋势线的平行线，就得到了反映股价变动趋势的下降轨道（见图1-28）。

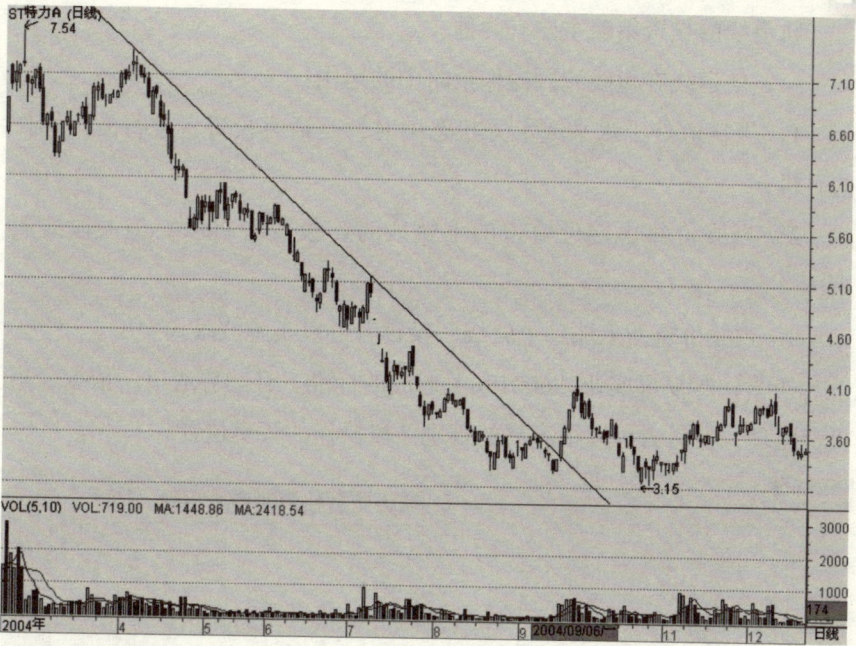

图1-27

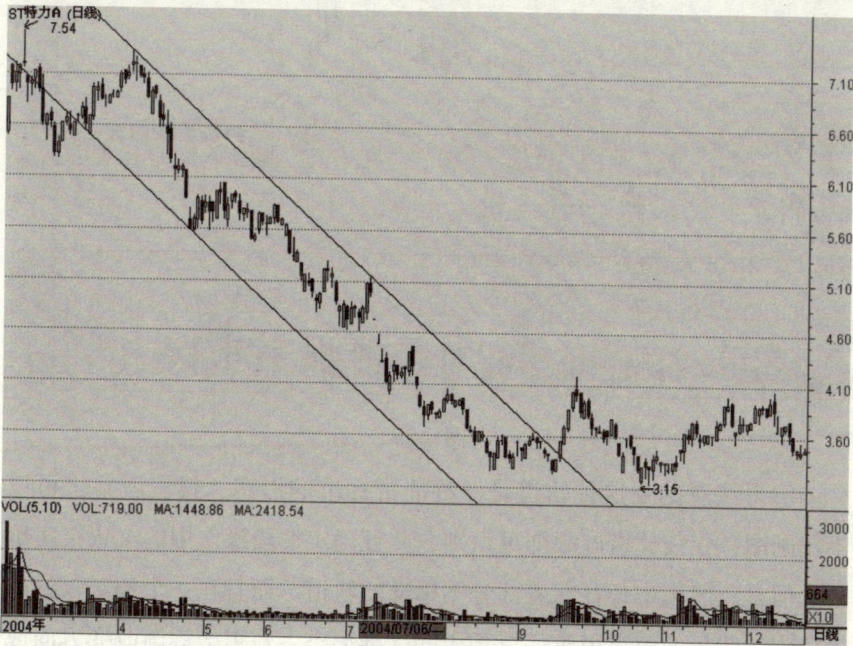

图1-28

轨道线的投资策略主要有两种：

一、轨道线在短线波段操作策略中的运用：

1．当轨道处于水平或上升状态中时，是适宜投资者进行波段操作的时机；

2．当股价每次接近轨道的下轨线时，投资者可以实施波段式买入；

3．当股价重新上涨到上轨线，投资者可以实施波段式卖出。

如图1-29复星实业（600196）形成的标准上升趋势通道，依据通道投资原理，投资者可以很容易的辨别波段操作的买卖位置。

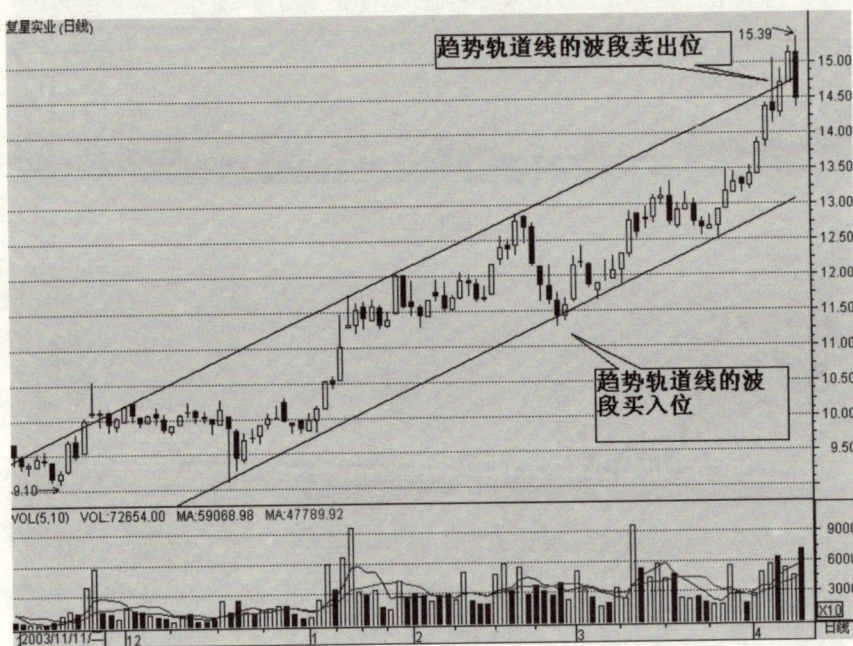

图1-29

值得注意的是这种轨道是一种非常标准的形态，投资者几乎可以不用画图，仅仅凭借肉眼即可识别，并且确定波段操作中的大致买卖价位。但是，股市中却存在着部分不标准的轨道，而且在一个相对较长的趋势中，股价的轨道很难保持长久的标准形态，轨道会逐渐改变方向或者位置。其中最常见的轨道改变方式有两种：轨道的平移和轨道的转向，这时候需要借助画图才能更加准确地把握买卖时机。

二、轨道线在中长线投资中的运用：

轨道线对股市的底部和顶部有明确的揭示作用，当股票形成明确的趋势后，往往会形成上升轨道或下跌轨道，而当股市结束原有的上升或下降趋势时，首当其冲的是必须突破轨道线。所以，当长期的上升轨道被向下突破时，往往会形成顶部（见图1-30）；

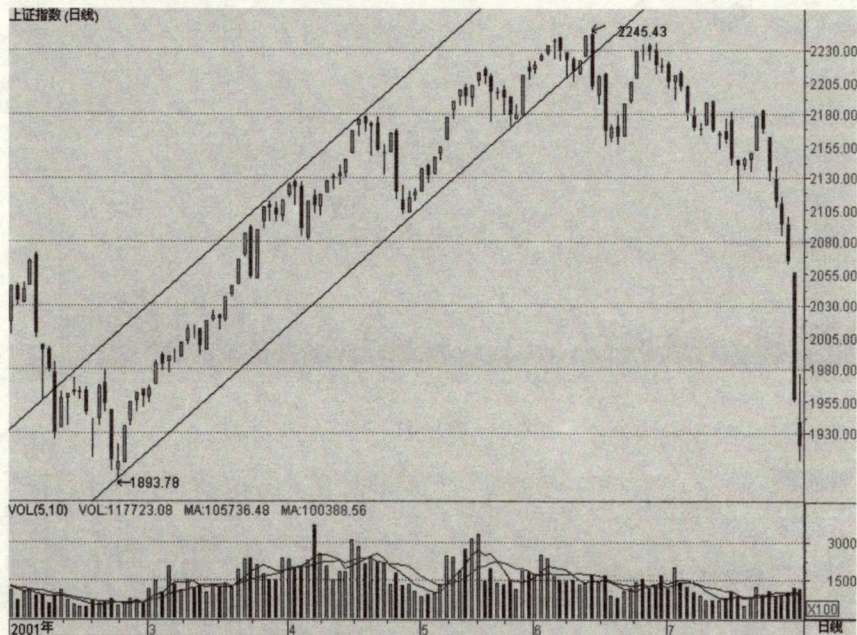

图1-30

而长期的下降轨道被向上突破时，股市极易形成底部。这时候往往是投资者选择中长线买入或卖出的重要时刻（见图1-31）。

轨道线分析中需要注意的问题有：

一、轨道线的平移

如图1-32是锦州港（600190）在涨升过程中形成的趋势轨道平移，该股先是形成第一条上升趋势轨道，随后锦州港出现下跌行情，改变了原有的趋势通道，使得该股步入新的上升轨道中，原来的上轨线作用完全消失，原来的下轨线成为新趋势通道的上轨线。这时该股出现平行的新下轨线，投资者实施操作的买卖依据也要相应做出变更。

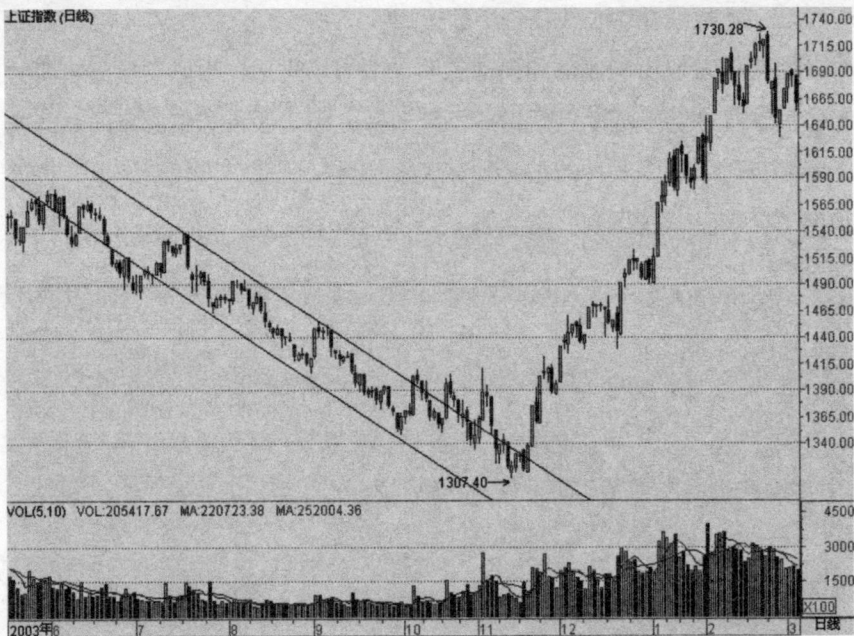

上证指数（日线）

1730.28

1307.40

VOL(5,10) VOL:205417.67 MA:220723.38 MA:252004.36

2003年6   7   8   9   10   11   12   1   2   3 日线

图1-31

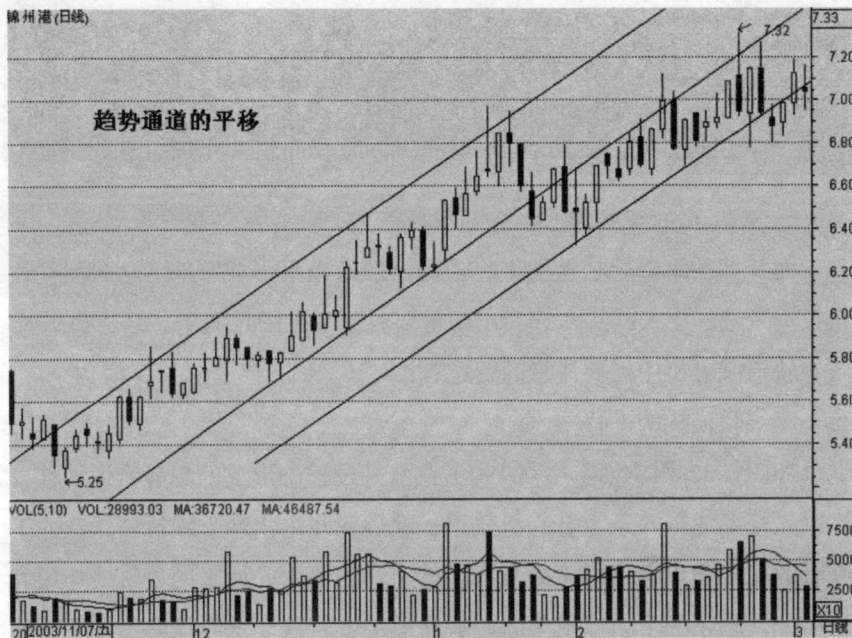

锦州港（日线）

7.33

趋势通道的平移

7.32

5.25

VOL(5,10) VOL:28993.03 MA:36720.47 MA:46487.54

20 2003/11/07   12   1   2   3 日线

图1-32

二、轨道线的修正

轨道线也常常会出现一定程度的变化，这时需要及时修正轨道线，才更加有利于分析和研判（见图1-33）。

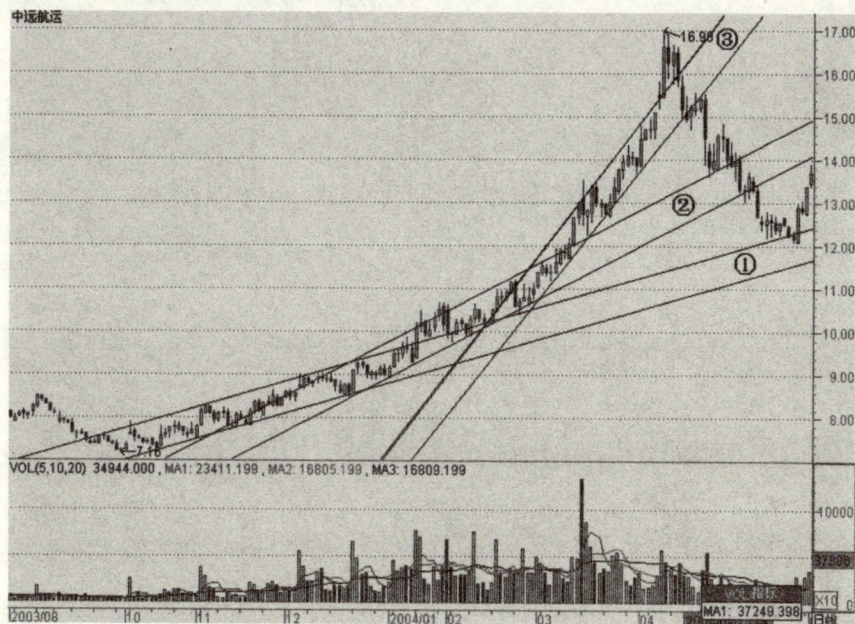

图1-33

三、轨道线的角度

过于陡峭的轨道，往往难以保持长久；因为过于陡峭的上升轨道将极大地消耗市场做多能量，股指很快由上升转入调整之中（图1-34）。

而过于平缓的轨道也容易出现变化。相对而言，轨道线运行斜率越是接近45度的越能够保持长久强劲的运行趋势（见图1-35）。

四、轨道线的突破

前文已经提到：当长期的上升轨道被向下突破时，往往会形成顶部；而长期的下降轨道被向上突破时，股市极易形成底部。可是如果情况相反，又会如何呢？当长期的上升轨道被向上突破时，往往并不意味着股市会进一步大幅度上升，相反说明股市已经进入顶部区域（图1-36）。

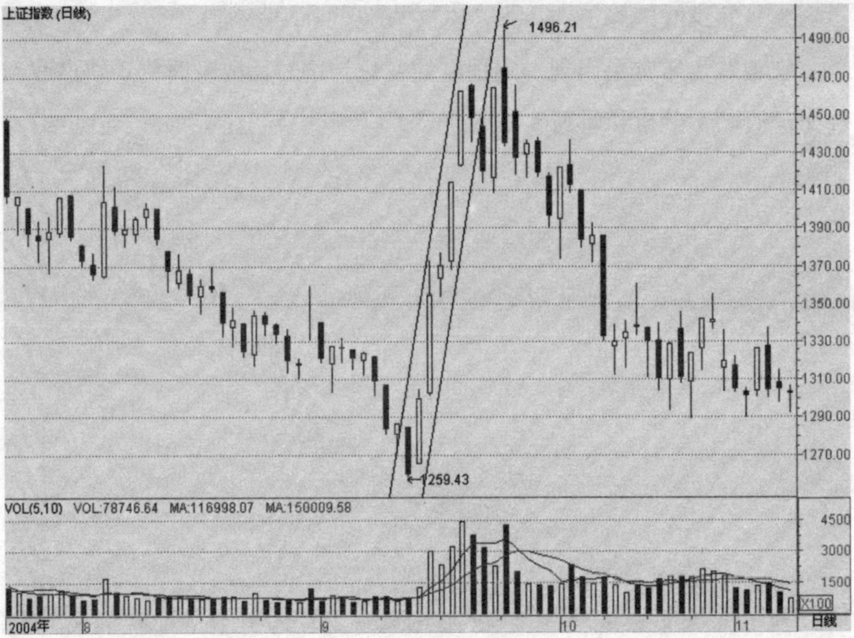

图1-34

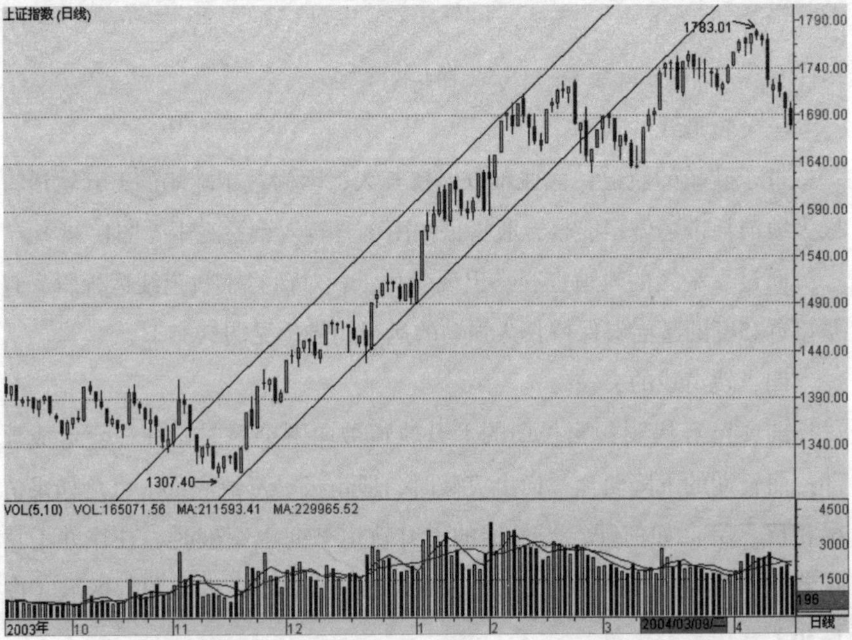

图1-35

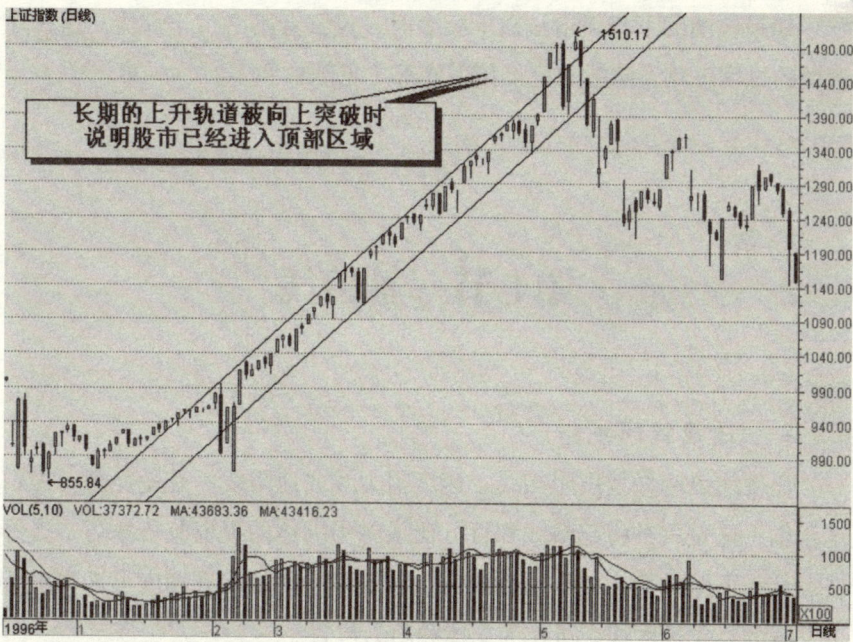

图1-36

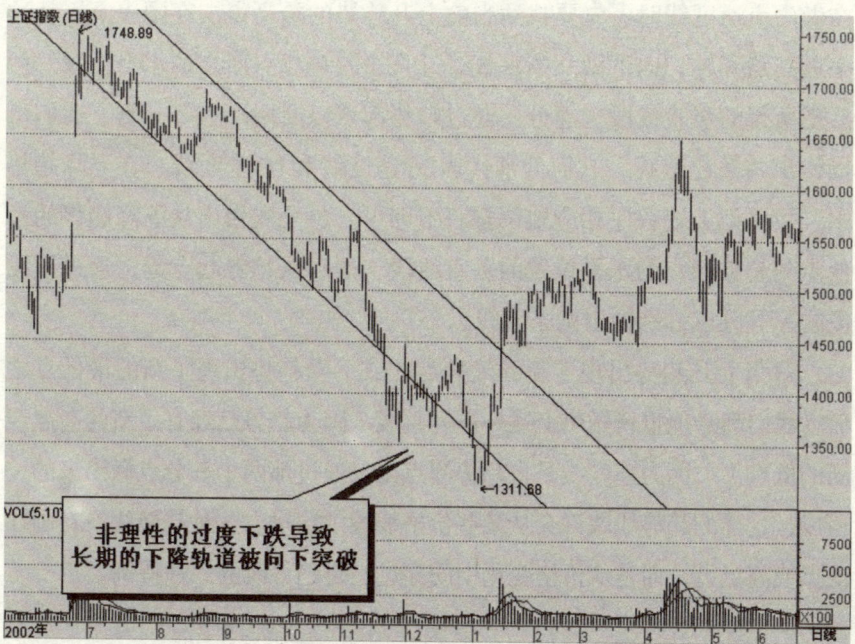

图1-37

如果长期的下降轨道被向下突破时，投资者不必过于惊慌，这种非理性的过度下跌意味股市已经接近底部（见图1-37）。

第七节　速度线

一、速度线的概念

速度线也叫做速度阻挡线，速度阻力线或速阻线，是爱德森·古尔德开创，这是一种将趋势线和百分比线融为一体的投资分析技巧。当价格上升或下跌的第一波形态完成后，利用第一波的展开幅度可推测出后市发展的几条速度线，可作为支撑和阻力位置。

速度线测绘的是趋势上升或下降的速率（或者说是趋势的速度）。在做牛市速度线时，先要找到当前上升趋势的最高点。在图表上，从这个最高点开始，向下做一条垂直线，直达趋势起点所在的水平位置。然后把所得的竖直线段三等分。通过趋势起点以及两个三等分点，我们可以作出两条趋势线，它们分别代表2/3速度线和1/3速度线。在下降趋势中，只要把上述程序相应地调整一下即可。也是先做出从下降趋势的最低点到趋势起点的水平位置的垂直线段，然后从趋势起点起，通过该线段的三等分点分别做出两条直线。

每当上升趋势出现了新的最高点，或下降趋势出现了新的最低点之后，我们都必须重新做出上述一系列直线（因为趋势已经有了新的高点或新的低点）。因为速度线是自趋势起点出发通过那两个三分点做出来的，所以，这样的趋势线或许会从某些价格线段中穿过。这种趋势线没有画在低点或高点上，而是从价格变化中间穿过，是趋势线的一种特例。

二、速度线与其他分析方法的比较

1. 速度线同扇形原理。虽然，速度线同扇形原理考虑的问题一

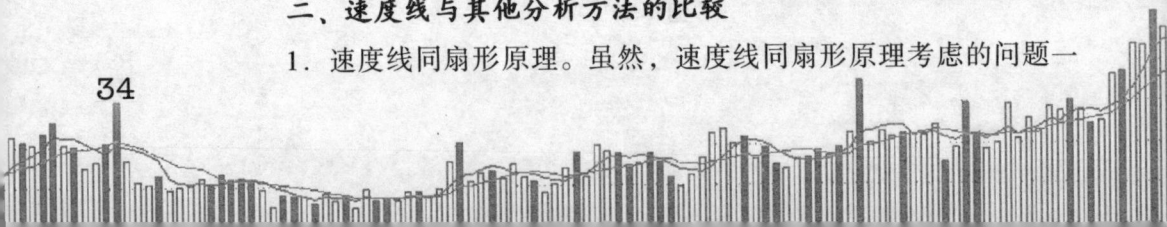

样，也是用以判断趋势是否将要反转。不过，给出的是固定的直线，而扇形原理中的直线是随着价格的变动而变动的。

2. 速度线与甘氏线。速度线的原理与甘氏线较相似，都是试图通过一些特殊的角度来界定价格的变化方向，因而有一定的互补参考价值。

3. 速度线与百分比线。速度线具有一些百分比线的思想。它是将每个上升或下降的幅度分成三等分进行处理。所以，投资者又把速度线称为三分法。

三、速度线画法

速度线画法分为以下步骤：

1. 找到一个上升或下降过程的最高点和最低点，然后，将高点和低点的垂直距离三等分；

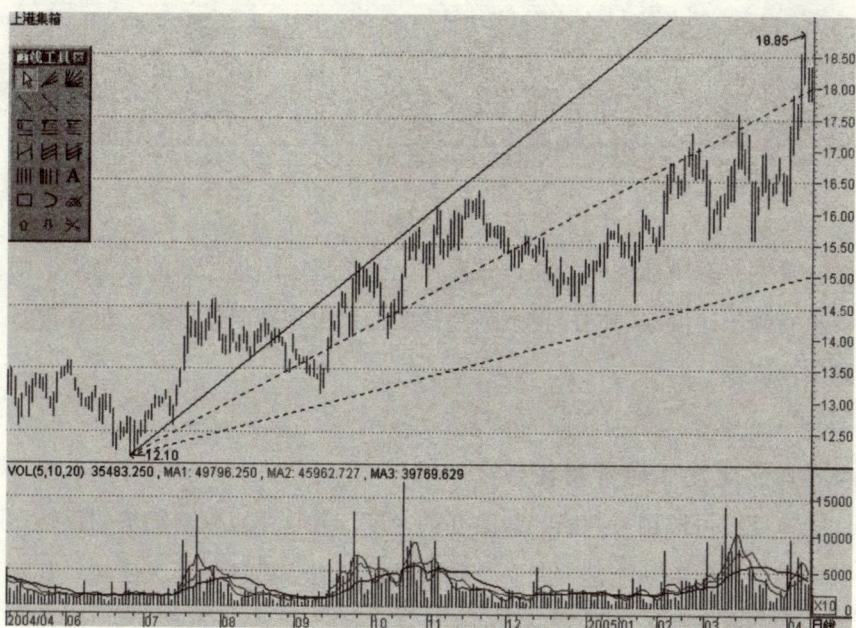

图1-38

2. 在上升趋势中，自最初上升的低点向上连接其垂直距离三分之二和三分之一的地方，向上画出两条斜线；这两条直线就是上升速度线

（见图1-38）；

3．在下跌趋势时，由最初下跌的高点，向下连结其垂直距离三分之二和三分之一的地方，向下画出两条斜线，这两条直线下降就是速度线（见图1-39）。

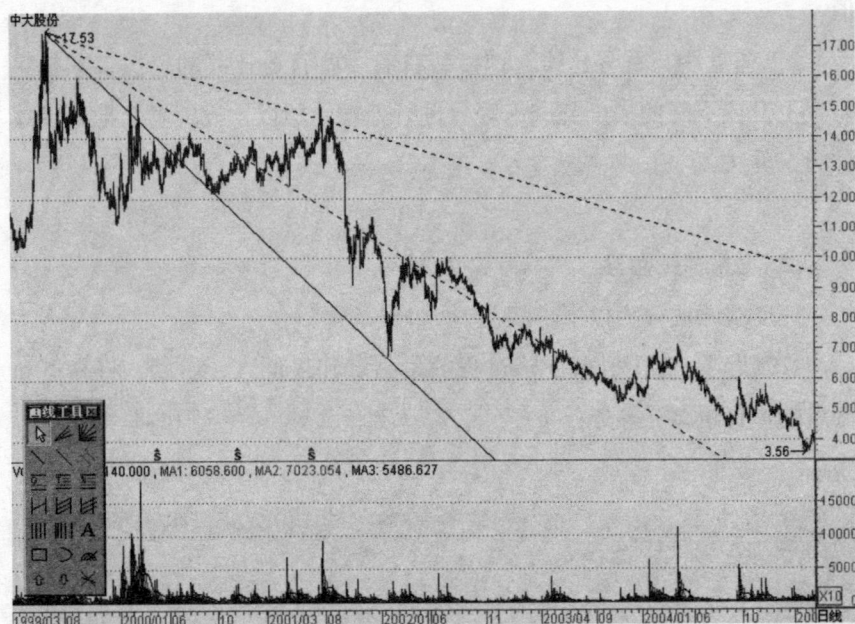

图1-39

速度线有可能随时变动，只要在上升趋势中出现了新的最高点，则要重新画出速度线。同样在下降趋势中如果出现新的最低点，也要重新画出速度线。

四、速度线的研判技巧：

速度线可以用来判断趋势改变的速度，并且用以判断趋势的反转。其中最为重要的功能是判断一个趋势是被暂时突破还是长久反转。其基本的判断原理如下：

1．在上升趋势的调整之中，如果向下折返的程度跌破了位于上方的2/3速度线，则表明股价冲力已尽，需要重新积聚力量才能再向新的高点冲击，此时位于下方的1/3速度线将成为新的支撑线；图中黑点就是跌

破2/3速度线的位置。（见图1-40）

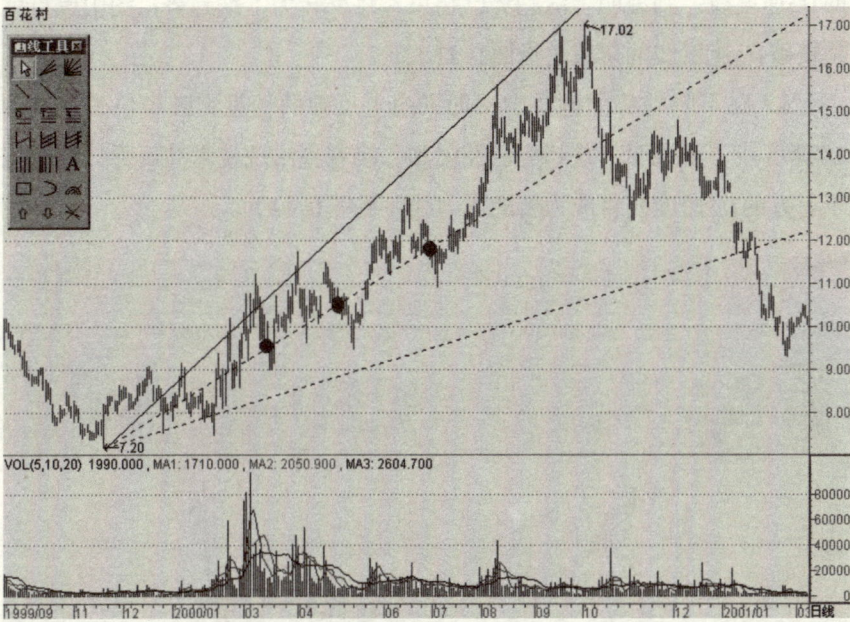

图1-40

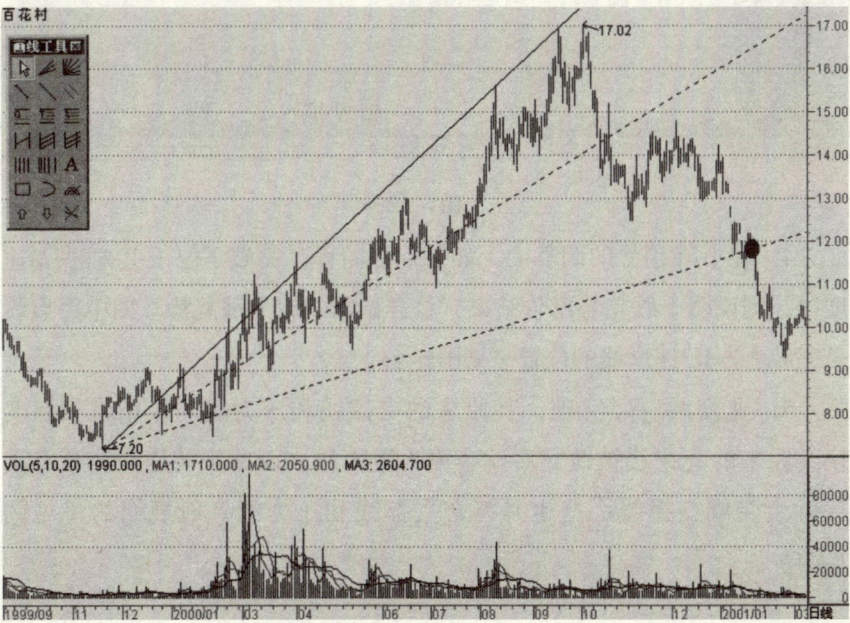

图1-41

2．在上升趋势的调整之中，如果向下折返的程度跌破了位于下方的1/3速度线，则说明上涨趋势已结束，将反转为下跌趋势；图中黑点就是跌破1/3速度线的位置（见图1—41）。

3．在下降趋势的调整中，如果向上反弹的程度突破了位于下方的2/3速度线，则说明下跌趋势已经缓和，接着将出现技术性反弹，此时位于上方的1/3速度线将成为新的压力线（见图1—42）。

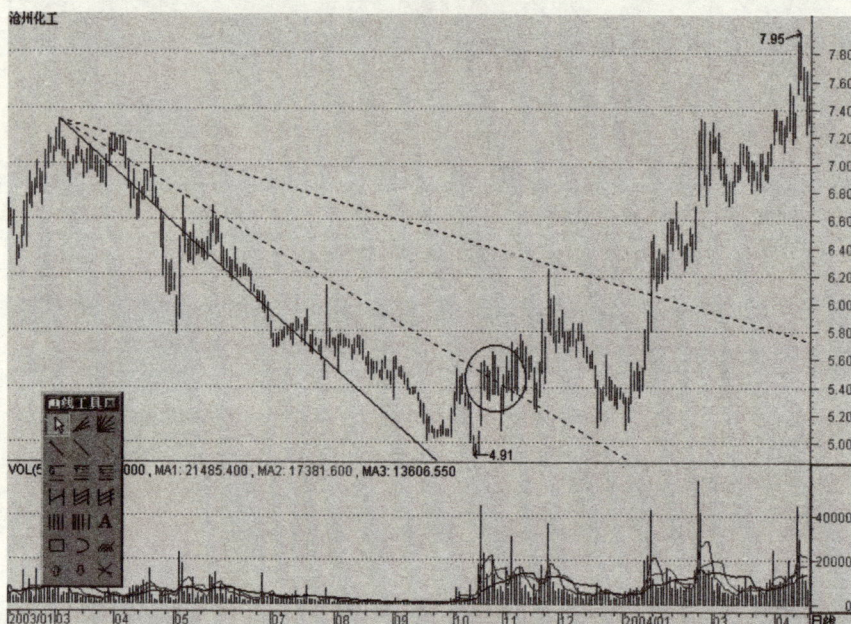

图1—42

4．在下降趋势的调整中，如果上涨的程度突破了位于上方的1/3速度线，则说明下跌趋势已告结束，将开始新一轮上涨趋势。图中黑点就是突破上方1/3速度线的位置（见图1—43）。

5．速度线一经突破，其原来的支撑线和压力线的作用将相互变换，原来的支撑线被跌穿后就会成为阻力线，而原来的压力线被突破后就会变成支撑线，这也是符合支撑线和压力线一般规律的（见图1—44）。

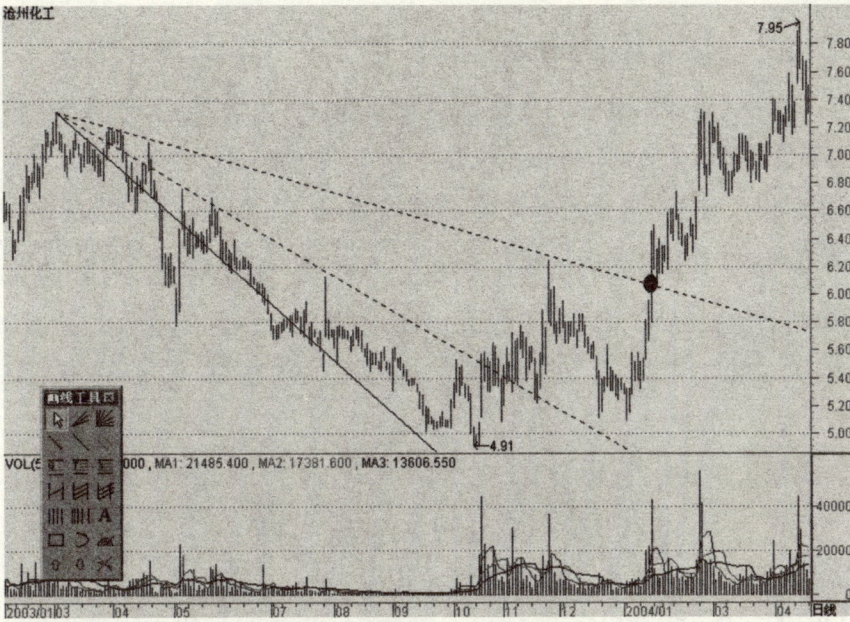

图1-43

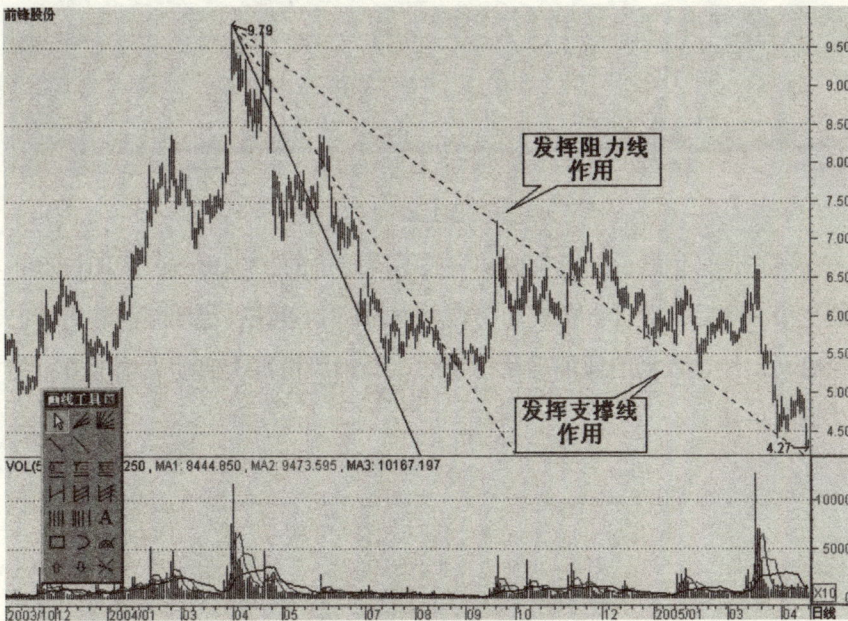

图1-44

四、速度线的投资实例

例一：雄震集团在2/3线的A点之处破位以后，就再也无力回升，随后股价又跌破下方的1/3线B点位置，证明该股的趋势已经彻底转弱。虽然跌破B点以后，股价还保持了一段时间的震荡，但是，始终无法突破1/3线的压力作用（见图1-45）。

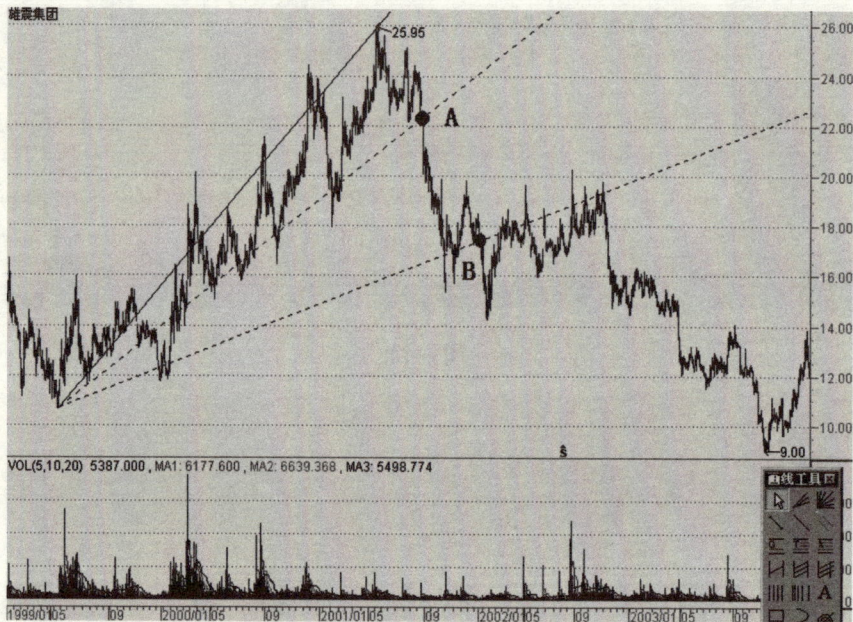

图1-45

例二：马钢股份的股价成功突破下降趋势的2/3速度线，说明已经止跌企稳。随后其股价再次成功突破上方的1/3速度线，表明新一轮行情已经启动，经过数天的回抽确认行情后，马钢股份再次启动大幅上升行情（见图1-46）。

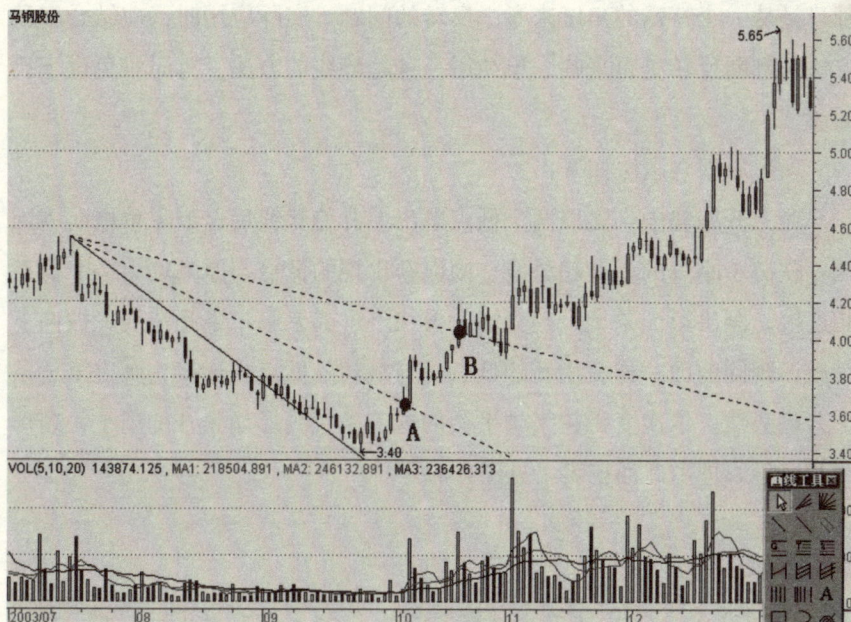

图1-46

第八节 扇形线

　　扇形线与趋势线的关系非常密切，确切地说扇形线就是由三条趋势线组成的。因为单一的趋势线在分析错综复杂的多变行情时往往显得较为简单，扇形线丰富了趋势线的内容，明确给出了趋势反转（不是局部短暂的反弹）的信号。

　　趋势要反转必须突破层层阻力的限制。要反转向上，必须突破很多条压在头上的压力线；要反转向下，必须突破多条横在下面的支撑线。稍微的突破或短暂的突破都不能被认为是反转的开始，必须消除所有的阻止反转的力量，才能最终确认反转的来临。

　　技术分析的各种方法中，有很多关于如何判断反转的方法，扇形原理只是从一个特殊的角度来考虑反转的问题。实际应用时，应结合多种方法来判断反转是否来临，单纯用一种趋势线的方法，有时难免过于武断。

扇形原理与画法如下：

在上升趋势中，先以两个低点画出上升趋势线后，如果价格向下回档，跌破了刚画的上升趋势线，则以新出现的低点与原来的第一个低点相连接，画出第二条上升趋势线。再往下，如果第二条趋势线又被向下突破，则同前面一样，用新的低点，与最初的低点相连接，画出第三条上升趋势线。依次变得越来越平缓的这三条直线形如张开的扇子，扇形线和扇形原理由此而得名（见图1-47）。

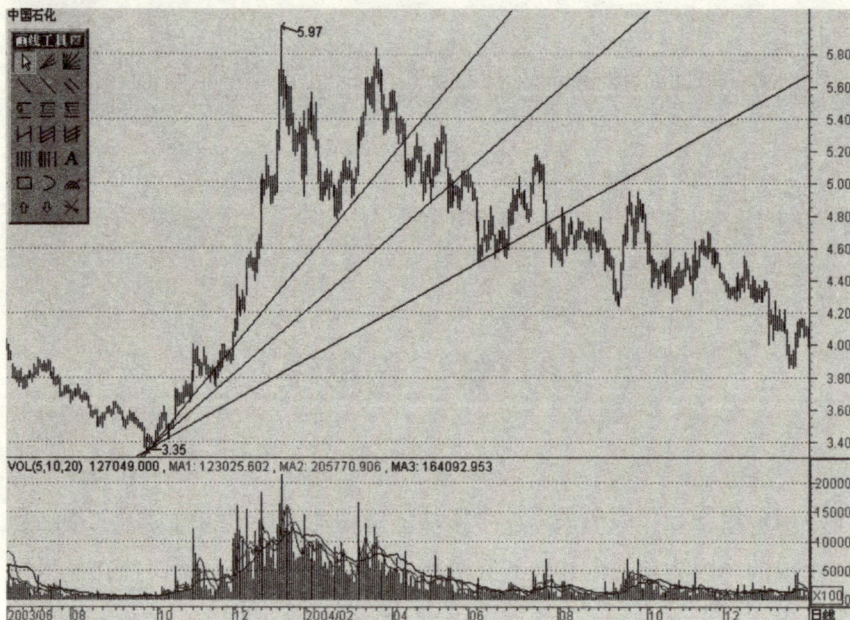

图1-47

在下降趋势中，先以两个高点画出上升趋势线后，如果价格向上回升，突破了刚画的下降趋势线，则以新出现的高点与原来的第一个高点相连接，画出第二条下降趋势线。再往上，如果第二条趋势线又被向上突破，则同前面一样，用新的高点，与最初的高点相连接，画出第三条下降趋势线（见图1-48）。

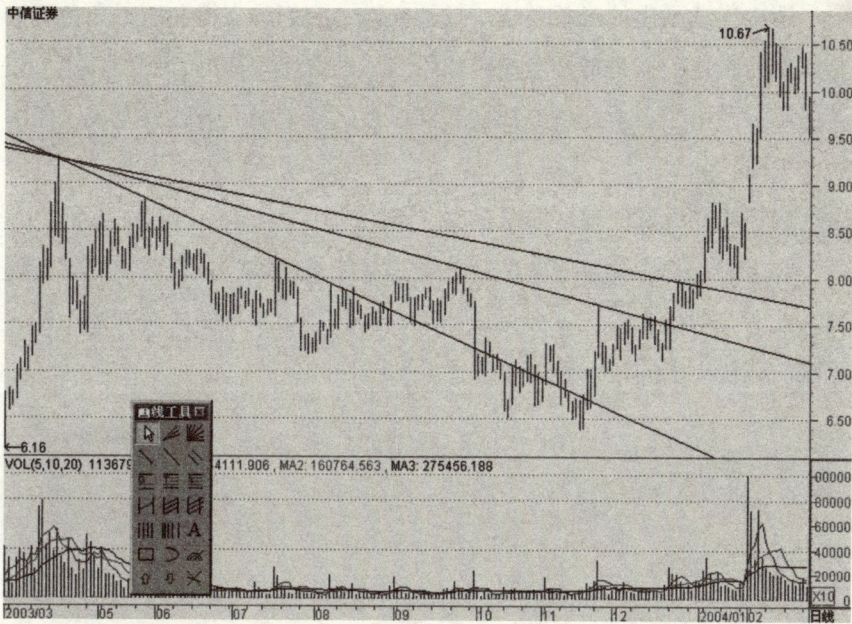

图1-48

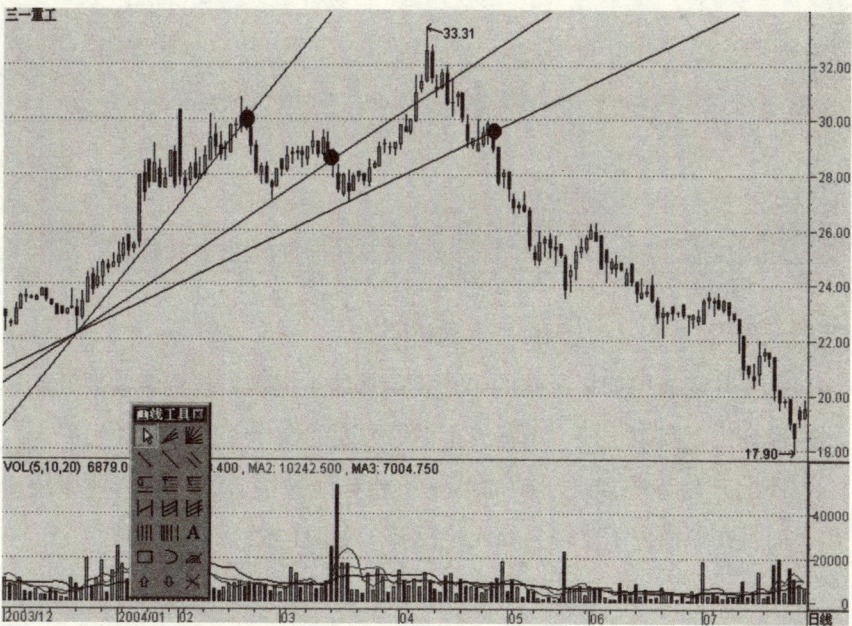

图1-49

图中连续画出的三条直线一旦被突破，它们的支撑和压力角色就会相互交换，这一点是符合支撑线和压力线的普遍规律的。例如：三一重工的第一、第二条上升趋势线被跌穿以后，原来的支撑线就变成了压力线（见图1-49）。

扇形线的投资原理是依据三次突破的原则，具体的研判技巧如下：

在上升趋势中如果所画的第一条趋势线被突破，投资者需要保持谨慎，此时，股价未必一定会见顶回落，有时还会出现一段时间的上涨，这次的破位更多的是一种警戒意义（见图1-50）。

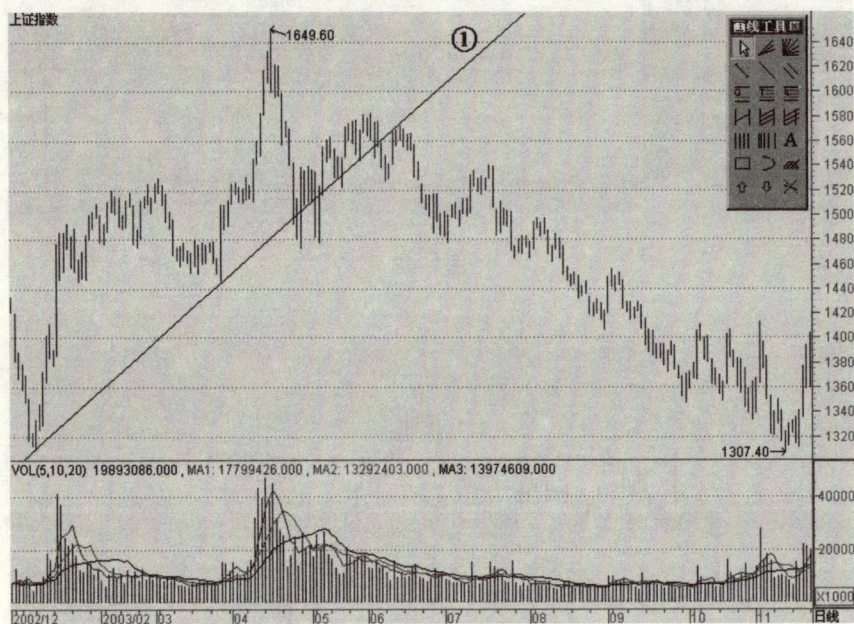

图1-50

在上升趋势中如果所画的第二条趋势线被突破，投资者需要开始适当减轻仓位，实施止损、止赢或止平等方面的操作（见图1-51）。

在上升趋势中如果所画的第三条趋势线被突破，投资者要坚决卖出，而且在短期内不要轻易介入抢反弹（见图1-52）。

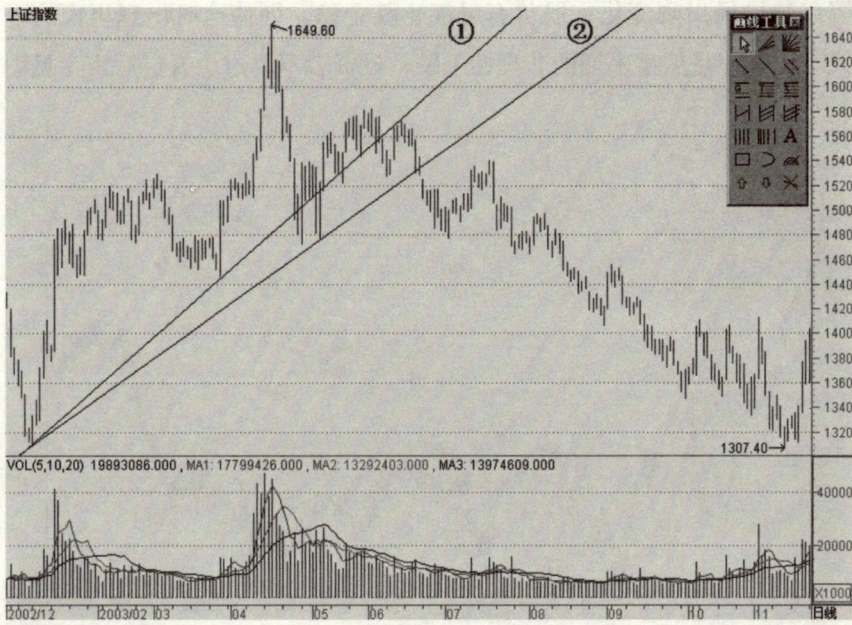

图1-51

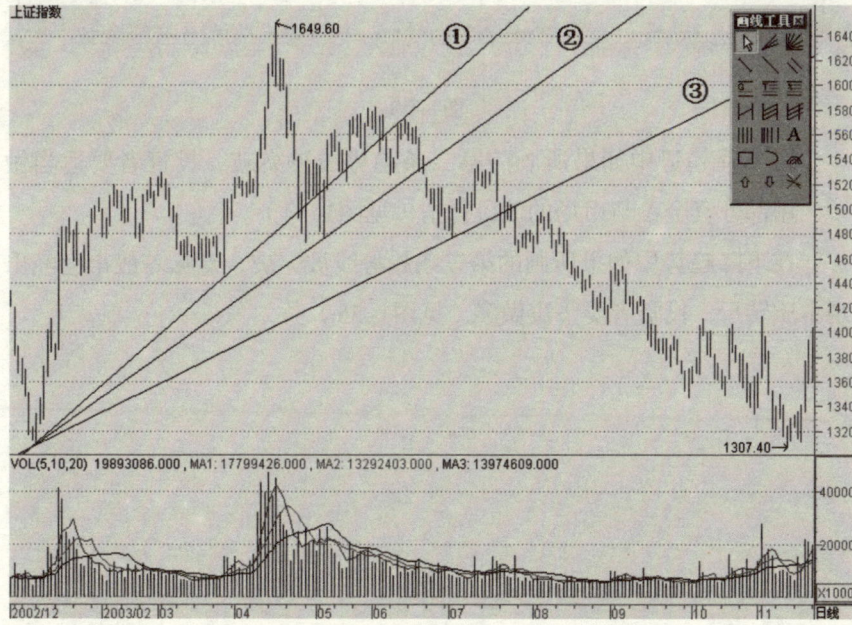

图1-52

在下降趋势中如果所画的第一条趋势线被突破，意味着原来的下

45

降趋势已经出现变化，股价有可能止跌企稳。即使这时出现再次的下跌，也往往是熊市末期的非理性下跌，投资者不要过于看空后市（见图1-53）。

图1-53

在下降趋势中如果所画的第二条趋势线被突破，投资者要适当做多，用部分资金参与市场的波段行情（见图1-54）。

在下降趋势中如果所画的第三条趋势线被突破，意味着股市已经出现本质转折，投资者要坚决做多（见图1-55）。

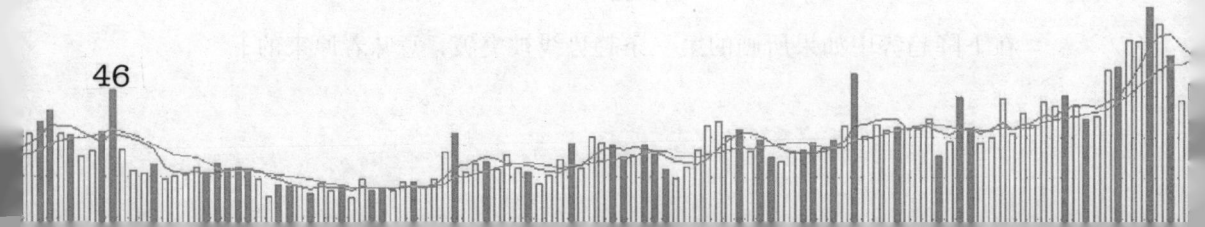

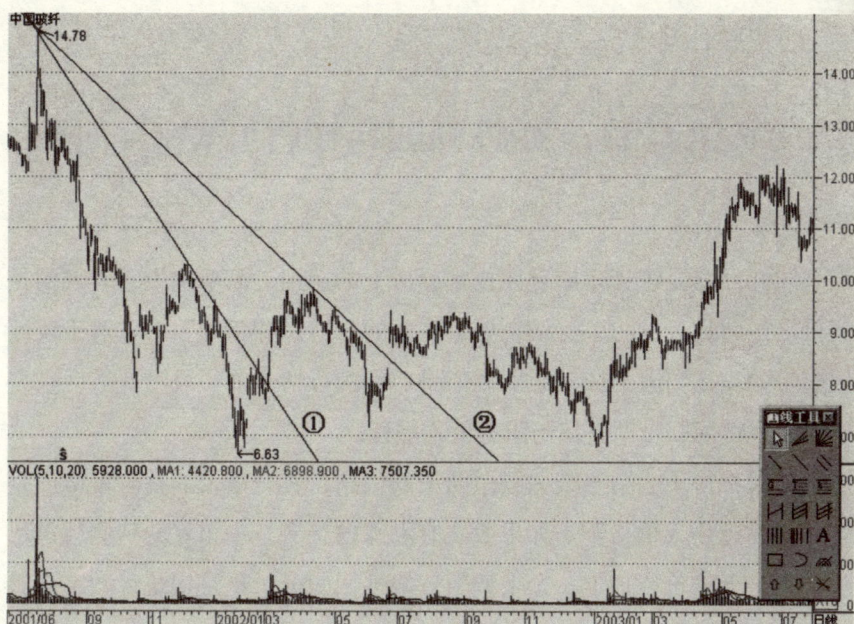

图1-54

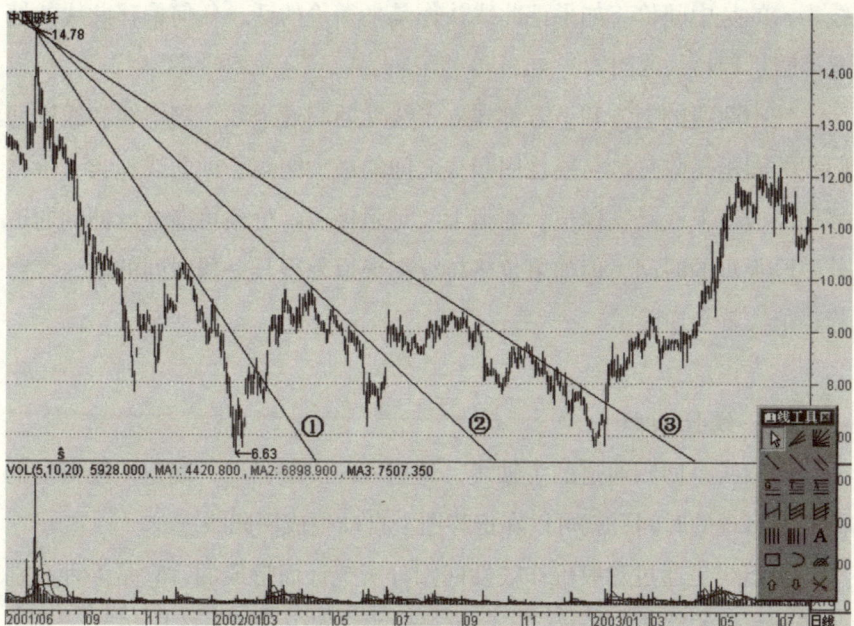

图1-55

第九节　线性回归与线性回归带

　　线性回归是统计学原理在技术分析上的运用，简单地说它表现的是离价格区间最近的一条直线，如果后面的行情是"新的"，它对于线性回归带的支撑与阻力应较敏感。如果后面的行情与前一段没什么区别，它对于线性回归带的支撑与阻力就不敏感。

　　如果不得不去猜测某一股票明天的价格，较合逻辑的猜测就应该是"尽量贴近今天价格"。如果股票有上涨的趋势，一个好的猜测就是尽量贴近今天的价格加上一个上调值。线性回归分析正是用统计数字来验证了这些逻辑假设。

　　线性回归线是用最小平方匹配法求出的两点间的趋势线。这条趋势线表示的是中间价。如果把此线认作是平衡价的话，任何偏移此线的情况都暗示着超买或超卖。

　　在中间线的上方和下方都建立了线性回归通道线。通道线和线性回归线的间距是收盘价与线性回归线之间的最大距离。回归线包含了价格移动。通道下线是支撑位，通道上线是阻挡位。价格可能会延伸到通道外一段很短的时间，但如果价格持续在渠道外很长一段时间的话，表明趋势很快就会逆转了。

一、线性回归

　　回归线是回归通道的主轴线，调用该画线工具后，确定一段行情的高低点出现的时间，就可以在走势图上自动生成回归线。

　　回归线是通过对股价作线性回归分析统计而形成的，它是一种有别于传统线性的趋势，最接近于股价趋势的真实内涵（见图1-56）。

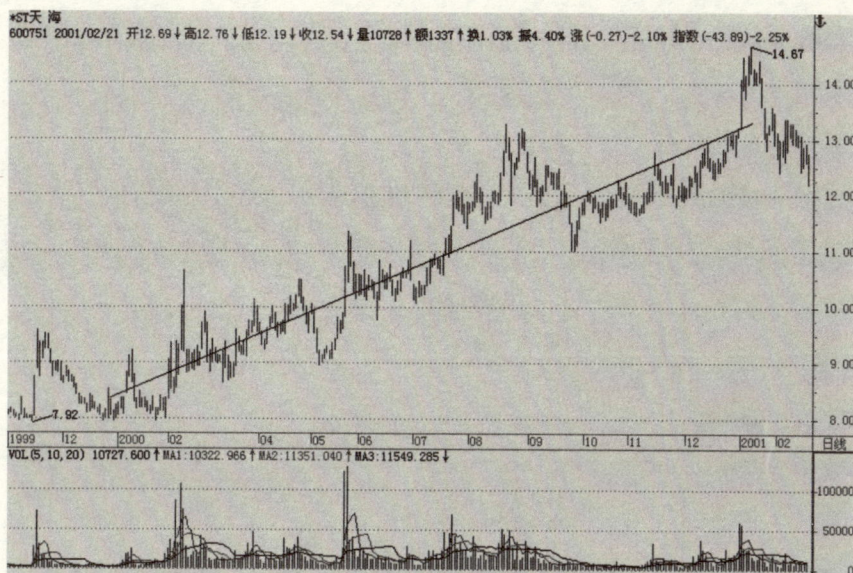

图1-56

二、线性回归带

线性回归带的画法与线性回归完全相同，不同的是其生成与回归线平行的线，构成一个通道的形式。

回归线上方的平行线叫通道上轨线；

回归线下方的平行线叫通道下轨线（见图1-57）。

三、回归通道

回归通道的画法与线性回归带是完全相同的，但是在图形上回归通道带有虚线的预测部分。

通道的实线部分叫回归确认带，就是回归确认的长度，也是进行回归起始点终点的距离。通道的虚线部分叫回归预测带，就是回归通道所预测未来走势区间。该股票的未来走势将在回归预测带中形成技术判断（见图1-58）。

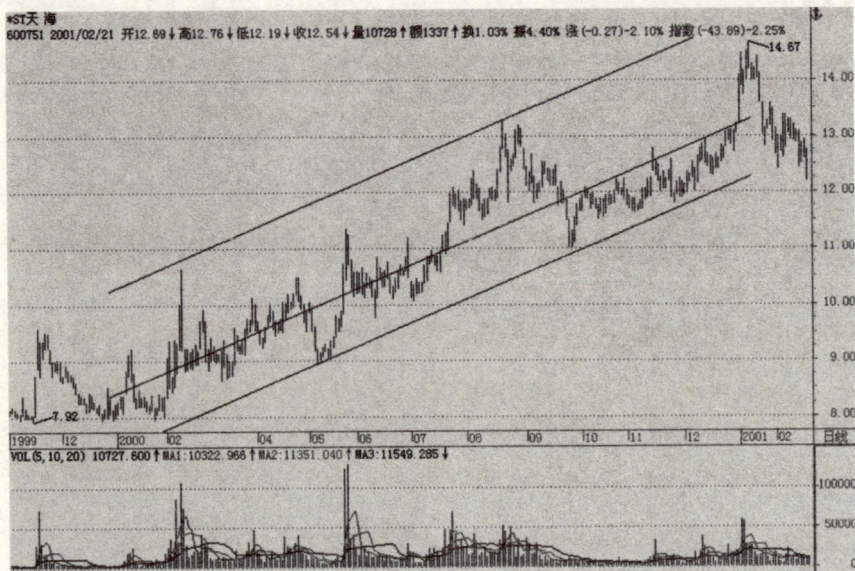

图1-57

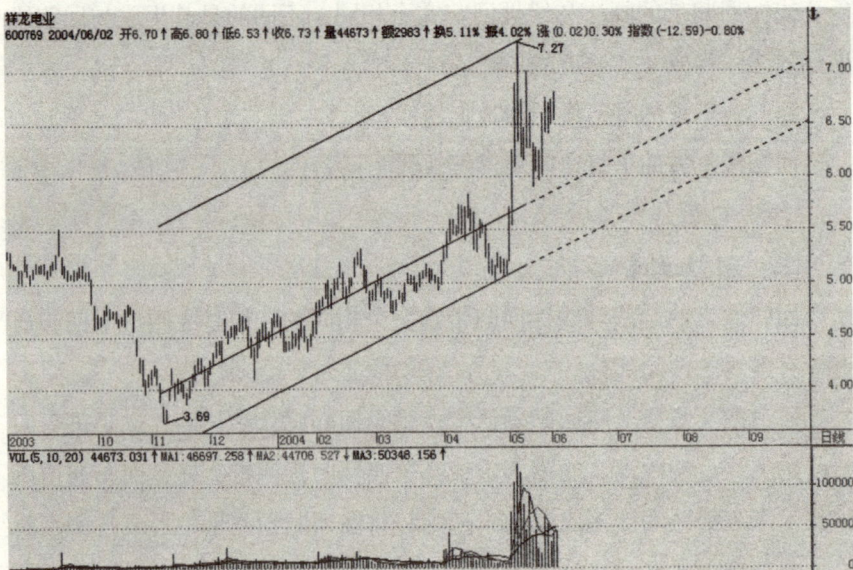

图1-58

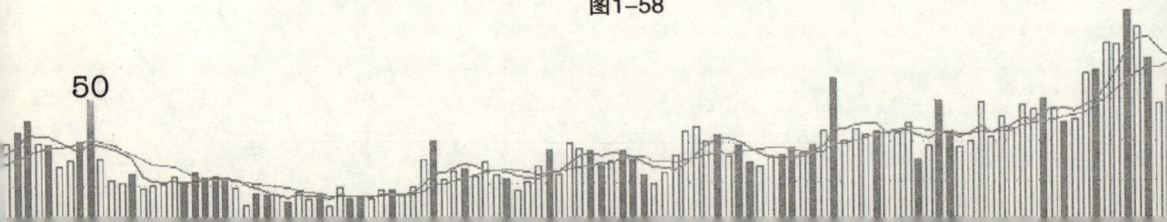

四、标准差通道（见图1-59）

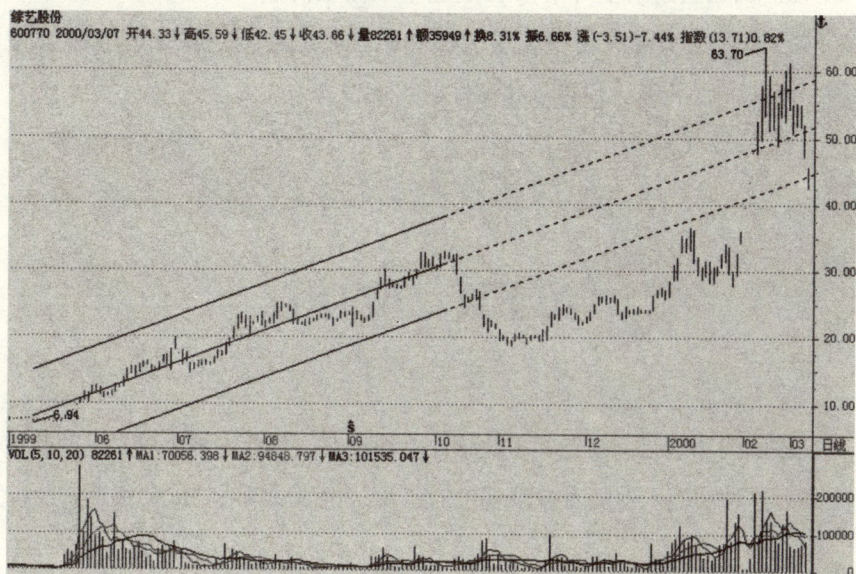

图1-59

回归通道的实际应用技巧：

通道上轨线是通道的压力线，对股价起着阻力作用，股价在此处常常遇到阻力回落。

通道下轨线是通道的支撑线，对股价起着支撑作用，股价在此处常常遇到支撑而反弹。

回归确认带是整个回归通道的核心，对其长度的确定是准确运用回归通道的关键所在，具有较高的技巧性。需要注意以下投资要点：

1. 通常需要用趋势线原理确定回归线；

2. 用主要趋势形成的时间跨度确定回归确认带的长度；

3. 而且回归确认带的长度一经确定不可轻易改变；

4. 当趋势线明显改变时修正回归线，并用重新确定的回归线重新确定回归确认带的长度；

5. 股价突破通道上轨时即将冲高回落；股价回落至回归线时将获得支撑而反弹；股价跌破回归线时是卖出信号；股价跌破通道下轨时是

止损信号；

6. 回归通道对上升第二浪有更高的预测作用；

另外，在实际应用中如果能够和布林带或薛斯通道来相互配合使用，往往可以准确研判趋势和良好的买卖位置。

第十节　波浪线

该画线功能目前在绝大多数软件上还没有，只有少数比较先进的软件上具有这种功能。但随着波浪理论的普及，相信该画线功能会逐渐普及。

一、上升五浪线

画线方法：1. 先从画线工具中选出五浪线（见图1-60）；

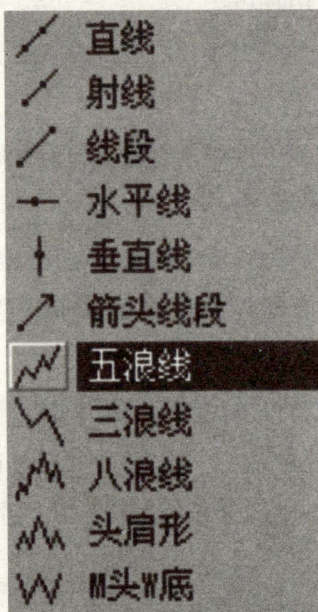

╱	直线
╱	射线
╱	线段
┼	水平线
┼	垂直线
↗	箭头线段
∿	五浪线
∿	三浪线
∿	八浪线
∿	头肩形
W	M头W底

图1-60

2. 在走势图上选出行情的起点A;

3. 然后依次确定1~5点的位置（见图1-61）。

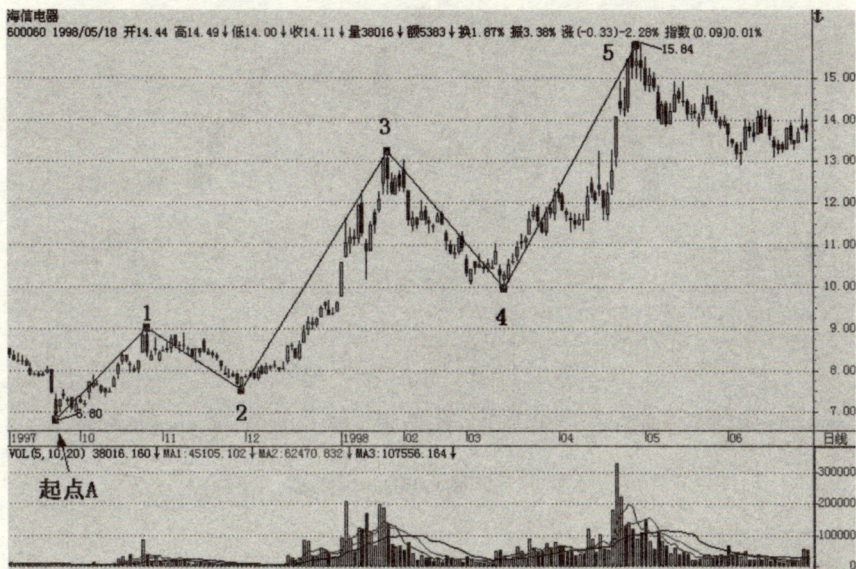

图1-61

二、下降三浪线

下降三浪线的画法与上升五浪线的画法是基本相同的，需要注意的是在确定起点的时候，必须以一轮行情的最高点为起点（见图1-62）。

三、八浪线

八浪线是上升五浪线和下降三浪线的组合，表示波浪理论在一轮完整行情中的运行过程（见图1-63）。

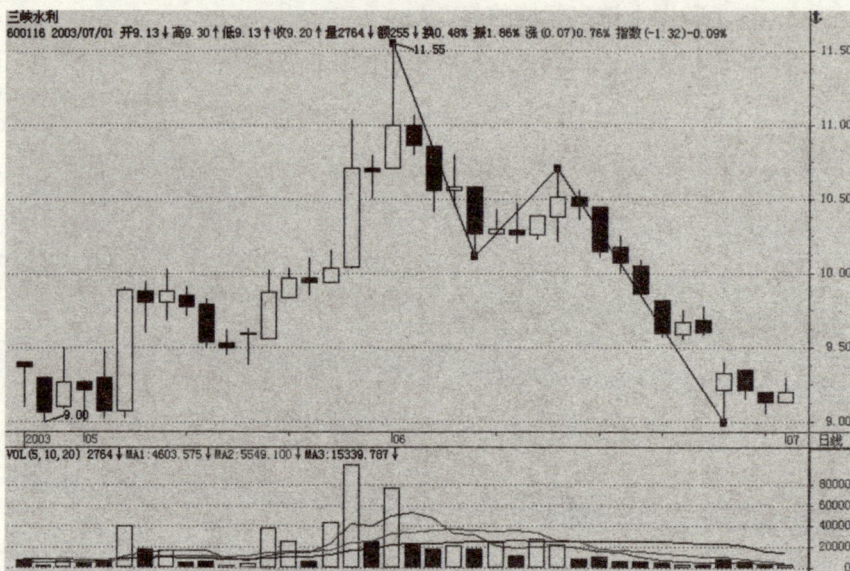

图1-62

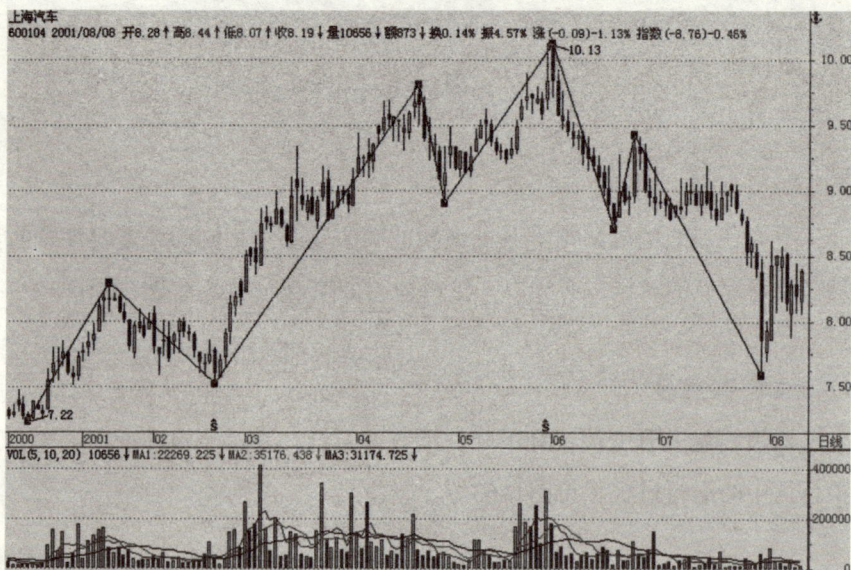

图1-63

四、波浪尺

1. 波浪尺在上升行情中的运用（见图1-64）：

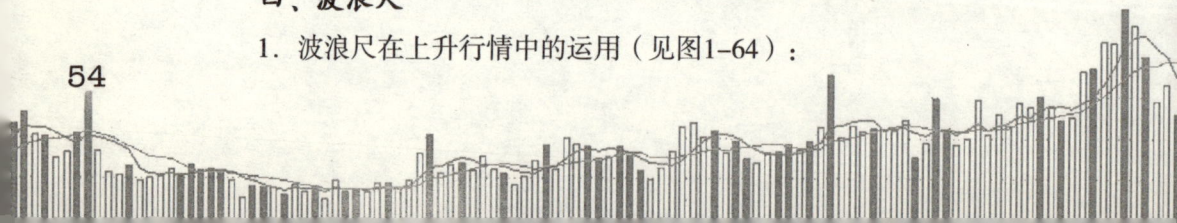

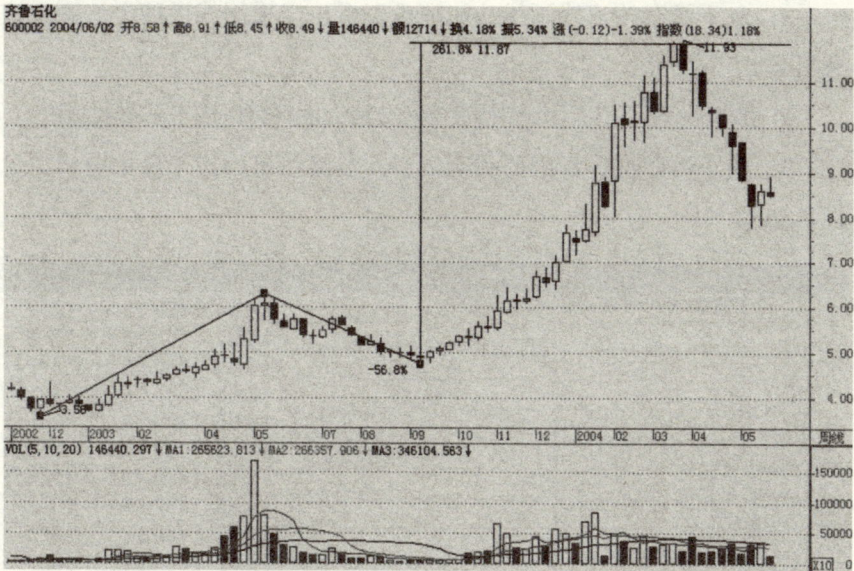

图1-64

2．波浪尺在下跌行情中的运用（见图1-65）：

图1-65

注意要点：

1. 对于没有波浪线画线功能的投资者可以采用线段的方法画出该波浪线；

2. 波浪线不仅可以用于完整浪型的分析，而且可以用于子浪的分析；

3. 为了更好把握盘中的买卖机会，波浪线可以用于盘中分析（见图1-66）。

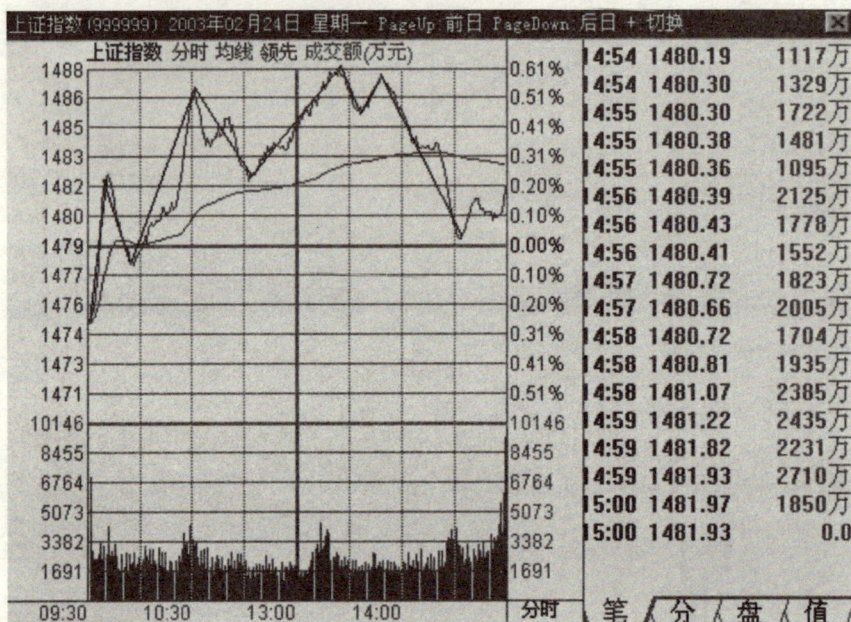

图1-66

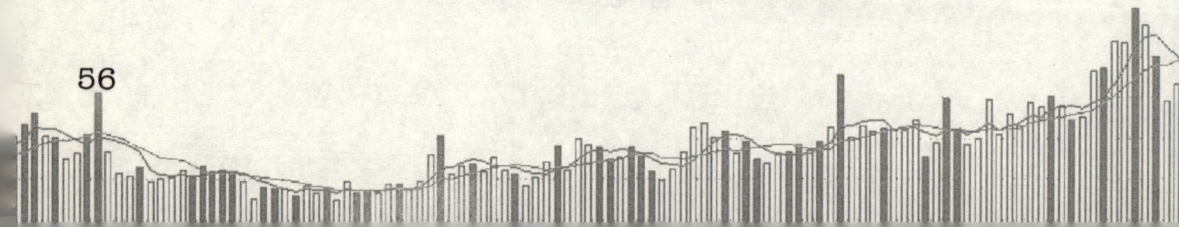

第十一节　形态线

形态类画线同样是只有少数软件中使用，它使形态分析更加直观。

一、W形底和M形顶的画线分析。

1. 先从画线工具中选择W形底和M形顶的选项功能（见图1-67）；

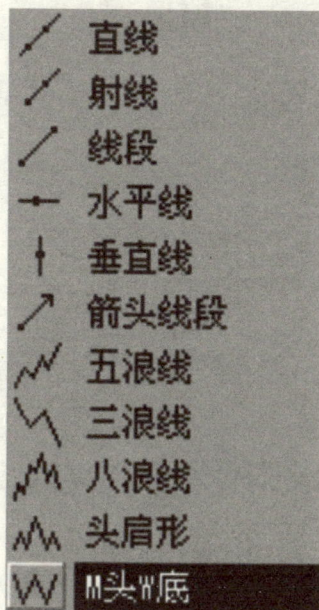

図1-67

2. 当确定一个起点之后，走势图上将会自动生成W或M线形。如果确定起点之后，鼠标是向上移动将自动生成M形，如果是向下移动鼠标是生成W形（见图1-68）；

①将M形线的各个端点移动到股价运行的重要转折点的位置（见图1-69）；

②M形顶部的画线完成，投资者可以根据形态理论对其进行分析（见图1-70）；

③运用相同的方法，可以画出W形底部（见图1-71）。

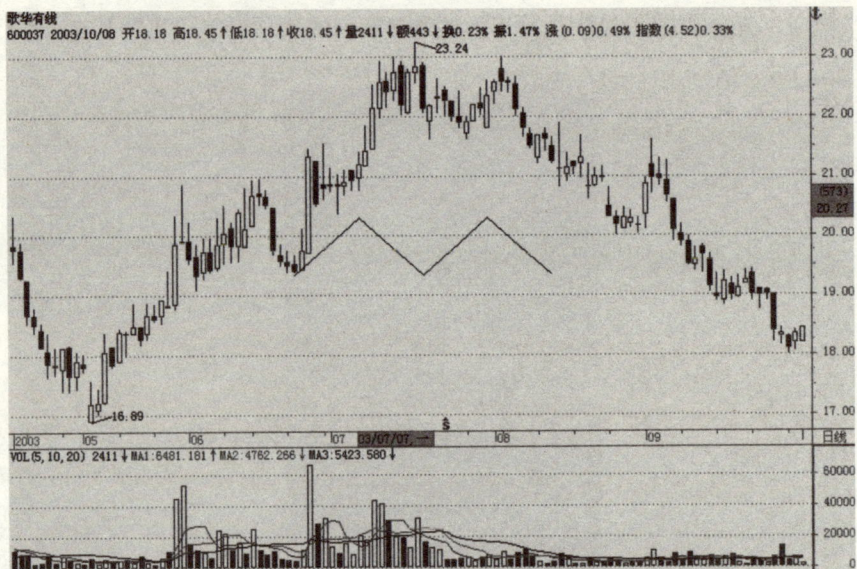

图1-68

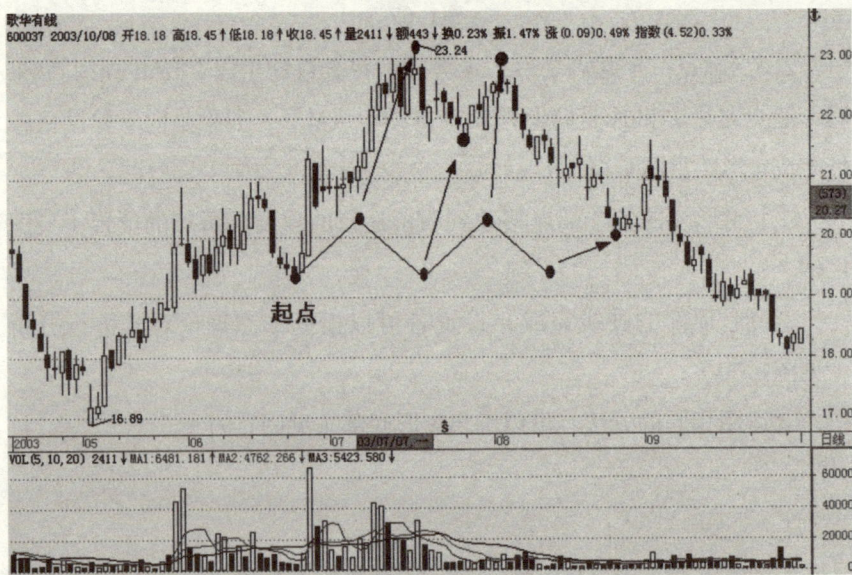

图1-69

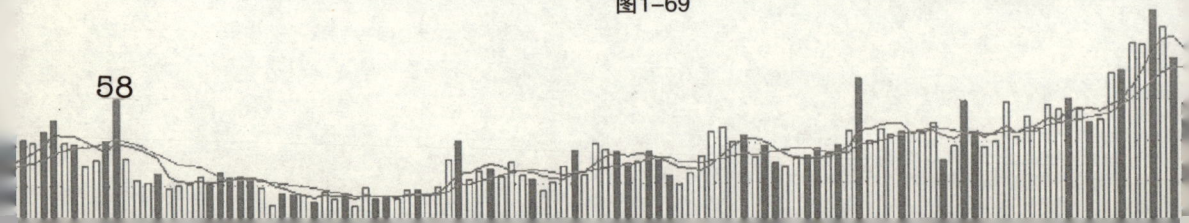

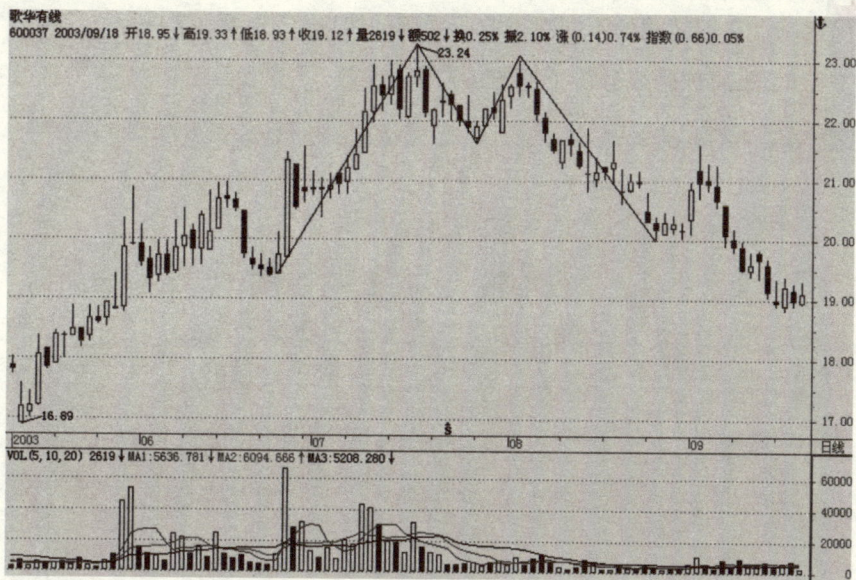

图1-70

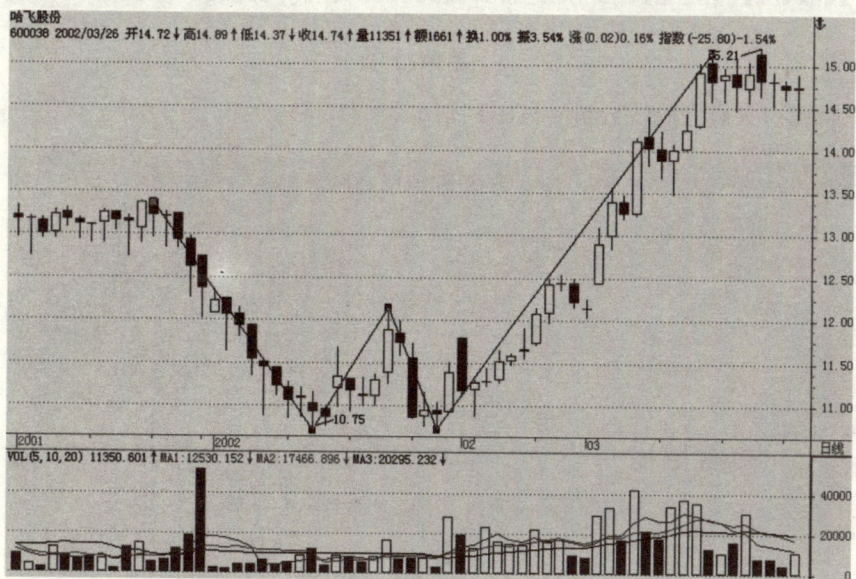

图1-71

二、头肩底与头肩顶的画线分析

头肩底、头肩顶的画线步骤与W形底、M形顶的画线步骤是一样的，都需要调用画线工具，再确定起点位置，画出基本线条，最后是明确定位。它们之间的不同在于，所采用的线形是不一样的。

1. 头肩顶画线分析（见图1-72）。

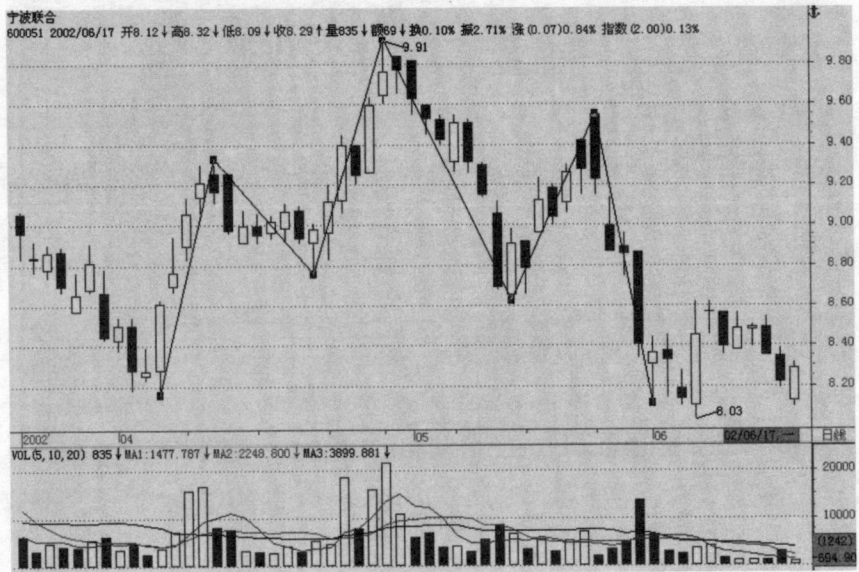

图1-72

2. 头肩底画线分析（见图1-73）。

图1-73

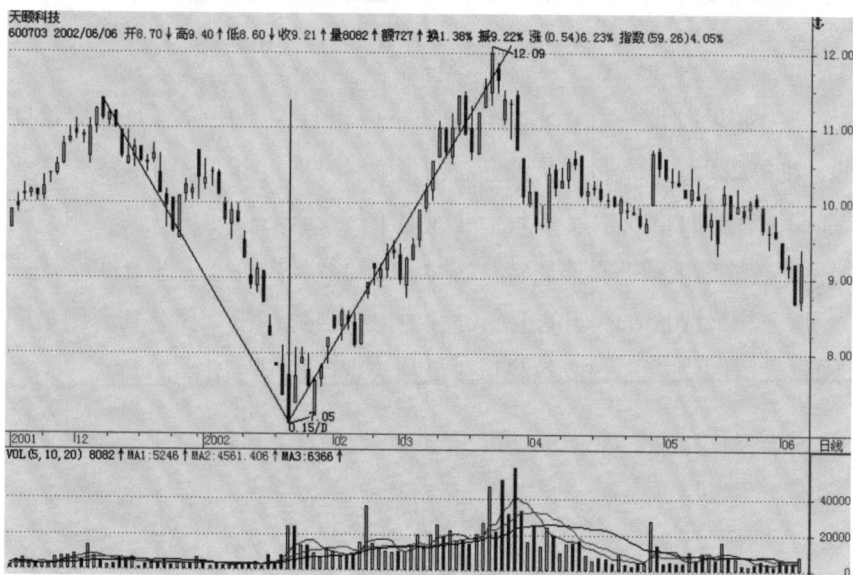

第十二节 对称角度线

对称角度线是建立在反射原理上的一种投资技巧，根据对称角度线，我们往往可以研判未来行情的运行趋势和买卖时机。

一、对称角度线在见底反转行情中的运用

画法：

1. 从分析软件中调用对称角度线的画线工具；

2. 以最低点确定为起点；

3. 以起点之前的最高点和行情走势确定为基本角度线；

4. 自动生成后市行情的右侧角度线（见图1-74）；

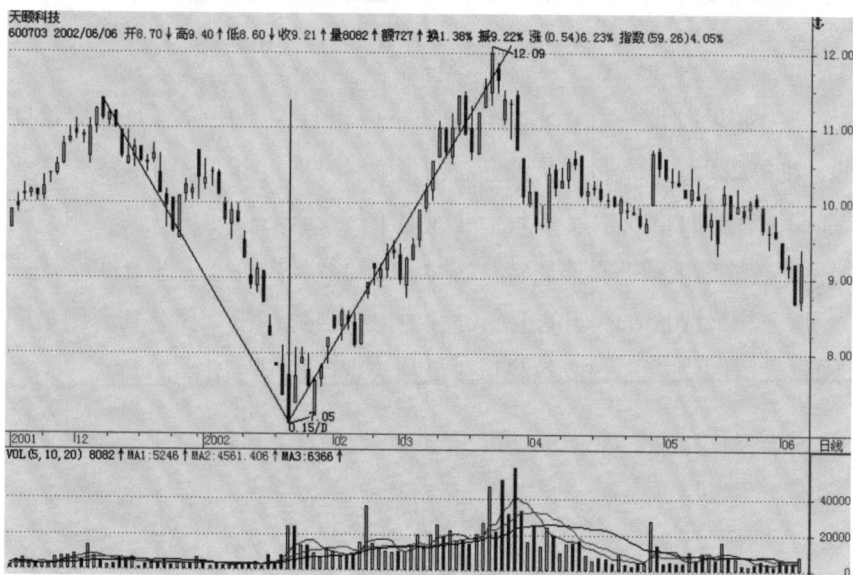

图1-74

应用技巧：

1．当股价一直在右侧角度线上方运行，如果有效破位该角度线，并且显示无力回到右侧角度线之上的时候，投资者要果断卖出（见图1–75）。

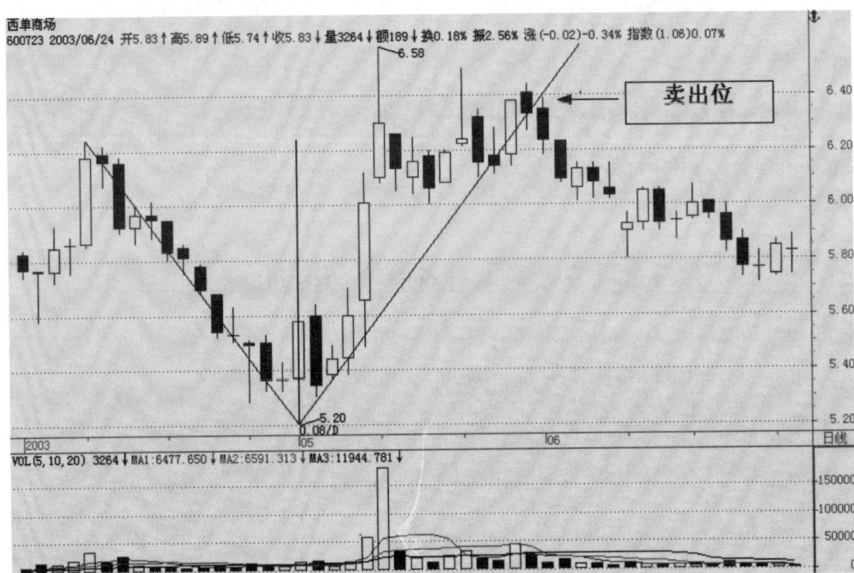

图1–75

2．如果股价一直在右侧角度线下方运行，当股价有效上穿角度线，则可以买进；等待股价跌穿右侧角度线时再卖出（见图1–76）。

3．有时股价或指数在上涨过程中虽然受到右侧角度线的压制，当股价穿越该角度线并迅速回转跌破时，是短线卖出位置（见图1–77）。

4．如果股价在右侧的上涨过程中出现强势调整，调整到右侧角度线时获得有力支撑，该支撑将形成最佳买点位置（见图1–78）。

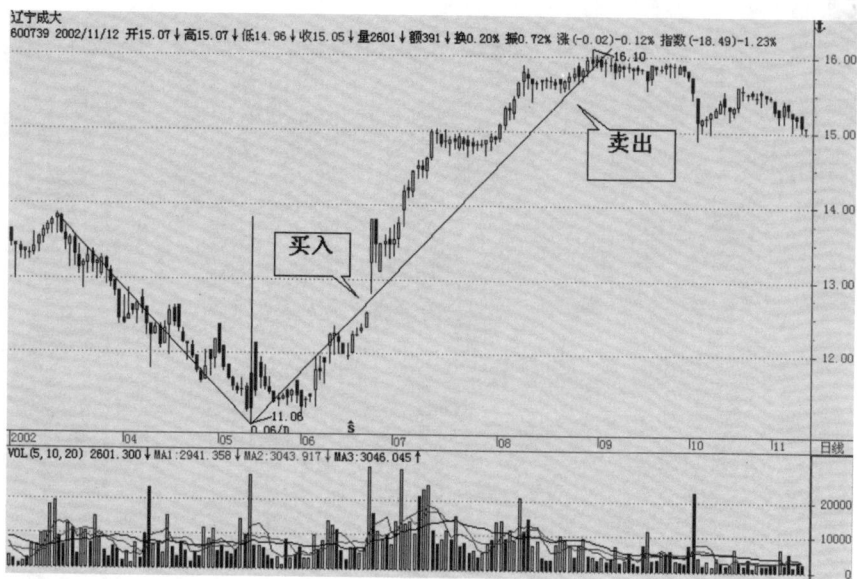

辽宁成大
600739 2002/11/12 开15.07↓高15.07↓低14.96↓收15.05↓量2601↓额391↓换0.20%振0.72%涨(-0.02)-0.12%指数(-18.49)-1.23%

买入

卖出

图1-76

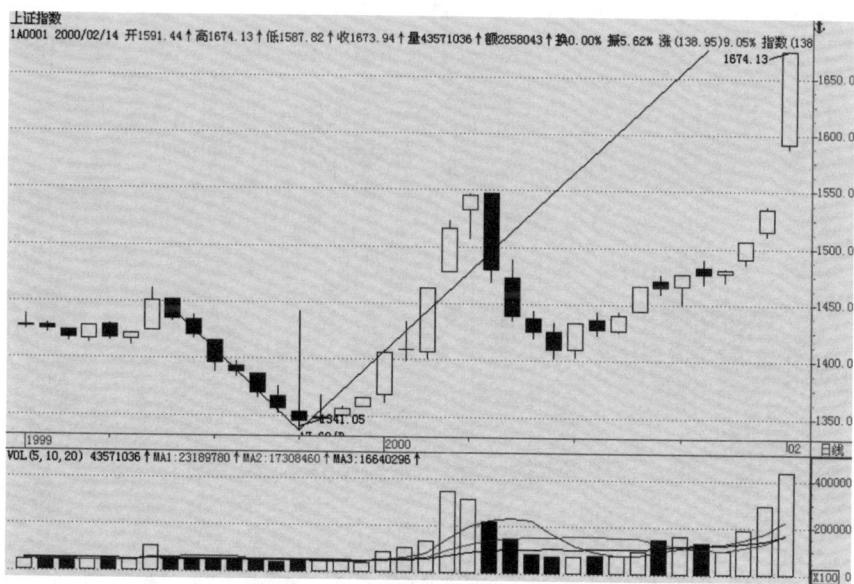

上证指数
1A0001 2000/02/14 开1591.44↑高1674.13↑低1587.82↑收1673.94↑量43571036↑额2658043↑换0.00%振5.62%涨(138.95)9.05%指数(138

图1-77

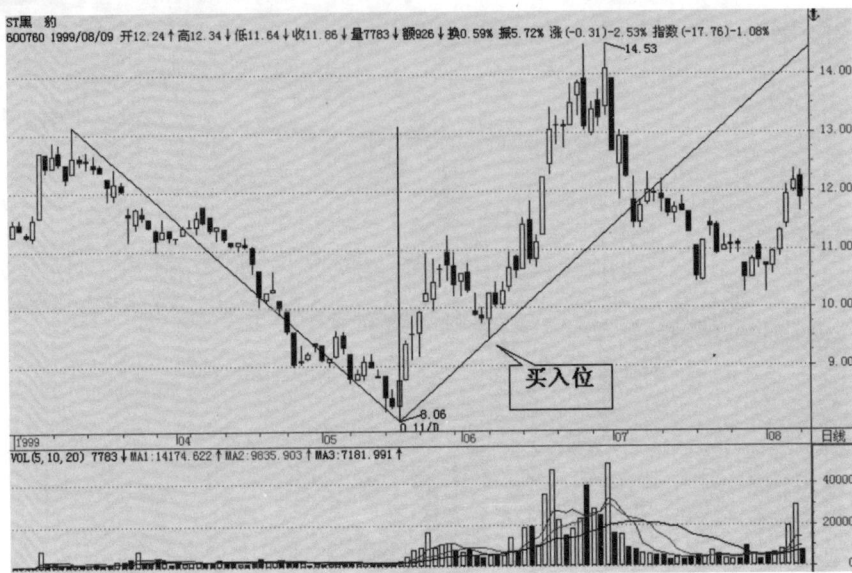

图1-78

图1-79

二、对称角度线在见顶反转行情中的运用

画法：与见底反转行情的画法完全一致。

应用技巧：

1. 当股价在右侧角度线之下运行，一旦成功突破，即形成良好的买入位（见图1–79）。

2. 当股价由上向下跌穿右侧角度线，而股价的累计跌幅还不深的时候，投资者需要果断止损（见图1–80）。

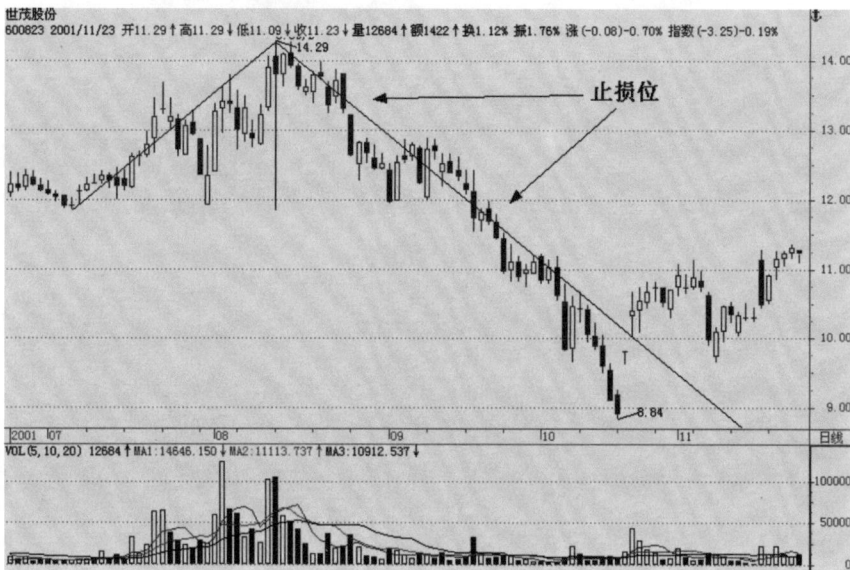

图1–80

3. 当股价围绕右侧角度线运行一段时间以后，突然远离下降的角度线，并展开独立的上升行情时，投资者也需要及时跟进（见图1–81）。

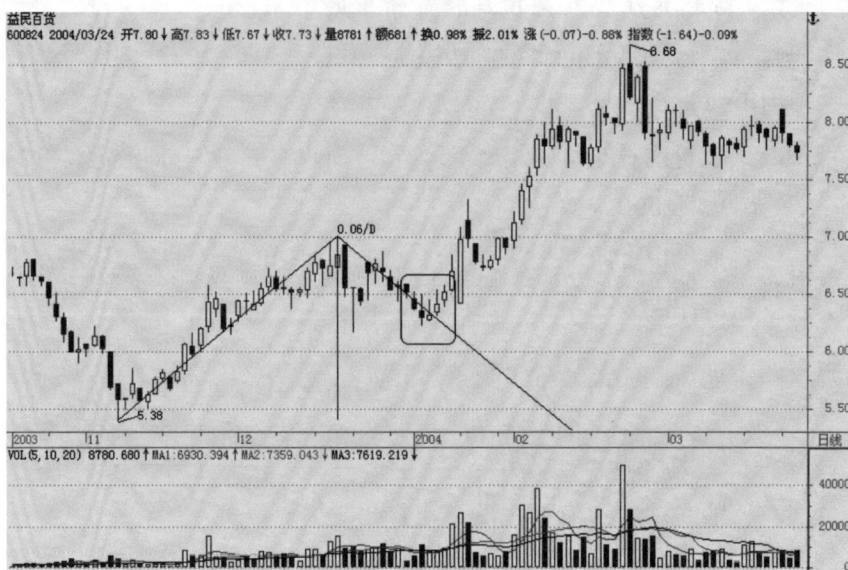

图1-81

第二章 指标选股篇

第一节　随机指标选股

一、随机指标计算方法

KDJ指标的中文名称是随机指数（Stochastics），是由George Lane首创的，其综合了动量观念，强弱指标及移动平均线的优点。该指标是欧美期货市场常用的一套技术分析工具，由于期货风险性波动较大，需要短线投资中反应灵敏的技术指标，随机指标应运而生。早年应用在期货投资方面，功能颇为显著，目前为股市中最常用的指标之一。

计算公式：

1．RSV＝（收盘价－N日内最低价的最低值）÷（N日内最高价的最高值－N日内最低价的最低值）×100

2．K＝RSV的M1日累积平均

3．D＝K的M2日累积平均

4．J＝3×K－2×D

参数设置：N为9天，M1为3天，M2为3天

应用法则：

1．K值高于80超买区时，短期股价容易向下回档，K值低于20超卖

区时，短期股价容易向上反弹。

2．K值在20左右水平，从D值右方向上交叉D值时，为短期买进讯号。

3．K值在80左右水平，从D值右方向下交叉D值时，为短期卖出讯号。

4．J值>100时，股价容易形成短期头部，J值<0时，股价容易形成短期底部。

5．KDJ波动于50左右的任何信号，其作用不大。

6．背离现象：价格创新高或新低，而KD未有此现象，亦为反转的重要前兆。

7．K值形成一底比一底高的现象，并且在20左右的低水平，由下往上连续两次交叉D值时，股价涨幅会较大。

8．K值形成一顶比一顶低的现象，并且在20左右的高水平，由上往下连续两次交叉D值时，股价跌幅会较大。

9．J值在短期内连续三次上穿0线，将是重要买入信号（见图2-1）；J值在短期内连续三次跌穿100线，将是重要卖出信号（见图2-2）。

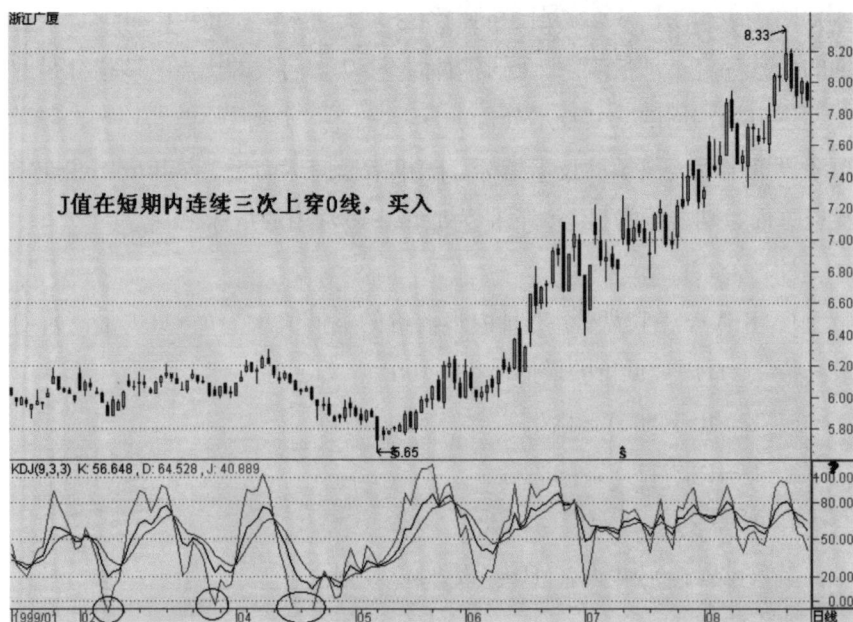

图2-1

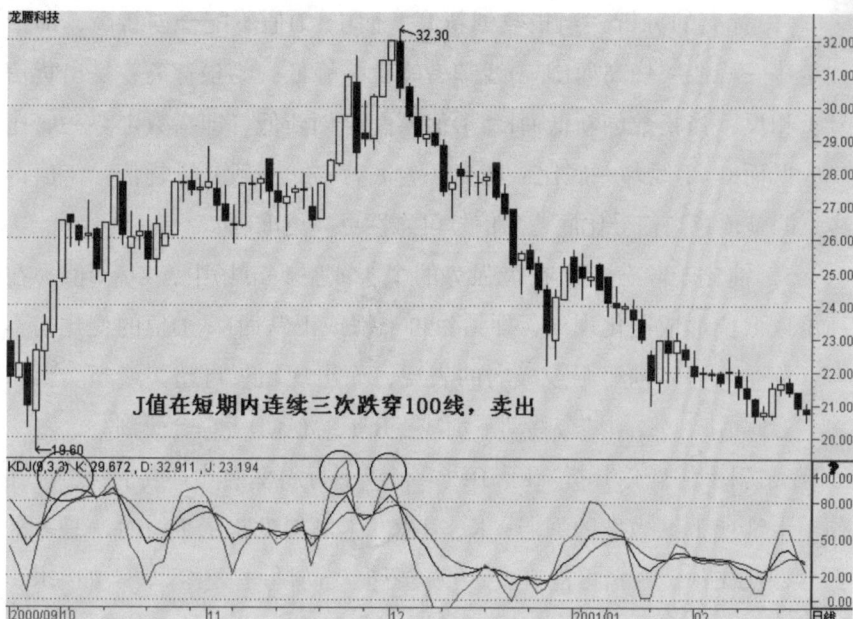

图2-2

二、随机指标的九大原理

1. 超买超卖分析。当K值在80以上，D值在75以上，J值在100以上时，是典型的超买标准；而当K值在20以下，D值在25以下，J值在0以下时，是典型的超卖标准。

2. 交叉的分析。当K值由小于D值变成大于D值，即K线由下向上突破D值时形成的交叉为黄金交叉，是买入信号，如果黄金交叉在25以下发生时较准确可靠。相反，当K值由大于D值变成小于D值，即K线由上向下跌破D线时形成的交叉为死亡交叉，是卖出信号，且死亡交叉在75以上发生时较准确可靠。K、D线在50左右发生黄金交叉且股市走势长时间处于盘局时，交叉信号的可靠性较低，不过，在主升浪行情的回档中，K、D线在50左右发生黄金交叉应是有效的。

3. 双交叉的分析。K、D线在高位两次形成死亡交叉，且顶背离也与之同时出现时，预示后市要暴跌；K、D线在低位两次或多次形成黄金交叉，且底背离也与之同时出现时，预示后市要暴跌急升。

4．背离的分析。当指数创新高，而K、D值不配合创新高，即指数走势一峰比一峰高而K、D线却一峰比一峰低，为顶背离，是出货信号；相反，当指数创新低而K、D值不配合创新低，即指数走势一底比一底低而K、D线却一底比一底高，为底背离，一般是进货信号。值得注意的是顶背离信号比底背离信号可靠性更高更准确。

5．钝化现象分析。在极强势的多头或空头市场中，K、D值易在高位或低位形成钝化现象，即指数再上涨或下跌而K、D值的变化均不大，这是大势走向极强或极弱的表现，而出现超买再超买或超卖再超卖。遇此情况，必须结合移动平均线、RSI、MACD等综合研判。

6．斜率的变化分析。K、D线上行或下行斜率的陡直或平缓，往往预示上涨或下跌力度的强弱；K、D线发生倾斜度趋于平缓时，是一种警号，往往预示行情可能有变，投资者应提防随时发生反转。如果K、D线已经发生反转，则行情往往会随之产生变化。值得注意的是：K、D线斜率的变化与转折，会首先从J线上表现出来。

7．随机指标的K线分析。随机指标的K线需要和趋势线结合分析。趋势线就是指随机指标K线的两个以上高点或两个以上低点的连线，趋势线分为支撑线与阻力线。支撑线就是K线的两个低点连线，当第三个低点不能跌破时是进货信号；阻力线就是K线的两个高点的连线，当第三个高点不能向上突破时是出货信号。随机指标K线的趋势线分析可用作辅助分析，以9日随机指标较实用。

8．随机指标的D线分析。D线所处位置具有非常重要的研判价值，多数具有决定性的信号则出现在D值大于80或在20左右甚至更低时，而中位区域即40—60间的信号通常意义不大。

9．随机指标的J线分析。J线所反映的是K、D值之间的乖离程度，其作用就是领先找到头部或底部。当J值大于100特别是110以上时，指数在创新高后一般都会回档调整或反转下跌或至少收上影线较长的K线；当J值小于0特别是—10左右时，指数在创新低之后一般会反弹或反转或至少收下影线较长的K线。J线作用力的大小与计算周期有关，例如，6日随机指标的J值大于100或小于0预示短期的超买或超卖，而24

日随机指标的J值大于100或小于0则预示中期甚至长期顶部或底部的到来。在波动较大的行情中J指标特别适用。

三、随机指标的交叉分析原理的运用：坚持"一停，二看，三通过"的原则

只要对技术指标稍有了解的人都知道随机指标的低位金叉是买进信号，高位死叉是卖出信号。但是，实际应用效果如何呢？由于随机指标最早是用于欧美期货市场的，具有较灵敏、波动快等特性。因此，在股市中出现金叉或死叉的机会较多，如果投资者完全按照信号操作的话，必然要疲于奔命而收获甚微。

比较有效的方法是实行"一停，二看，三通过"的投资原则：就是随机指标第一次形成黄金交叉的时候，投资者不宜立即操作，而是应该等待观望；当随机指标出现第二次金叉的时候，投资者就可以看指标交叉位置的高低以及个股的量能情况等因素，来决定是否买进。如果金叉出现的位置都是在25以下，而成交量有效放大的，则可以及时介入，反之，则继续等待观望。当随机指标在短时间内在同一位置出现第三次金叉，并且指标和股价之间形成底背离的，预示该股后市将出现急升行情，投资者可以果断买进。

对于随机指标在高位出现死叉的也可以采用这种方法，只不过死叉出现的位置在75以上时更加有效。

四、随机指标的单一指标线分析原理的运用

随机指标包括三种指标线，分别是K、D、J线，每种指标线的分析原理是不同的。

1. 随机指标的K线分析。随机指标的K线需要和趋势线结合分析。趋势线就是指随机指标K线的两个以上高点或两个以上低点的连线，可以分为支撑线与阻力线。当指标K线不能跌破支撑线时是买进信号；当指标K线不能向上突破阻力线时是卖出信号。

2. 随机指标的D线分析。D线是用于超买超卖分析，D线所处位置

具有非常重要的研判价值，多数重要的顶底位置是出现在D值大于80或小于20的区域中，通过对D值的分析，可以明确行情发展的阶段。

3. 随机指标的J线分析。反应灵敏的J线用于短线操作。J线可以反映出K、D值之间的乖离程度，能够领先寻找到短期头部或底部。当J值大于100特别是110以上时，指数在创新高后一般容易出现调整；当J值小于0特别是小于-10时，指数在创新低之后一般容易出现反弹。

五、随机指标的背离与钝化原理的运用

随机指标的背离是指股价与指标之间背道而驰。当指数或股价创新高时，随机K、D值不配合创新高，而且还会一波比一波低，这就是顶背离，属于明显的卖出信号；相反，当指数或股价创新低时，随机K、D值不配合创新低，反而一波比一波高，这就是底背离，属于明显的买进信号。

在强势上涨行情中，当股价或指数上涨到一定程度以后，随机指标就不会跟随上涨了，这时的K、D值的变化不大。同样在持续下跌中也会出现类似的情况，这种现象就是随机指标的高位或低位钝化。指标的钝化并不表示股价会停止上涨，如果投资者因为指标高位钝化而过早卖出股票的话，往往会错失一轮牛市行情。而在熊市中，低位钝化也不能表示行情的止跌。

随机指标的钝化与背离有相似之处，两者区别的关键在于：背离是指标与股价的反方向运动，而钝化是指标无法跟随股价继续上涨或下跌。

虽然随机指标的背离与钝化现象类似，但是行情演变的结果却截然不同，背离意味着行情将出现转折，而钝化则意味着行情仍然有可能延续原有的方向发展。为了能更加准确的研判趋势的发展方向，当指标钝化时，投资者需要结合中线指标MACD来分析。

例如：下图中，随机指标已经出现钝化，但是MACD指标依然上涨，说明股市仍然有上升动力，此后行情果然继续向上发展（见图2-3）。

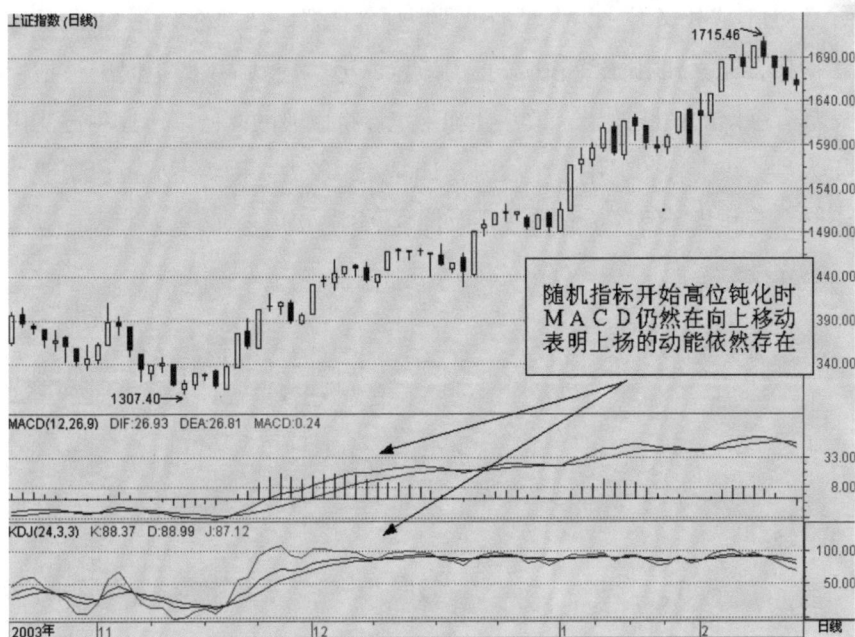

上证指数（日线）

1715.46
1690.00
1640.00
1590.00
1540.00
1490.00
440.00
390.00
340.00

1307.40→

随机指标开始高位钝化时
ＭＡＣＤ仍然在向上移动
表明上扬的动能依然存在

MACD(12,26,9)　DIF:26.93　DEA:26.81　MACD:0.24

33.00
8.00

KDJ(24,3,3)　K:88.37　D:88.99　J:87.12

100.00
50.00

2003年　｜11　｜12　｜1　｜2　日线

图2-3

六、周线KDJ指标对指数的研判

随机指标KDJ比较适合活跃的震荡式行情，当行情处在直线涨落的单边市场中，日KDJ会常常出现钝化，应改用MACD等中长指标；当股价短期波动剧烈，日KDJ反应滞后，应改用CCI，ROC等指标；或是使用SKDJ慢速随机指标。而对于中长期市场行情的判断则需要使用周线的KDJ指标。

周KDJ指标对于行情的见底和见顶有明显的提示作用，据此波段操作可以免去频繁操作的辛劳，争取利润最大化，需提示的是一般周J值在超卖区V形单底上升，说明只是反弹行情，形成双底才为可靠的反弹行情；但J值在超买区单顶也会有大幅下跌的可能性，所以应该提高警惕，此时应结合其他指标综合研判；但当股市处在牛市时，J值在超买区盘中一段时间后，股价仍会大幅上升。

当周线KDJ指标的J线从负值到＋10时，并且KD形成金叉时，为大盘的相对底部区域；当周线KDJ指标的J线从100以上下降到90以下时，并且KD形成死叉时，为大盘的阶段性顶部位置。从理论上讲，KDJ是短线指标，尤其J线比K线和D线更为敏感，但应用到周K线上时，该指标就具有一定的中线效果，敏感性和稳定性得以兼顾。所以，这种方法用于大盘比较准确，但用于个股时，情况差距较大。因为不同的股票股性不同，获利状况要视选股的效果而言（见图2-4）。

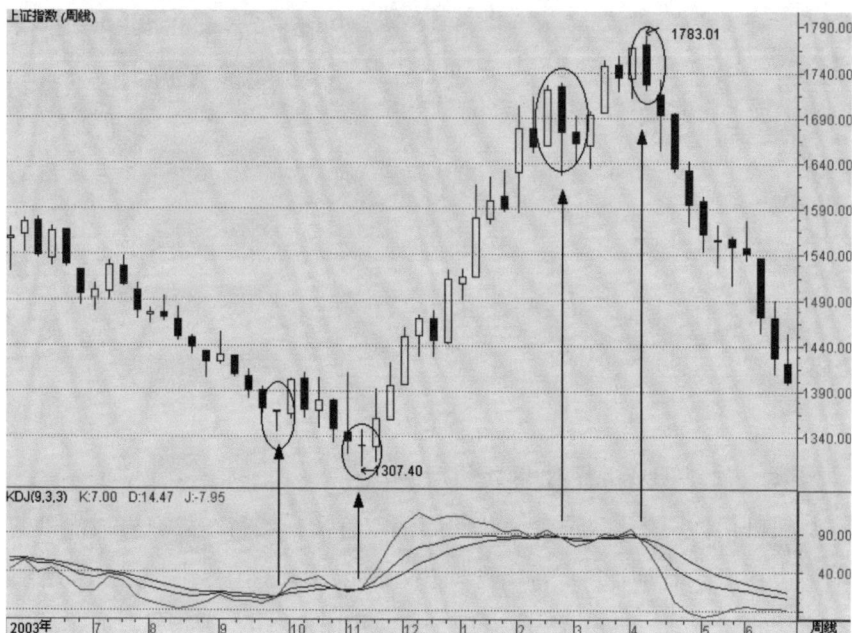

图2-4

例如：通过周线KDJ指标对顶与底的研判，就能够比较准确地分析出行情的转折点。

由于周线指标作为中期指标，不容易制造"骗线"，因而在应用KDJ指标时，周线往往效果更佳，当周线KDJ指标两次或两次以上发出金叉（死叉）时，往往能预示MACD等跟随趋势指标发生金叉（死叉），从而提前预示重要趋势的降临，这对中长线投资者无疑极具意义。

七、随机指标与其他指标的组合运用

在股市技术分析体系中，没有一种分析方法是百分之百准确，而是

各有其优缺点，随机指标也不例外。为提高预测的准确性和减少操作中的失误，应将随机指标与其他技术分析方法综合运用，以互相取长补短和相互印证研判的可靠性。

1. 随机指标与中线指标的综合运用

KDJ指标是一种超前指标，运用上多以短线操作为主；而MACD又叫平滑异同移动平均线，是市场平均成本的离差值，一般反映中线的整体趋势，这两种指标都是目前市场最常用的。理论上分析，KDJ指标的超前主要是体现在对股价的反映速度上，在80附近属于强势超买区，股价有一定风险；50为徘徊区；20附近则较为安全区域，属于超卖区，可以建仓，但由于其速度较快而往往造成频繁出现的买入卖出信号失误较多；MACD指标则因为基本与市场价格同步移动，使发出信号的要求和限制增加，从而避免了假信号的出现。这两者结合起来判断市场的好处是：可以更为准确地把握住KDJ指标短线买入与卖出的信号。同时由于MACD指标的特性所反映的中线趋势，利用两个指标将可以判定股票价格的中、短期波动。

例如：在陕西金叶的KDJ触及低位后不久，MACD也出现见底信号，但股价上涨幅度并不大，仅为10%；当KDJ与MACD同步向上发散时，这时的买入信号就十分容易把握了（见图2-5）。

总的来说，对于短期走势的判断，KDJ发出的买卖信号需要用MACD来验证配合，一旦二者均发出同一指令，则买卖准确率将较高。

值得注意的是：当MACD保持原有方向时，KDJ指标在超买或超卖状态下，股价仍将按照已定的趋势运行。因此在操作上，投资者可以用此判断市场是调整还是反转，同时也可以适当地回避短期调整风险，以博取短差。

例如：陕西金叶在2月1日KDJ开始高位钝化时，MACD仍然在向上移动，表明上扬的动能依然存在，只是短线上将有一定的调整（见图2-6）。

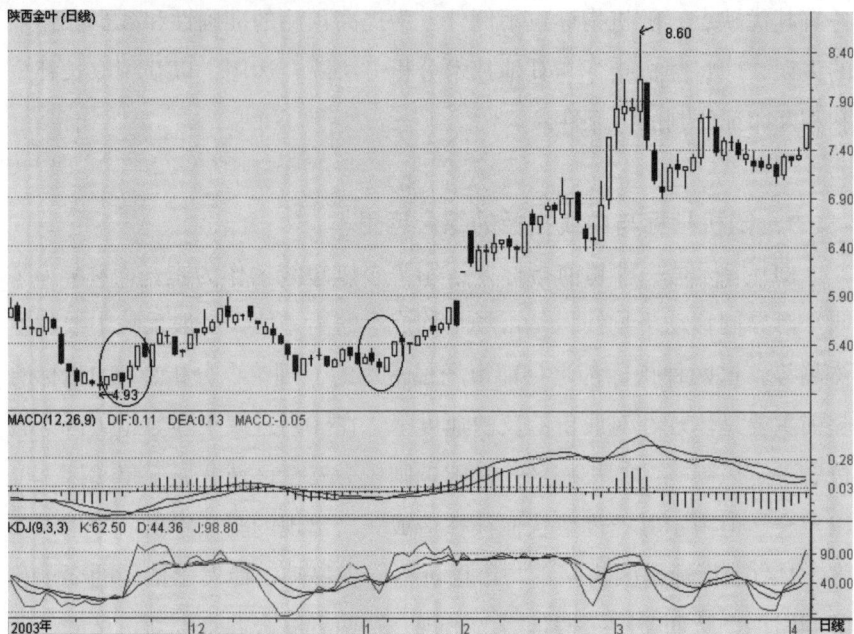

图2-5

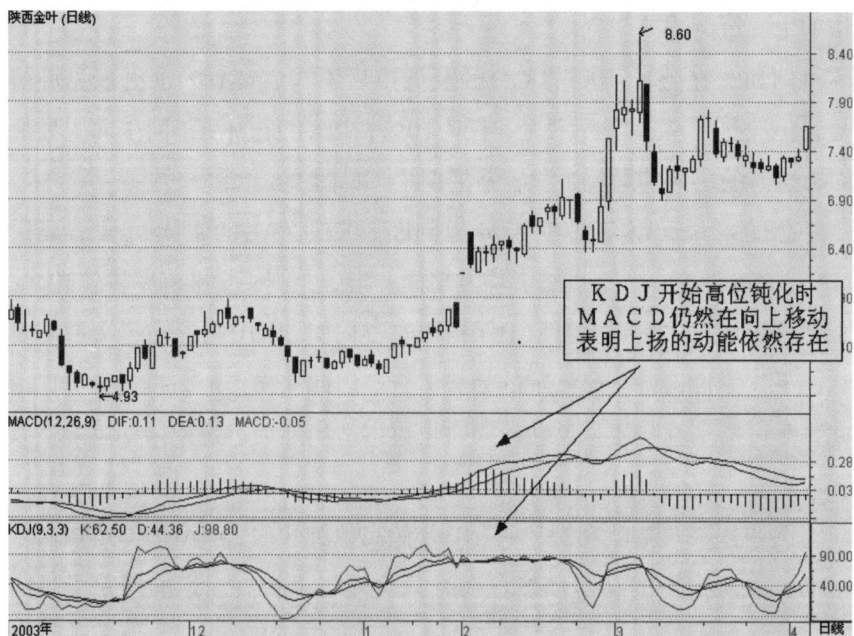

图2-6

2. 随机指标与支撑压力类指标的综合运用

KDJ指标是超买超卖指标，而布林线则是支撑压力类指标。两者结合在一起的好处是：可以使KDJ指标的信号更为精准，同时，由于价格日K线指标体系中的布林线指标，往往反映的是价格的中期运行趋势，因此利用这两个指标来判定价格到底是短期波动，还是中期波动具有一定作用，尤其适用于判断价格到底是短期见顶（底），还是进入了中期上涨（下跌），具有比较好的效果。

例如：图中太极集团（600129）的KDJ指标在50中轴区域附近出现了金叉。按照KDJ指标的操作原则，在50中轴区发生的交叉，其信号并不确定，但如果结合BOLL指标进行分析，可能就会得出一个明确的结论。该指标在同一天，股价线越过了中轴线的压制，此时股价线距离上轨线还有一段空间足以使操作者获利。依据这一原则，投资者可以将KDJ指标的这一次交叉视为有效，并予以短线买进（见图2-7）。

图2-7

由于布林线中的上轨有压力作用，中轴和下轨有支撑（压力）作用，因此当价格下跌到布林线中轨或者下档时，可以不理会KDJ指标所发出的信号而采取操作。当然，如果KDJ指标也走到了低位，那么应视作短期趋势与中期趋势相互验证的结果，而采取更为积极的操作策略。

综合运用KDJ指标和布林线指标的原则：以布林线为主，对价格走势进行中线判断，以KDJ指标为辅，对价格进行短期走势的判断，KDJ指标发出的买卖信号需要用布林线来验证配合，如果二者均发出同一指令，则买卖准确率较高。

八、巧妙利用KDJ的钝化作用寻底

KDJ指标存在高位和低位的钝化现象，这种钝化现象成为KDJ指标发挥正常作用的瓶颈，长久以来，很多专业人士研究了多种解决KDJ钝化的方法。常见的是采用长周期的KDJ指标来消除钝化现象，如用周KDJ指标代替日KDJ指标，但是这并不能彻底消除KDJ指标的钝化现象，也有的使用月KDJ指标或季KDJ指标，虽然可以消除KDJ指标的钝化现象，可是，在时间上有较大的滞后性，而且，过长的分析周期也损害了KDJ指标所擅长的中短期分析效果。

指标的钝化现象并非KDJ的专利，其他指标中也有类似现象，如RSI指标。其实，大可不必为了消除KDJ的钝化现象，而采取不切实际的方法损害KDJ指标原来的灵活准确的功能。事实上，只要巧妙应用，KDJ的钝化作用一样可以化腐朽为神奇。

具体的应用技巧：

1. KDJ指标中K值、D值、J值同时小于或等于20，这时已有钝化现象出现，但是只能作为初选条件。

2. 个股的KDJ指标必须连续6天或6天以上达到初选条件，这期间，K值、D值和J值始终小于20。

3. 最近一段时间内，成交量处于持续性萎缩状态中。

4. 最近3个交易日内，J值最少同时上穿过K值和D值一次。

5. J值率先上穿20时，买入。

应用实例：

600671天目药业的KDJ指标中的J值率先上穿20，发出买入信号。在

这之前的7个交易日中，K值、D值和J值始终小于20。而且成交量也一直处于萎缩状态中。随后，该股的J值同时上穿过K值和D值，并在18日突破成功。天目药业发出买入信号当天的收盘价是11.72元，此后，直线上升，13个交易日就涨到17.77元，涨幅50％多（见图2-8）。

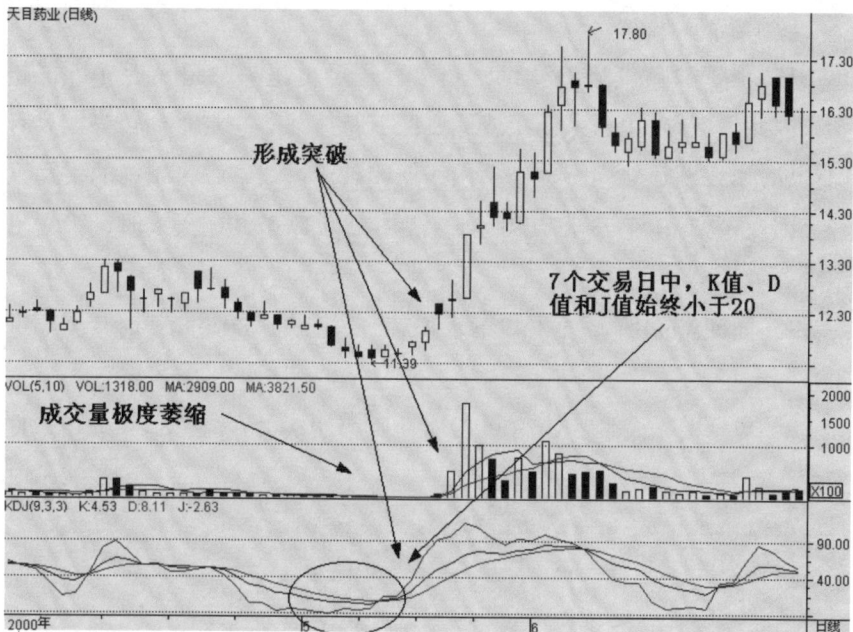

图2-8

第二节　威廉指标选股

一、威廉指标的计算方法与应用原理

威廉指标，主要用于分析市场短期买卖走势，是测量超买、超卖程度的简易指标。其计算方法如下：

计算公式：

WR1＝100×（N日内最高价的最高值－收盘价）÷（N日内最高价

的最高值－N日内最低价的最低值）

WR2＝100×（N1日内最高价的最高值－收盘价）÷（N1日内最高价的最高值－N1日内最低价的最低值）

参数N1是6，N是10。

应用法则：

1．由于股市气势的变化，超买后还可再超买，超卖后亦可再超卖，因此，当W％R进入超买或超卖区，行情并非一定立刻转势。只有确认W％R线明显转向，跌破卖出线或突破买进线，方为正确的买卖讯号。因此，W％R上升至20以上水平后，再度跌破20超买线时，为卖出讯号。

2．同理W％R下跌至80以下水平后，再度突破80超卖线时，为买进讯号。

3．W％R向上碰触顶部0％四次，则第四次碰触时，是一个相当良好的卖点。

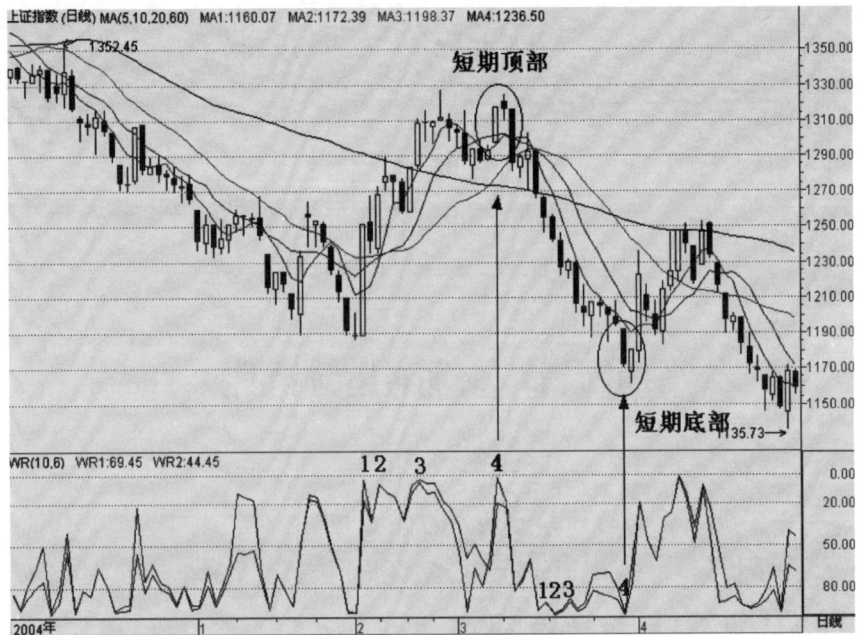

图2-9

4．W％R向下碰触底部100％四次，则第四次碰触时，是一个相当良好的买点。

在大盘分析方面，例如：图中上证指数的10日Ｗ％Ｒ的四次撞底和四次撞顶，都明确指示出大盘的短期顶部和短期顶部位置（见图2-9）。

在个股分析方面，例如：深宝安（000009）的连续四次触底，买进讯号明确，随后该股便出现翻番行情（见图2-10）。

图2-10

另外，需要注意的是威廉指标并非每一次触顶或触底的次数都是四次，在一轮单边上涨或单边下跌行情中，触顶或触底的次数会明显增加。而在波段行情中一般触顶几次，触底也应几次，这样才能化解上涨的力度；同时触底几次，触顶也应几次，这样才能化解下跌的幅度。

5. 使用威廉指标作为测市工具，既不容易错过大行情，也不容易在高价区套牢。但由于该指标太敏感，在操作过程中，最好能结合相对强弱指标RSI等较为平滑的指标一起判断。Ｗ％Ｒ与RSI指标配合使用，充分发挥二者在判断强弱市及超买超卖现象的互补功能，确定强转弱或弱转强是否可靠。RSI穿越50分界线时，如果Ｗ％Ｒ也同样穿越50，则相对可靠。

6. W%R进入超买或超卖区时，应结合MACD的讯号为反转讯号。

7. 威廉指标与动力指标配合使用，在同一时期的股市周期循环内，可以确认股价的高峰与低谷。

值得注意的是：

W%R指标值虽然介于100与0之间，但与其他指标的不同之处在于，W%R指标的100置于底部，0置于顶部。应用法则中所称的"20以上"是指0至20之间的数据。威廉指标越接近100越超卖，越接近0越超买。

二、威廉指标的实用技巧

该指标是利用摆动点来量度股市的超买超卖现象，可以预测循环期内的高点或低点，从而提出有效率的投资信号，帮助投资者决策。

一般情况下，单纯应用威廉指标操作是有大风险的，因为它是一个试图摸顶或抄底逆势操作指标。为保险起见，只有在W%R连续冲高点或低点之后，出现逆转信号时，风险才相对降低。投资者可以参考三个标准：

1. 10W%R四撞底；

2. 14W%R在1至2个月内至少撞底三次以上；

3. 20W%R撞底两次以上。

达到以上标准，才是较为可靠的中短线波段见底信号。这种方法对于大盘和个股都有比较良好的使用效果。

三、威廉指标与其他技术方法的综合运用

同时，应用其他分析方法和威廉指标进行验证是必要的。大盘中线波段底是否可靠、中期以上的调整深幅、股价是否构成单底、双底、三底等形态都是需要综合考虑的因素。

例如：宏源证券（000562）与大盘同步出现四撞底后，调整深幅超过30%，6.8元一线构成大双底反转，呈现逐波上攻的翻番走势。事实证明，这里是最佳的买入位置（见图2-11）。

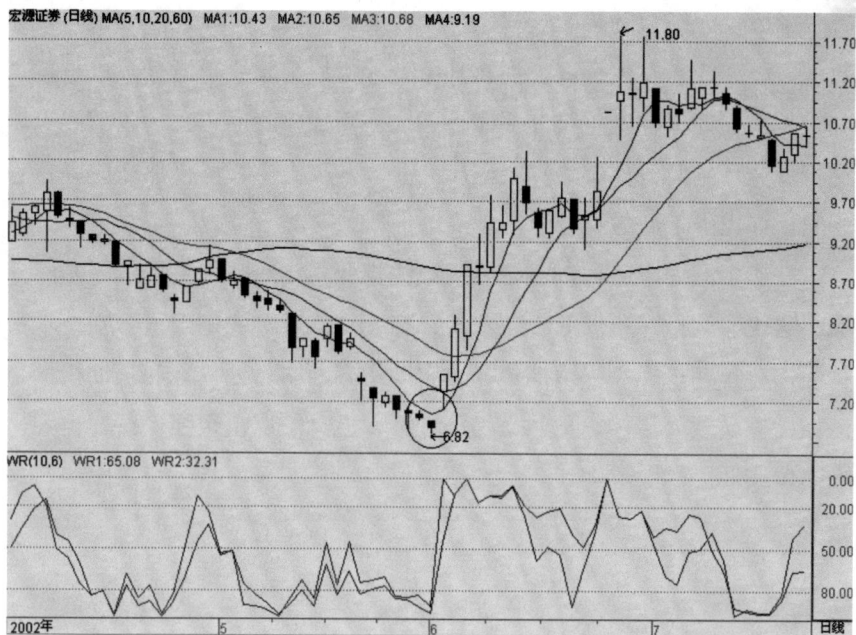

图2-11

图2-12

运用威廉指标时比较适合与相对强弱指标配合使用。当相对强弱指标提示股价或指数的买卖点时，再用威廉指标确认可靠性。如果两指标出现分歧，或者发生背离，那么其中一种指标为骗线（或过早讯号）；如果相对强弱指标产生可靠买卖点，如：形成W底形态；20以下产生金叉；低位产生底背离现象；突破压力线；跌破支撑线等，那么应以相对强弱指标为主（见图2-12）。

在实际应用中，可以经常发现威廉指标与相对强弱指标不同步的现象，这说明两指标所设的参数不同，应统一参数。我们知道，在技术指标中，有短期指标、中短期指标、中期指标、中长期指标和长期指标。威廉指标属短期指标，虽然是辅助指标，但灵敏度也很强，这样也容易在高位或低位产生钝化。

图2-13

改变钝化的方法是将日威廉改为周威廉，如果周威廉也发生钝化，改为月威廉。这样放大几倍观察，效果较好。而且，如果将这三种威廉指标同时应用往往可以准确研判大盘和个股的底部及顶部位置。

例如：600777新潮实业的月线威廉指标从79.7上升到85.9，表明该股从长线分析，已经进入超卖区；而新潮实业的周线威廉指标则急速上升到90.3，并且，每日威廉指标击穿80超卖线，发出明确的买入信号。此后，该股一路上升，很快涨到11.25元（见图2-13）。

这三种威廉指标不仅对个股的研判比较有效，同样可以在指数的分析中发挥作用（见图2-14）。

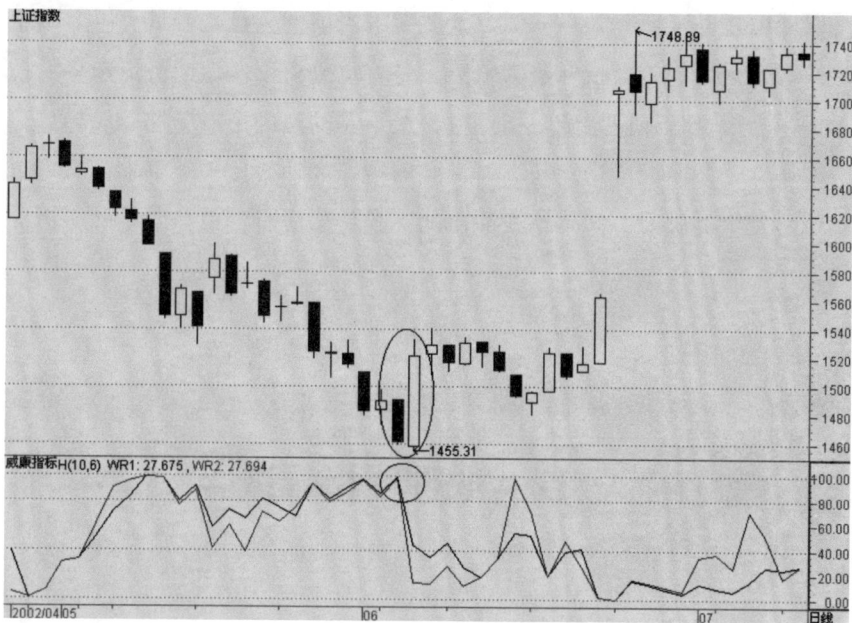

图2-14

四、威廉指标的投资要点

由应用法则可以看出，要成功地利用威廉指标来获利，价格的走势要具备以下两个特点：

1. 价格走势具有波动性。也就是说，价格在接近10日最低后，有向10日最高价反弹的趋势；同样，当价格在接近10日最高价后，有向10日最低价回落的趋势。如果不是这样，价格走势呈现单边上升或单边下跌的话，威廉指标可能始终处于超买或超卖的状态而无法取得获利机会。

2. 价格走势在转折点处具有一定的惯性。也就是说，价格一旦走出超卖区开始转强，进入10日高价区后，将在高价区内保持一定时间；同样，一旦下跌进入低价区后，也将在低价区停留一段时间。如果股票

85

价格震荡厉害，当威廉指标刚刚发出买入信号，价格开始走强后又马上转弱，这时的信号就是错误信号，有可能导致亏损。

所以，在应用威廉指标时，必须参考以上这两个因素。如果是以威廉指标来判断股价的话，就要选择走势具有以上两个特征的个股，如果是以威廉指标来研究大盘的话，就要考虑当前的大盘是否具有以上两个特征。这是因为威廉指标极为敏感，是着重分析市场短期行情走势的技术指标。投资者在使用威廉指标时，最重要的是确定市场的一般趋势，当市场处于横向波段运动状态时，威廉指标的功效比平常更出色，当市场价格发生突破时，即牛市或熊市的大趋势形成时，单独使用威廉指标的效用不大。

第三节　心理线指标选股

一、心理线的计算方法

一般来说，心理线主要反映市场心理的超买或超卖，这是一种极为简单而且行之有效的分析方法。心理线指标是从英文名字PSYCHOLOGICAL直译而来，PSY心理线指标是通过一段期间内收盘价涨跌天数的多少研究投资人趋向于买方或卖方的心理现象，测算市场人气，分析多空对比，以此作为实际投资的参考和判断股价未来发展方向的技术指标。

股价在高峰和低谷均不会久留，股市研究人员通过多年的追踪发现，人生理周期的变化对股价会产生直接的影响，这种对风险的心理承受力与股价成正比。在股票交易中对投资者的心理进行探究还是具有相当作用的，因此投资人士常常把心理线作为预测股价短期内动向的指标。

心理线指标的计算：

计算公式：心理线（PSY）＝N日内的上涨天数/N×100

参数设置：

作为买卖股票的参考，心理线指标与其他技术分析方法一样，首先要决定参数样本，样本大小，就会失去以心理线作为短线进出指标愿意；而采样太大，心理线除了大多头市场与大空头市场的一小段时间内向上或向下变动较明显外，其余时间变动幅度不大，敏感度低，将失去不少逢低买进或逢高卖出的机会。一般是以10、12天或24天的变化情况作为短、中期投资指标，其中12日的PSY指标使用地更为普及。

例如12天中如果有6天上涨，6天下跌，心理线就是6/12×100＝50，再将此数字表现在指标走势上，每天延续下去将数据连接起来，即成为心理线。

从大多数的市场情况来看，当一段上升行情展开前，通常超卖现象的最低点会出现两次。因此，投资者观察心理线，若发现某一天的超卖现象严重，短期内低于此点的机会极小，当心理线向上变动而再度回落至此点时，就是买进的机会；反之亦然。所以，无论上升行情或下跌行情展开前，都会出现两次的指示机会使投资者有充分的时间研判未来股价变动方向，再做出进一步的投资决策。

二、心理线指标的基本运用法则

1. 一段上升行情展开前，超卖的最低点通常会出现两次；同样，一段下跌行情展开前，超买的最高点也会出现两次。在出现第二次超卖的低点或超买的高点时，一般是买进或卖出的时机。由于PSY指标具有这种高点密集出现两次为卖出信号；低点密集出现两次为买进信号的特性，可以给投资者带来充裕的时间进行研判和介入。

例如：PSY指标连续在20以下股指随后在此见底回升，并展开一轮中级行情。而PSY指标连续发出超买信号时，则显示出明显的见顶信号（见图2-15）。

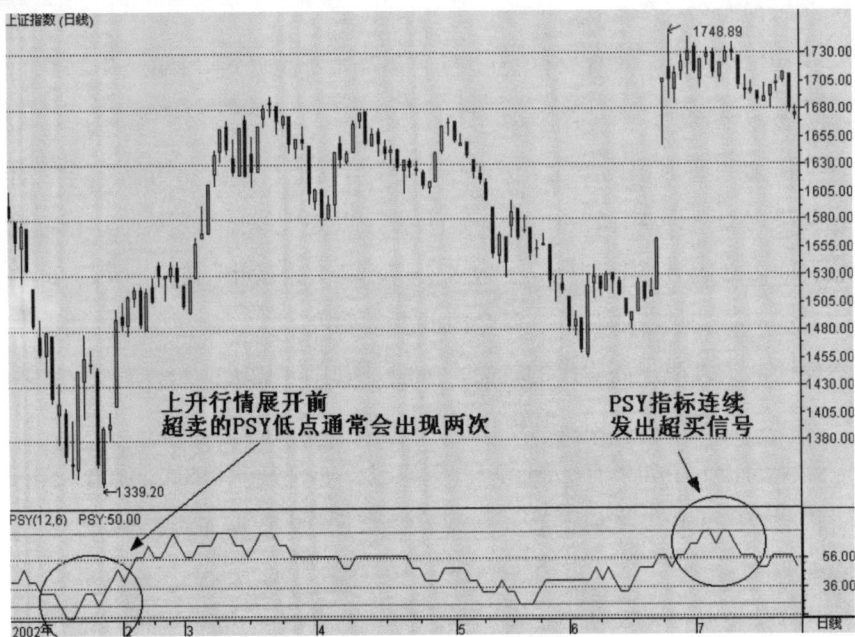

图2-15

2. 心理线指标超过75或低于25时，表明股价开始步入超买和超卖区，此时需要留心股价或指数的动向。当心理线百分比值超过83或低于17时，市场出现严重超买或超卖现象，价位回跌或回升的机会增加，投资者应该准备卖出或买进的操作，不必在意是否出现第二次信号，只要趋势发生逆转，就立即实施操作。这种情况在个股中比较多见，主要是用在控盘庄股中，因为庄股股价变动随意性较大，一味地按部就班容易导致错失良机。

以上证指数为例：从上证指数的心理线指标变化来看，可以比较明显地看到心理线还是能够比较准确地分析行情的超买超卖情况。从股指近两年的心理线变化来看，在心理线接近超卖的区域时，股指很容易形成阶段性头部（见图2-16）。

心理线在股市底部的判断中也能发挥一定的作用。华联控股（000036）的PSY（12）迅速到达25一线时，显示有一定程度的超卖，因而配合技术指标，该股随后均出现反弹行情（见图2-17）。

图2-16

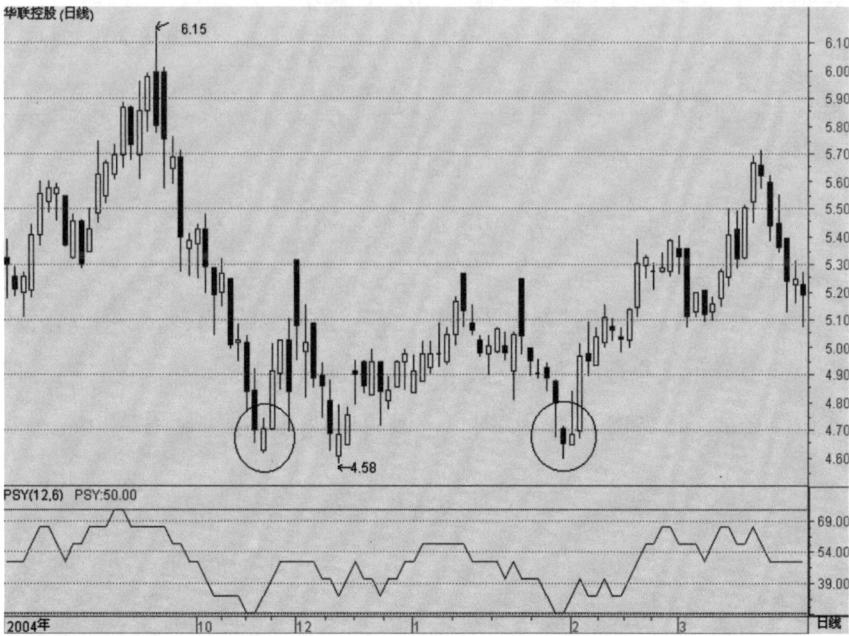

图2-17

3. 当百分比值降至10或10以下时，是极度的超卖，抢反弹的机会相对提高，此时为短线较佳的买进时机。

如果百分比值上升至90或90以上时，是极度的超买，这时是短线卖出的有利时机，投资者必须果断地获利了结。

例如：PSY指标一度低于10时，大盘随后构筑底部（图2-18）。

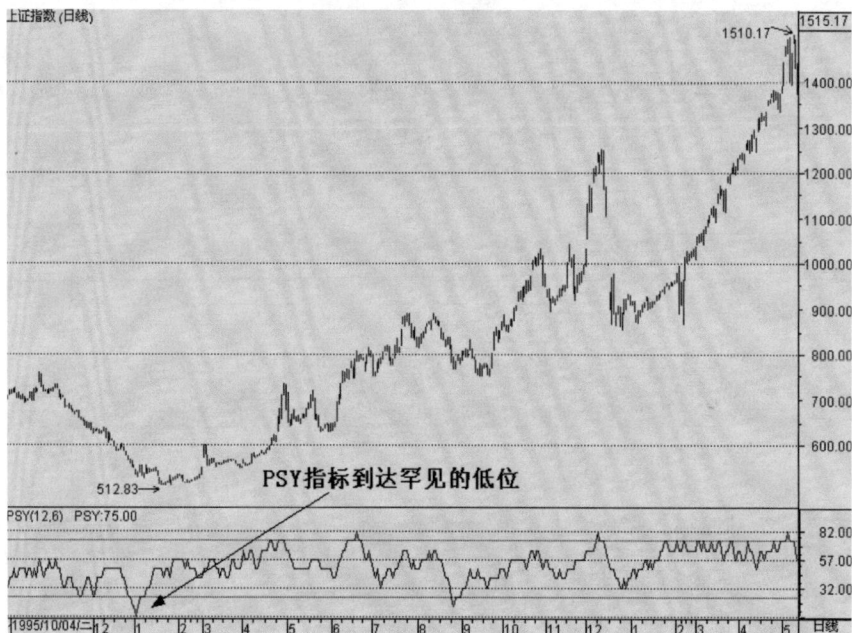

图2-18

例如：PSY指标达到了90以上的罕见高位，预示着股市即将见顶（见图2-19）。

4. 心理线指标超过75时为超买，低于25时为超卖，在25~75区域内为常态分布。心理线主要反映市场心理的超买或超卖，因此，当心理线指标在常态区域内上下移动时，一般应持观望态度（见图2-20）。

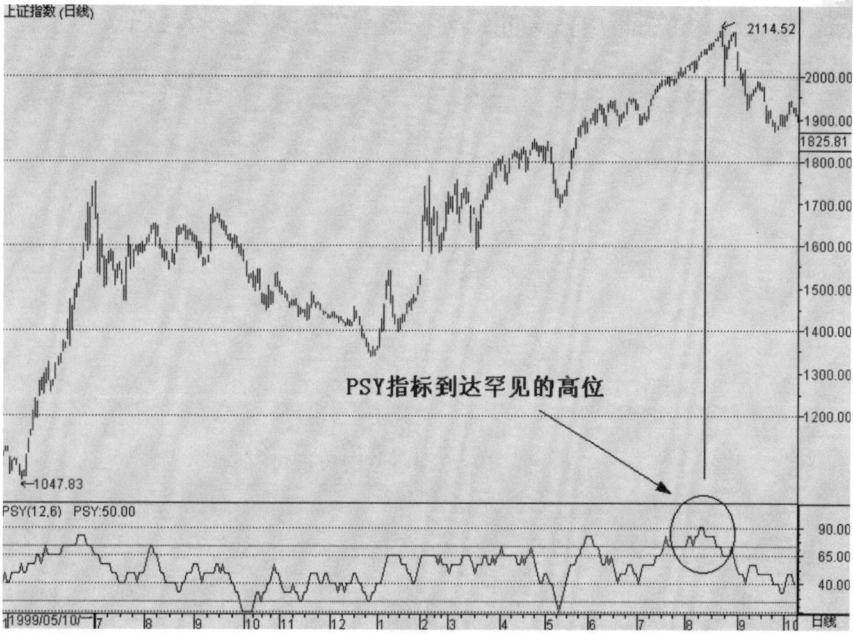

图2-19

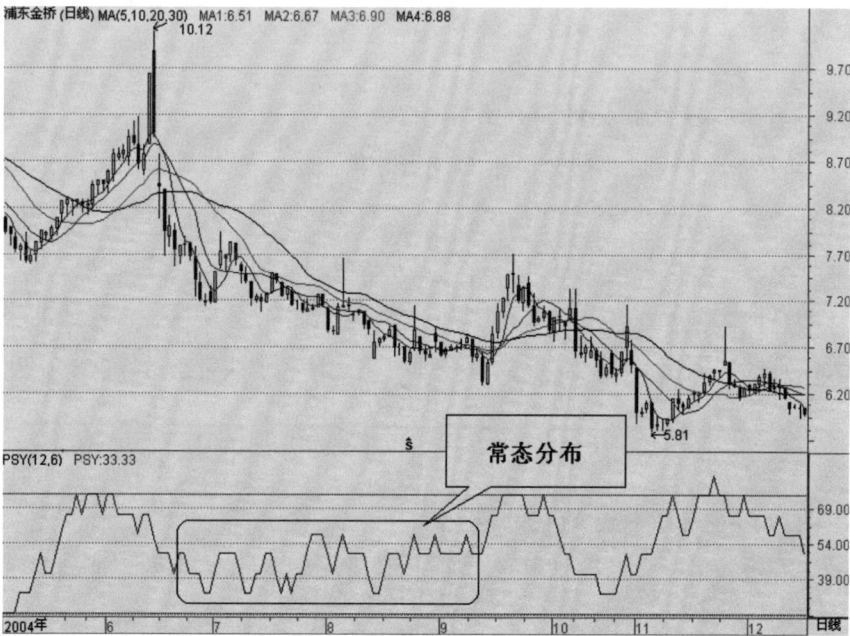

图2-20

5. 在强势涨升行情中，应将卖点提高到83之上，否则可能错失投

91

资机会；在跌市行情中，应将买点降低至17以下（见图2-21）。

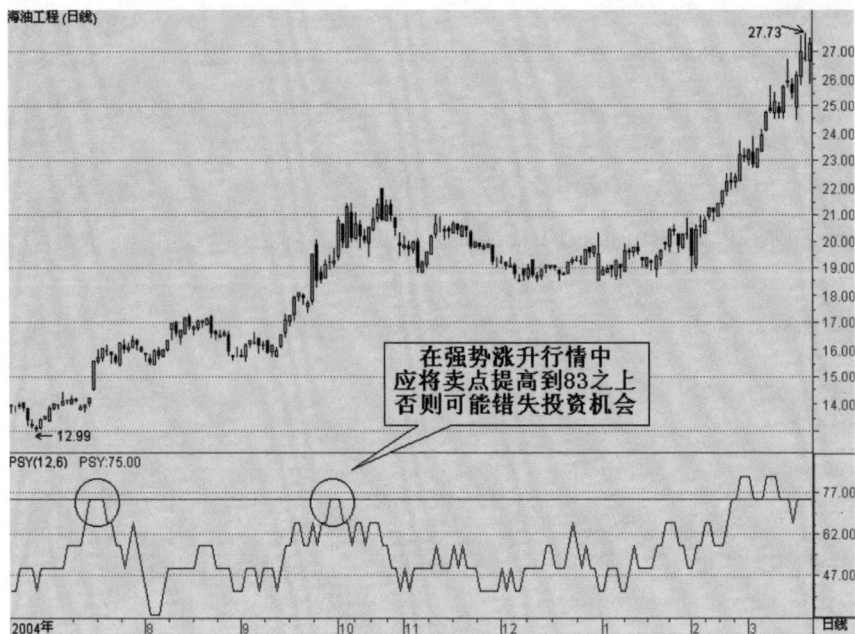

在强势涨升行情中
应将卖点提高到83之上
否则可能错失投资机会

图2-21

三、心理线指标的简单作图法

因为心理线是一种极简单的技术分析方法，有些人提倡可以不用计算，只需登记某段期间内上涨与下跌的变动情形，在图形上固定的位置标示买进时机与卖出时机。其计算方法更加简便，只需要统计12天之内的累计上涨天数就可以了，然后在图纸上绘出12条横线，将累计上涨天数直接标示在上面，就形成了心理线，这种心理线常态分布在3—9间（见图2-22）。

四、心理线指标的优缺点

心理线指标设计构思很好，通过研究投资人对买卖方的心理趋向研判股市。

PSY指标的不足之处在于心理线指标的设置条件过于简单，计算方法过于简单，因而对于行情的变化，无法完全的把握。PSY的参数设置也已经达到路人皆知的地步，因此常用参数的效果有所下降。由于主力资金难以完全控制大盘，因此，心理线指标对于指数的分析或对少数的超级大盘股的分析中比较准确。但是在对小盘股或对庄家入驻的个股中往往容易被庄家利用作为误导投资者的工具。

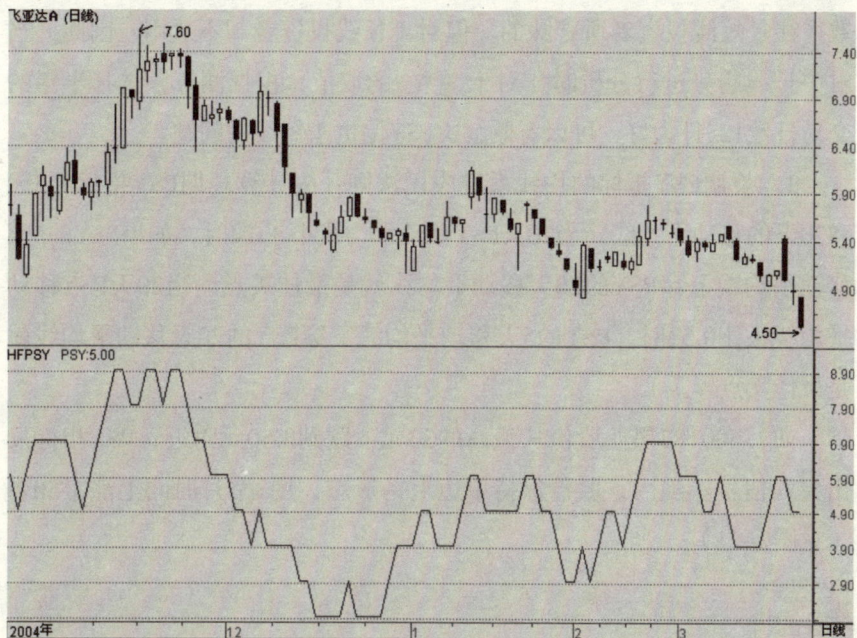

图2-22

而且，PSY指标非常适合于短线操作，但对中长线的趋势研判中，仍存有一些不足。

为了弥补这些弱点，在利用心理线对行情进行判断时，可以采用两种方法提高心理线指标的研判准确性。一是对于PSY指标加以必要的修正和补充。二是将PSY指标与其他技术指标结合进行研判，以提高准确性。

五、心理线指标的修正运用

1. PSY计算N日的上涨天数时，用收盘价和前一交易日的收盘价相比判断为涨跌是不科学的。因为，常常有主力资金在临收盘前做突然拉高或打压股价的举动，使股价偏离全天的正常波动区域。

修正的方法是首先计算股价的每日成交均价，计算公式是：

每日成交均价＝个股成交额/个股成交量

然后用成交均价和前一交易日的成交均价相比，判断是否为上涨，依此计算N日的上涨天数，可以有效排除主力尾盘拉升对股价的造假行为。

2．PSY周期N的选择，一般取12日（也有用10日），过短的计算天数往往是短线投资者所青睐的。但对于长线投资者却不适用。因此，当对中长线趋势进行分析时，对于参数N的取值，根据测算，选择半年的交易日数125日为好，可以有效解决PSY偏重于短线的问题。

3．长期PSY指标的均线系统应用法则：先计算长期PSY指标的5天和20天的移动平均线，当20天PSY移动平均线小于0.4时，如果PSY的5天移动平均线上穿PSY的20天移动平均线就是最佳买点。当20天PSY移动平均线大于0.53时，PSY的5天移动平均线下穿PSY的20天移动平均线就是最佳卖点。

如：600187黑龙股份从最高的33元下跌到8.50元附近，PSY指标发出买入信号。随后，股价保持单边上扬形态，用3个月时间上涨了50%（见图2-23）。

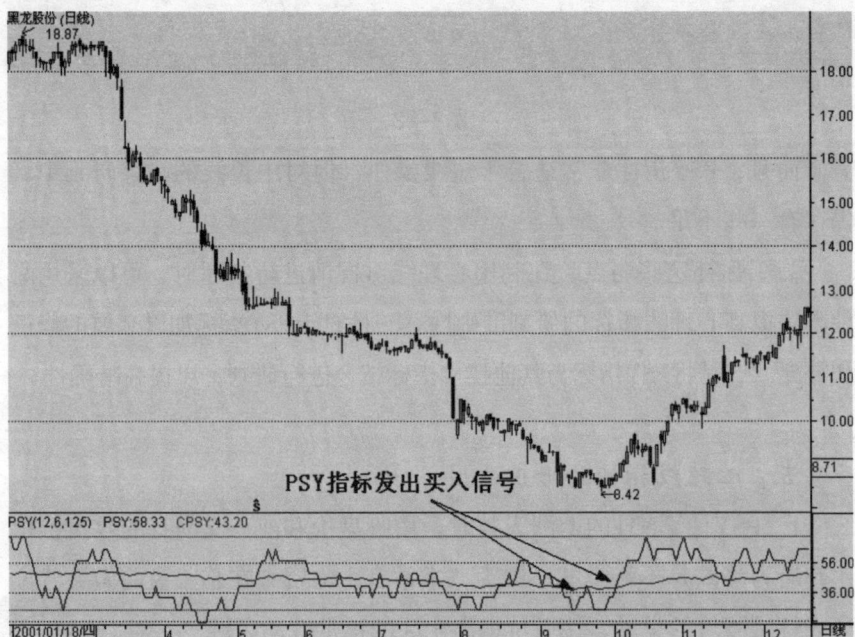

图2-23

4. 通过PSY指标的计算公式，可以看出PSY指标只考虑到股价及其涨跌方面的因素，而没有考虑到量能方面的因素。因此，为了提高PSY指标的利用效率，需要把PSY指标和VR容量比率WVAD威廉变异离散量和OBV能量潮指标有机结合起来应用就将完美地判断出每轮波段的顶峰和谷底。

例如：600118中国卫星，PSY指标5日均线上穿20日均线，VR容量比率和修正WVAD威廉变异离散量的重叠指标正处于粘合后的刚刚发散阶段，此后股价一路上升（见图2-24）。

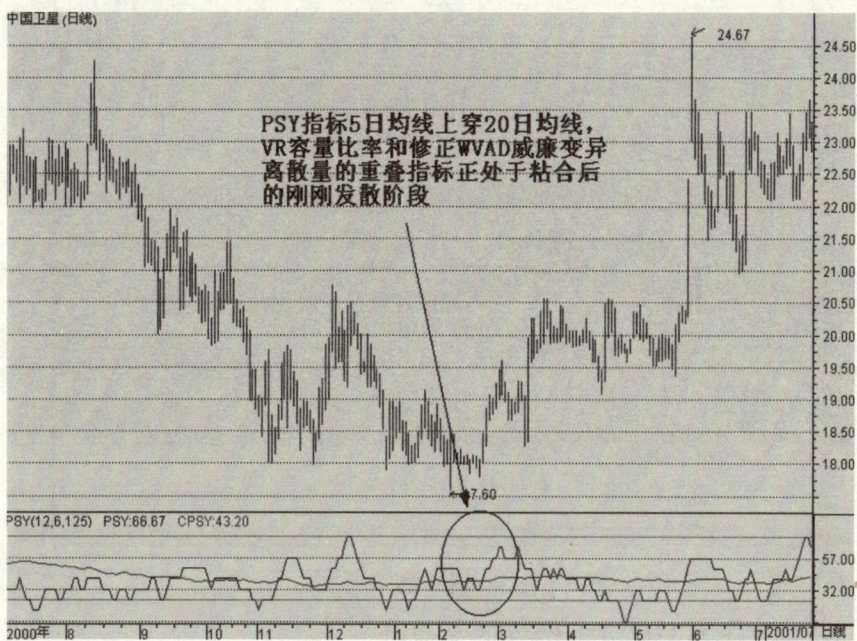

图2-24

六、心理线指标与其他分析方法的结合运用

为了提高PSY指标在实践中的研判准确性，除了和量能进行结合分析以外，还有一种有效的方法就是与K线、涨幅和其他技术指标相互结合分析，这样更能从股价变动中把握超买或超卖的实际状况。

1. 心理线与涨幅相配合应用

当心理线连续位于17以下的严重超卖区，如果出现个股涨幅达到3%以上情况，要特别注意股价有可能会触底反弹，如果这时成交量也萎缩到极小，则是不错的买点。在其后的上涨行情中，投资者可以观察量能能否逐渐放大，来决定持股时间的长短。

例如：海鸟发展（600634），当心理线已经连续第四天位于16.67时，股价却上涨3.18%，显示该股的强弱态势已经悄然发生变化。此后，该股在成交量的配合下，展开两轮上涨行情，涨幅达到90%以上（见图2-25）。

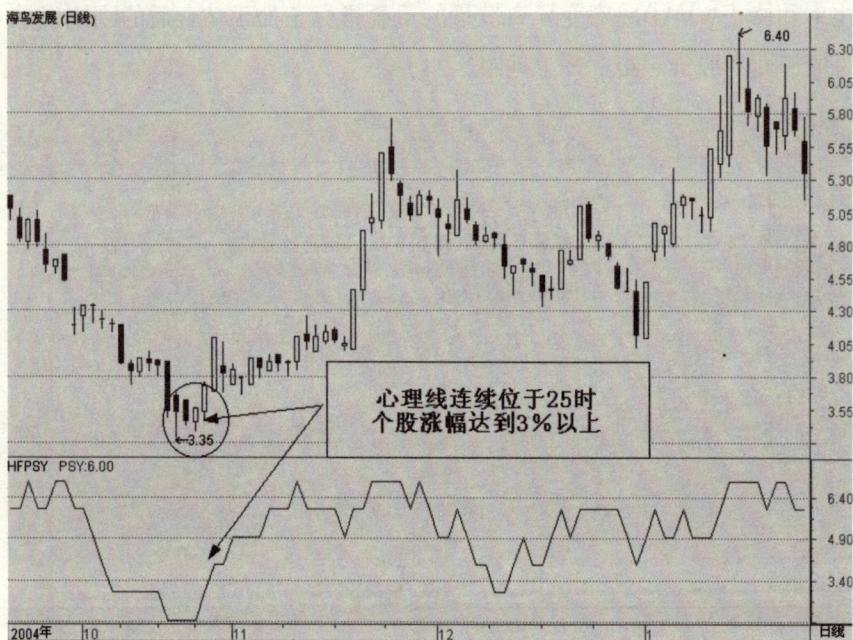

图2-25

2. 心理线与成交量比率相配合应用

运用心理线PSY指标与成交量比率VR进行组合运用可以有效地探测当前市场量能的大小和当前投资人对后市的看法，从而确定大势的顶部或底部。

心理线（PSY）是反映投资人对后市看法的情绪指标。国内投资者画心理线多以十天为基准，来研究某一时段内投资人心理趋向于买方或卖方。当一段上升行情展开前，通常PSY指标会在超卖区出现两次低点。因此，投资者在观察心理线时，若发现某一天PSY在超卖区创出低点后再度向上运动并在一段不长的时间内再创出低点时，很易形成买点。反之亦然。所以，无论上升行情或下跌行情展开之前，PSY都会出现两次以上的高点或低点，使投资者有充分的时间来研判，并做出买卖的决策。PSY的常态分布是在25～75之间，当PSY高于75或低于25时，就是说股价已经进入了超买或超卖区，股价回跌或回升的机会增加，当PSY出现在10或更低值时属于严重超卖，抢反弹的机会更大，若在此区域内出现"W底"形态时，有可能产生中级反弹。

成交量比率VR，用于辨别交易的强弱，通常运用在一个过热或过弱的极度市场中，来辨别行情头部或底部的形成，现今市场上所使用的各种分析软件中均采用25日VR。常态波动范围在80～150之间。通常VR在80以下时，市场极易形成底部，而VR值越过100时，市场极易产生一段多头行情，而VR值超过250以上时，市场随时有反转可能，提醒投资者应有高档风险意识。

如果单独使用PSY或VR对深沪两市的顶部研判可靠性显得还不充分。如果把PSY与VR指标同时运用，准确率将得到大幅提高，从而使得心理线与成交量比率的综合运用，就有了实际存在的意义。

PSY与VR指标的组合运用法则：

1. 当PSY值连续两次抵达20，从图形上观察有W底的形态时。

2. 与此同时，若VR指标从高点下滑至80以下，即PSY指标与VR指标产生共同信号的话，那么，这个区域几乎可以确定为底部。

3. 注意；PSY值的W底形态单纯从指标线形上定论，而非K线图形中的W底形态。

第四节 相对强弱指标选股

一、RSI指标的计算方法

相对强弱指标（Relasiue Strength Index，缩写RSI）是目前流行

最广，使用最多的技术指标之一，它是由技术分析大师威尔德（Wells Wilder）创造的。RSI可应用于股票、期货和外汇等市场。

相对强弱指数RSI指标是通过比较一段时期内的平均收盘涨数和平均收盘跌数来分析市场买卖盘的意向和实力，从而分析未来市场的走势。RSI指标是一种计算简单、预测行情较准确的技术分析工具，在广大投资者中得以普遍应用。

相对强弱指标RSI的计算公式：

相对强弱指标RSI以价格上涨幅度代表买方力量，以价格下跌幅度代表卖方力量，以涨跌幅度的对比代表买卖双方力量的对比，这种对比的比值就是RSI数值。

RSI有多种计算方法，不同的公式有不同的结果。

RSI的原始计算过程是：首先选定RSI的计算周期，之后计算周期内每日收盘价涨幅之和，计算周期内每日收盘价跌幅之和，把跌幅之和取绝对值后加上涨幅之和成为涨跌幅总和，用涨幅之和除以跌幅总和，再乘以100，即得到RSI数值，公式表示如下：

$$n\,日\,RSI = \frac{n\,日涨幅之和}{n\,日涨幅之和 + n\,日跌幅之和绝对值} \times 100$$

如果严格按照上述公式计算，结果肯定正确。不过，RSI也有一些改进公式，例如RSI的平滑计算法：

以5日RSI为例，首先用原始公式计算出第一个RSI值：

$$RSI5 = \frac{5\,日涨幅之和}{5\,日涨幅之和 + 5\,日跌幅之和绝对值} \times 100$$

把上式中的第一个5日涨幅之和作为涨幅和的初值，把第一个5日跌幅之和作为跌幅和的初值。平滑计算下一日的涨幅和、跌幅和：

5日涨幅和＝前一日涨幅和×4/5＋当日涨幅

5日跌幅和＝前一日跌幅和×4/5＋当日跌幅

再把上述平滑计算出的5日涨幅和、5日跌幅和代入RSI基本计算公式中即得到当日的平滑RSI。

RSI还有其他不同的改进算法，依据不同公式，其计算结果会有所不同，判断时要先熟悉所用公式的分布特点，才能正确利用指标。通常的做法是直接采用正版分析软件中的数据。

二、RSI指标的参数设置方法

RSI指标参数N的设置共有三种，分别设置为6日、12日和24日，并绘制三条RSI数值线。这种设置只是绝大多数软件中比较通用的设置方式。和很多技术指标一样，参数N的使用基期天数如果较短时，RSI指标就可能过于敏感；当N的基期天数过长，RSI指标又可能反应太慢。具体的参数设置投资者可以参考三种因素：

1. 个人的投资风格，如果投资者擅长于短线操作，就可以应用短时间的N参数；如果投资者擅长于长线投资，则需要参考长周期的N参数。

2. 投资者的经验、喜好。如果投资者缺少实际经验，或对技术指标不甚了解，则应该采用通用的N参数。

3. 根据市场整体趋势设置参数，如果行情震荡剧烈，并维持着横盘整理走势，则投资者应该采用短时间参数，如果股价沿着一定斜率的上升通道运行，则应该选择长时间参数。而且，在牛市中可以适当延长参数设置，在熊市中则要缩短参数的天数。

三、RSI指标的基本应用原则

相对强弱指标具有研判大盘趋势、分析个股强弱、超买与超卖、明确形态分析和准确选择探底成功的个股等五种作用。

通用型RSI指标的研判技巧如下：

1. 6日RSI值80以上为超买，可考虑卖出；20以下为超卖，可考虑买进。

2. 盘整时，RSI一底比一底高，表示多头势强，后市可能再涨一段，反之一底比一底低是卖出时机。

3. 若股价尚在横盘整理阶段，而RSI已整理完成，呈现突破性走势，则个股股价也将随之突破整理区：

4. 在股价创新高点，同时RSI也创新高点时，表示后市仍强；若RSI未同时创新高点，则表示即将反转。如果股价创新低点，RSI也同时创新低点，则后市仍弱；若RSI未创新低点，股价极可能反转。

5. RSI指标的图形研判技巧：

①头部或底部形成和征兆：6日RSI指标上升至80以上或20以下时，强弱指标通常较实际市场市场头部或底部出现前提早到顶或底。也显示了反转或反弹的讯号。

②图形形态：指标为出现较直线图明显清晰的图形。如头肩顶、头肩底、三角旗形等等，较容易判断突破点、买进点和卖出点。

③反转信号：当RSI指标从超买区迅速回落到30以下，或者RSI指标从超卖区迅速上涨到70以上时，是股价出现反转的强烈讯号。

四、RSI捕捉反弹黑马的技巧

股市的超跌行情中往往隐藏着急速反弹的机会，投资者可以通过RSI指标来判断个股是否超跌，以及把握进入的时机。一般来说，在大牛市中，投资者投资成功的可能性较大，而在一个相对较弱的市场中，虽仍不乏有强势股出现，但是一来能成为强势股的毕竟只占少数，二则多数的投资者不敢在弱市中追逐逆市大涨的个股，很多投资者更愿意于超跌之后买入以博反弹，那么，如何才能确认一只个股是否超跌？又如何判断其反弹力度与空间呢？RSI就提供了一种简便易行的方法。

在短线指标中，RSI较其他指标反应迟缓一些，因此，在下跌过程中对超卖的判定也较为有效。尤其是一只原来股性较活且前期走势较强的个股，一旦受大市拖累而致6日RSI跌至20以下，表示股价短期内极度超跌，随时可能引发反弹，如果再结合成交量分析，当成交量也出现较大幅度和一定时间的萎缩（代表主力洗盘充分和市场低迷观望），K线形态呈小阴小阳横向波动时，是一个较好的短线狙击时间；

之后，一旦成交量有效放大，则反弹展开，RSI指标很快就能脱离20以下的弱势区。

需要注意的是：由于有时会出现指标低部极度背驰现象，故在弱势

市场的成功率较低，约为72%，强势市场则可达到86%以上的成功率。

在RSI指标快速脱离20以下的弱势区以后，其指标运动的第一目标位和阻力位将在50附近，在此指标位可能出现一定的短线回调，这时，又是一个二次绝佳介入点。由于股价脱离弱势区时短线资金的介入，二次缩量探底介入的成功率估计可达80%以上（见图2-26）。

图2-26

至于反弹的力度与空间，则可由成交量来进行判断。一般而言，前期有过放量涨升的记录，而下跌初段成交急剧萎缩，至RSI接近甚至跌穿20日成交却有明显放大，则可说明在低位杀跌盘已蜂拥而出，而其主力的护盘资金也大举介入，多空双方的力量在此消彼长，反弹的力度与空间会更大一些。当然，个股的反弹力度在相当程度上会受到大盘的制约，因此，在研判个股的同时，也应对大盘走势多加关注，且既然是在弱市中抢反弹，即不可过于贪恋，见好就收不失为明智之举。

五、运用RSI指标寻找反转股

技术指标从某一个侧面来反映股票价格波动方向、幅度、力度等内容，由于指标在时间参数上的设定各有不同，在证券投资分析上也因人而异，对于经验丰富的投资者而言，较具参考价值。技术指标运用得好，往往能收到短线奇效。

RSI指标属强弱类指标，反映一段时间内股价走势的相对强弱，以统计的方法，人为将指标设定了20、50、80三个相对强弱区域，当该指标跌至20以下时，表示股价随时可能引发反弹；当该指标涨到80以上时，表示股价随时可能转入调整；当该指标在50附近盘整时，表示股价进入多空平衡势运行；当该指标由50以上跌到50以下且短时间不能再度拉回时，表示股价由强转弱；反之，表示股价由弱转强。

运用RSI指标寻找反转个股的机会，需要注意：当该指标由50以下冲到50以上且短时间不再度跌落到多空平衡线50之下时，表示股价已由弱转强，是一个较好的介入点，之后股价可能再度上升，该指标也将向更高数值冲击。弱势市场或无板块效应配合的情况下，RSI指标通常受阻于50这一多空分界线，即使突破也不会上冲太高，因此，那些RSI指标在极低位置时往往能产生反弹行情，而反转个股必须是RSI能够迅速回升并站稳在多空平衡线50以上的股票（见图2-27）。

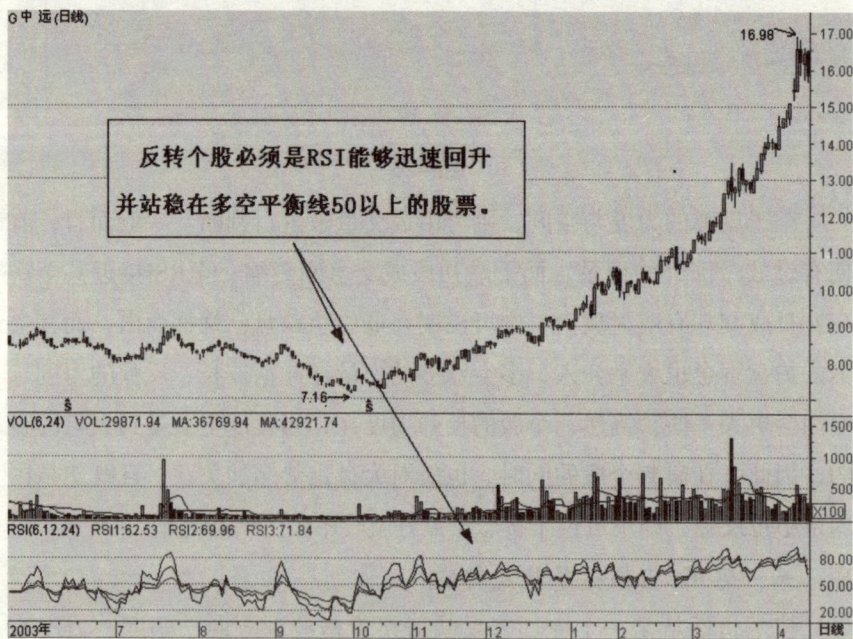

图2-27

六、9日RSI的投资技巧

当股票持续走低以后，市场人士普遍的态度是跌了还看跌。然而任何股票都不是跌无止境的，每跌到一个相对低点时便会出现一次反弹。通过RSI指标，投资者可以很好地确定这个低点。

相对强弱指标RSI是操盘手们常常关注的指标。虽然RSI的用处有许多，但最可靠最准确的就是它的探底指示功能。除了前文叙述的6日RSI指标以外，9日RSI指标也非常有效。

其使用方法非常简单，将股票软件中的"RSI"指标一项选中，再打开"设定技术分析参数"项目。找到RSI的三条参数之一将其中一条参数设定为9。分析时只要对要分析的个股选择RSI指标，当9RSI参数跌到了20以下位置时便可以确认股价已跌到了相对底部。此时买入的股票大都会有获利的空间（见图2-28）。

图2-28

深圳成指在跌到2600多点时，9日RSI跌到20以下，这里形成明显底部形态，随后深圳成指便开始反弹（见图2-29）。

图2-29

类似的例子比比皆是，值得注意的是：不可能所有股票都必须跌到9RSI＝20附近才会有反弹，但是应用9日RSI研判底部相对较为可靠。

七、运用RSI背离选择中线黑马

相对强弱指标RSI（relative strength index）是与威廉指标齐名的常用技术指标，它是由韦特（J.W.Wilder）创立。RSI以一特定的时期内股价的变动情况推测价格未来的变动方向，并根据股价涨跌幅度显示市场的强弱。

RSI指标的数值永远介于1与100之间。它一共考虑了价格变动的四个因素：上涨的天数、下跌的天数、上涨的幅度以及下跌的幅度。正因为它对价格的四个构成要素都考虑到了，所以，在价格趋势预测方面，其准确度相当高。

一般在整理行情期间，RSI一底比一底高，是多头气势强，后市再涨一段的可能性大，为买进时机。反之，RSI一底比一底低，是空头气势转强，下跌可能性大，是卖出时机。

如果价格创新高点，继续上涨，3日内RSI无力突破先前高点，甚至有背离现象，视为多头拉升无力，为卖出时机。

其中最重要的研判技巧仍然是RSI的背离信号。在实际的走势中，股价的底部形成一底比一底低，而RSI的走势却出现一底比一底高的情形时，即为"底背离信号"。此种背离，显现了价格虚跌的现象，通常是该股即将反转上攻的前兆。

例如：小商品城（600415）的K线图出现明显的底背离现象后，中线升机隐现。随后，该股从20.82元一路上涨到30.90元（见图2-30）。

图2-30

八、RSI指标的改进

RSI指标仍然存在一定的缺点：

1. 由于RSI已被普遍使用，其实际效能随着该指标的普及率的提升而有所下降。

2. 如果在股市处于大涨或大跌的单边行情中，RSI值进入超买区或超卖区时，可能出现价位持续大涨或大跌，而指标却只有微幅增减的指标钝化现象。

针对上述的缺点，以及中国股市本身的周期性循环特征，因此，有必要根据投资者的使用目标，做相应修改参数。

1. 首先需要将RSI指标的N参数分别设置为7日、14日、21日，其中14日RSI指标是当初的创始者所应用的参数。

2. 当股价经过大幅度的调整走势后，密切观察"探底神针"RSI指标的见底信号，其中要求7日RSI必须小于10、14日RSI指标必须小于20、21日RSI指标必须小于30。

3. 当RSI指标达到上述标准后，如果股价继续下跌，而RSI指标出现明显止跌信号，并与股价走势背离的，则需要重点关注。

4. 如果RSI指标出现7日线上穿14日线和14日线上穿21日线的黄金交叉，并且RSI指标三线呈现出多头排列的，表明RSI指标已经完成了买入信号的提示作用。

5. 观察成交量变化。当RSI指标符合上述技术要求时，投资者需要观察成交量的动向。对于成交量的观察有两种，一种是当RSI出现上述技术特征时，成交量是否极度萎缩，甚至出现地量水平，如果成交稀少，则表明该股即将完成探底，投资者可以积极介入。

另一种量能观察是当该股完成探底，投资者及时介入后，则需要观察该股能否出现有实质性增量资金介入的放量过程，如果不能有效放量，则说明目前的底部仍是阶段性底部，投资者需要以短线反弹行情对待。如果该股探底成功后，量能有效持续性地放大，则投资者可以将其视为个股的重要底部，并坚定持股，争取获得最大化的利润。

例如：600740山西焦化（见图2-31）

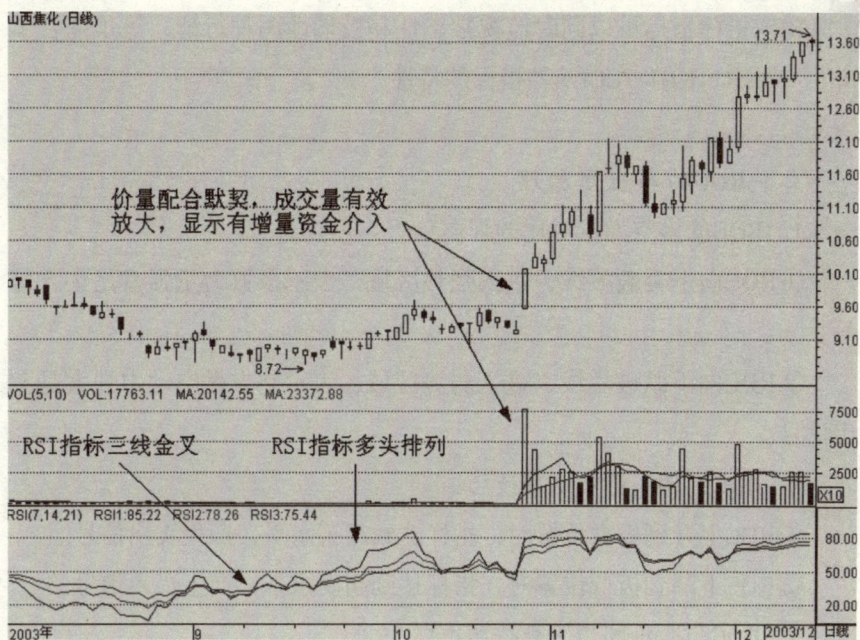

图2-31

第五节 变动率指标选股

一、ROC的计算方法

ROC指标又叫变动率指标，是以当日的收盘价和N天前的收盘价比较，通过计算股价某一段时间内收盘价变动的比例，应用价格的移动比较来测量价位动量，达到事先探测股价买卖供需力量的强弱，进而分析股价的趋势及其是否有转势的意愿，属于反趋向的指标之一。N的参数一般采用12天及25天做为间隔周期，计算ROC的M日移动平均线ROCMA时，M的参数一般采用6天。ROC指标计算公式是：

ROC＝（今天的收盘价－N日前的收盘价）÷N日前的收盘价×100

ROCMA＝ROC的M日移动平均价＝ROC的M日累加÷M

ROC指标指标可以同时监视常态性和极端性两种行情，等于综合了RSI、W%R、KDJ、CCI四种指标的特性。

二、ROC的与应用原理

1. ROC的多空力量对比的强弱：

①ROC向上突破零线，进入强势区域，表示多方力量强盛是买入信号。

②ROC向下跌破零线，进入弱势区域，表示空方做空动力强大是卖出信号。

2. ROC的超买超卖研判技巧：

①ROC上升到极高位置时，指标达到超买水平，产生卖出信号。

②ROC下降到极低位置时，指标达到超卖水平，产生买入信号。

3. ROC与股价同步研判技巧：

①股价与ROC从低位同步上升，表示短期有望触底反弹或短期股价会有继续上涨趋势。

②股价与ROC从高位同时下降，表示短期警惕做头回落或短期股价会有继续下跌趋势。

4. ROC与股价背离研判技巧：

①当股价创新高时，ROC未配合上升，不能创新高，出现背离，表示上涨动能减弱，头部正在形成。

②当股价创新低时，ROC未配合下降，不能创新低，出现背离，显示下跌动能减弱，底部正在形成。

三、ROC的曲线形态应用技巧

使用ROC指标的人相对较少，但该指标常常能达到出奇制胜的效果。

ROC指标在动态方面，是以一条曲线作图，没有交叉讯号。可设天线与地线，但其天地线位置是不确定的。

该指标是诸多指标中较为全面的技术指标分析工具，体现在：

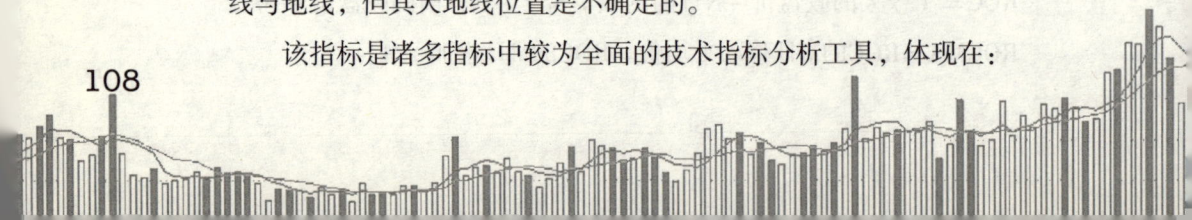

1．ROC指标具有超买超卖功能；

2．ROC指标对于股价也能产生背离作用，何谓超买，何谓超卖，不同个股价格比率不同，其范围也有所不同，国外股市中一般总是介于±6.5之间。

在实际操作中，中国股市波动较大，ROC在±6.5以外范围波动是常事。照搬国外教条，容易造成操作上的失误。有鉴于此，投资者可以按曲线形态进行操作。

3．ROC指标出现W底形态（或V形态）是买入时机；当ROC指标出现M头形态（或倒V形态）是卖出时机。

四、ROC的应用缺点

缺点1：ROC指标过于敏感，不仅如此，连ROCMA有时都会在零线附近像心电图般的跳动。

缺点2：个股的股价波动特性不同，其超买超卖的极限值也各有不同。

操作周期的不同决定了确认超买超卖的极限值也各有不同。

行情属于短线脉冲行情，还是属于较大的波段行情等对于ROC超买超卖的极限值的设定也各有不同。

不适宜对长期走势的预测。

在趋势形成当中，该指标有时会过早出现超买或超卖讯号。这也是ROC的优点之一，由于该指标可测量价格涨跌力量的强弱，因而一旦价格走势出现反转，变速率指标会提前发出信号，具有一般指标所没有的预测功能。关键是如何改进，扬长避短，既发挥它的预报效果，又要减少误报的概率。

五、ROC指标的改进方案

ROC指标过于敏感，短期波动频率太快，当初的设计者使用了ROCMA作为平滑ROC指标的工具，这种设计思路是正确的，也起到了一定的作用，可惜，效果不明显。在K线图中，ROCMA常常围绕零线走出心电图，如果投资者依据它作为买卖信号，恐怕那边卖单还未成交，这边就要填写买单了。改进方案是加入新设计的一条平滑ROC指标的移动平均线ROCEMA，ROCEMA是求ROC指标的X日指数平滑移动平均线，另外，还要将ROC的用收盘价比较方法改为用成交均价比较，这样可以有效排除股价在临收盘前被人为的突然拉高或打压所产生的影响，具体计算公式：

成交均价＝个股成交额÷个股成交量

ROC＝（今天的成交均价—N日前的成交均价）÷N日前的成交均价×100

ROCMA＝ROC的M日移动平均价＝ROC的M日累加÷M

ROCEMA＝[2×ROC＋（X—1）×上一周期ROC]÷（X＋1）

参数的设置分别是：N＝12，M＝6，X＝9

经过改进后的ROC指标明显的消除过去的敏感现象，使之可以精确地反映股价短期趋势。

对于ROC的超买超卖研判技巧，几乎所有的传统分析原则都把ROC的波动区间定格为正负6.5之间，超过＋6.5以上的是超买，低于—6.5以下的是超卖，这是不对的。由于个股的盘子大小，股价波动特性的活跃和呆滞的不同，个人操作周期的长短，行情的大小不同等等，会造成超买之后还超买，超卖之后更超卖的结果，会造成任何人为的设定统一的ROC超买超卖极限值的做法都是徒劳无功的。解决问题的根本办法是放弃不准确的ROC超买超卖研判技巧，用改进型ROC指标带来的新的应用技巧替代落后的办法。

六、改进型ROC指标的选股应用技巧

1. 指标交叉的应用技巧

当ROC，ROCMA，ROCEMA三条线均小于零轴时，ROC迅速同时上穿ROCMA和ROCEMA两条线，而且ROCMA和ROCEMA两条线也处于缓缓上行中，为短线黑马买入信号（见图2-32）。

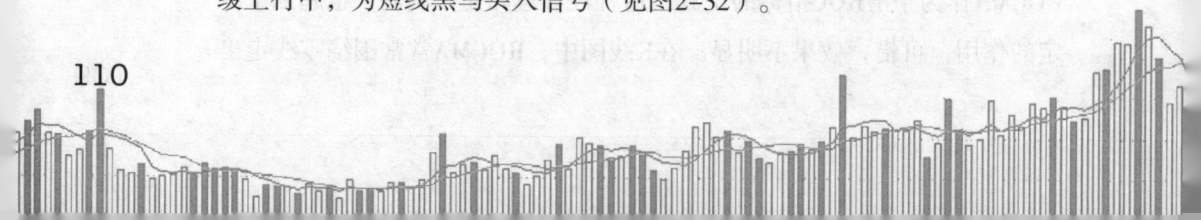

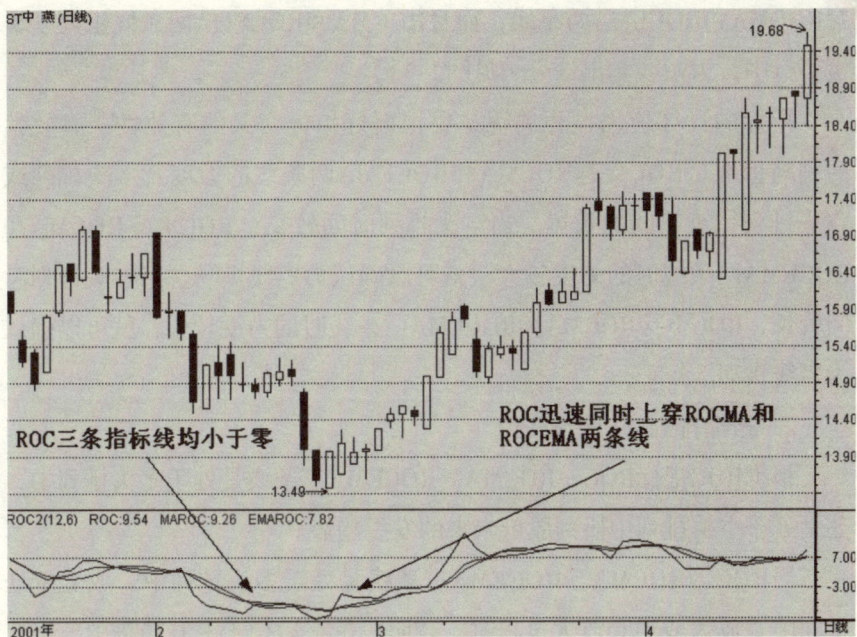

ST中 燕 (日线)

19.68 →

ROC2(12,6) ROC:9.54 MAROC:9.26 EMAROC:7.82

ROC三条指标线均小于零

ROC迅速同时上穿ROCMA和ROCEMA两条线

13.49 →

2001年

图2-32

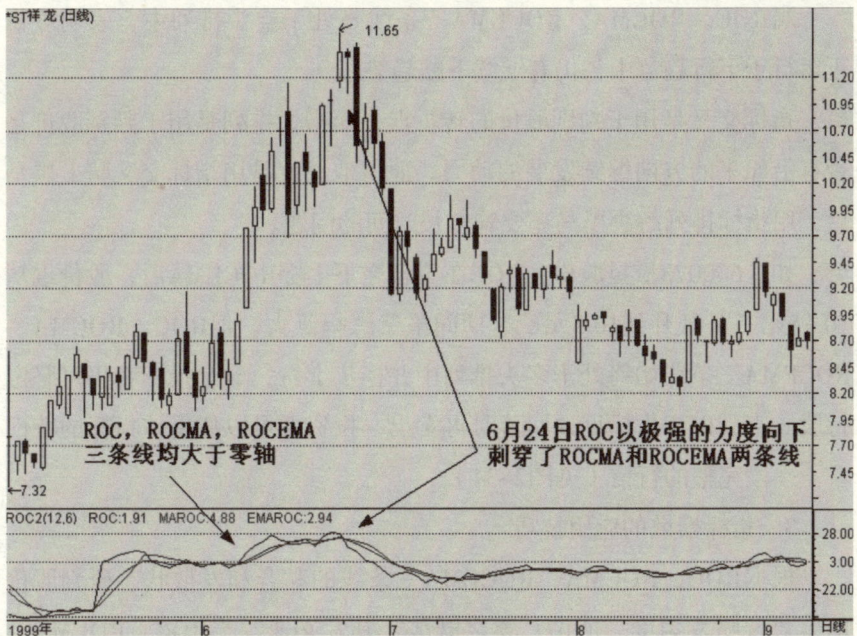

*ST祥 龙 (日线)

11.65

ROC2(12,6) ROC:1.91 MAROC:1.88 EMAROC:2.94

ROC，ROCMA，ROCEMA三条线均大于零轴

6月24日ROC以极强的力度向下刺穿了ROCMA和ROCEMA两条线

←7.32

1999年

图2-33

当ROC，ROCMA，ROCEMA三条线均大于零轴时，ROC迅速同时下

穿ROCMA和ROCEMA两条线，而且ROCMA和ROCEMA两条线也处于缓缓下行中，为短线卖出信号（见图2-33）。

指标的具体应用过程关键是要把握好指标交叉的有效性，有效性的判断标准是ROC穿越ROCMA和ROCEMA两条线的力度及多头排列或空头排列持续时间的长短。当空头排列时间较长，ROC上穿ROCMA和ROCEMA两条线时的力度较大，就可以确认为短线黑马。当多头排列时间较长，ROC下穿ROCMA和ROCEMA两条线时的力度较大，就可以确认为短线头部。

2. 指标排列的应用技巧

根据ROC指标ROC，ROCMA，ROCEMA三条线是处于多头排列中，还是处于空头排列中研判股价未来的发展趋势。

当ROC，ROCMA，ROCEMA三条线是处于多头排列中，成交量处于间隙式放大或温和放大过程时，表明股价正运行于上升趋势中，仍有继续上涨趋势。

当ROC，ROCMA，ROCEMA三条线是处于空头排列中，表明股价正运行于下行趋势中，仍有继续下跌趋势。

指标交叉是用于判别股价的转折点，而指标排列是用于判别股价是否有沿原来的方向继续发展的动力。通俗地说就是用指标交叉骑上黑马后，用指标排列解决黑马还要骑多长时间的问题。

如：600078澄星股份，ROC在零轴之下上穿ROCEMA后，股价也从10.15元一路盘升到16.5元，这期间虽然涨幅巨大，但ROC，ROCMA，ROCEMA三条线始终处于多头排列中并稳步上行，显示投资者仍可坚定持股。直到ROC指标见顶回落时再卖出，投资者可以凭借该指标的特性拿下一段完整的行情（见图2-34）。

3. 指标聚散的应用技巧

根据ROC，ROCMA，ROCEMA三条线的黏合和发散状态研判股价的蓄势及喷发力度。所谓：蓄之既久，其发必速，当ROC，ROCMA，ROCEMA三条线的黏合时间越长其发散时所产生的爆发力越大，不是一飞冲天就是飞流直下，由此也会产生极快的短线利润或极大的投资风

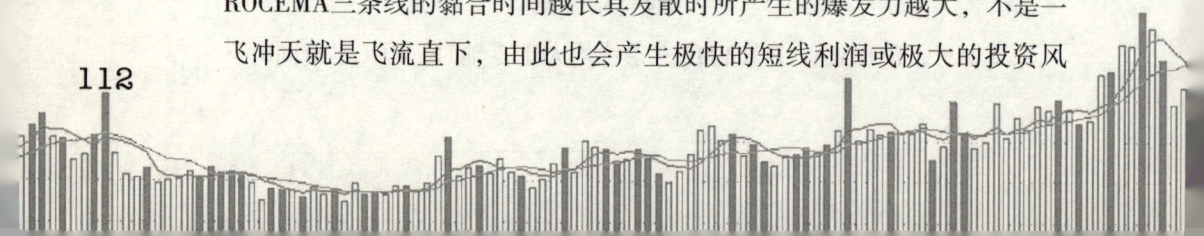

险。关键是判别三条线黏合时股价是处于阶段性高位还是处于阶段性底位，以及三线迅速离散的瞬间是否伴随成交量的爆发。

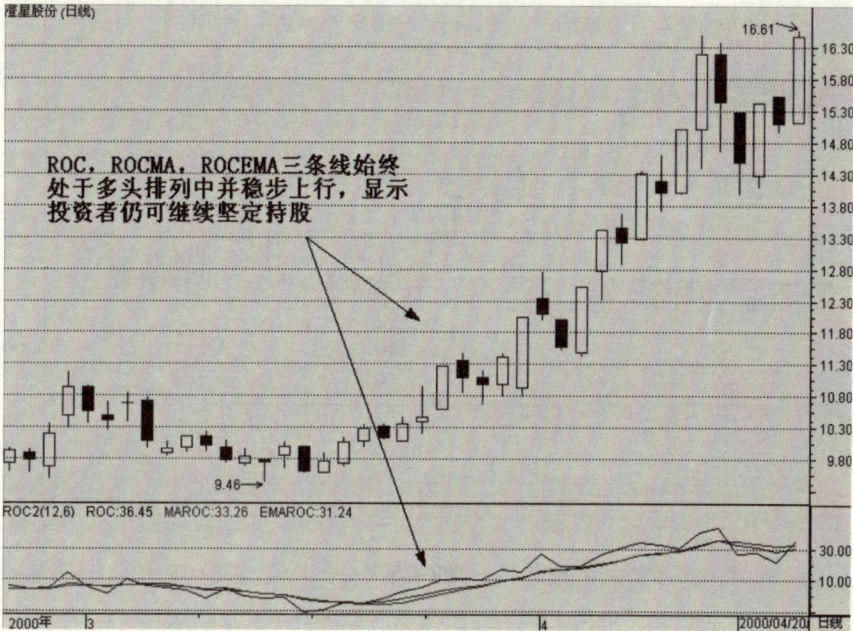

图2-34

如：600071凤凰光学的ROC指标三条线黏合在一起时间长达一个月，随后，ROC，ROCMA，ROCEMA三条线突然迅速向上发散，成交量也有效爆发出来，日成交量是20日平均成交量的5倍。这些因素完整地构成买入信号，如果以此信号出现的第二天的平均价7.55元买入，7个交易日后股价涨幅达30%（见图2-35）。

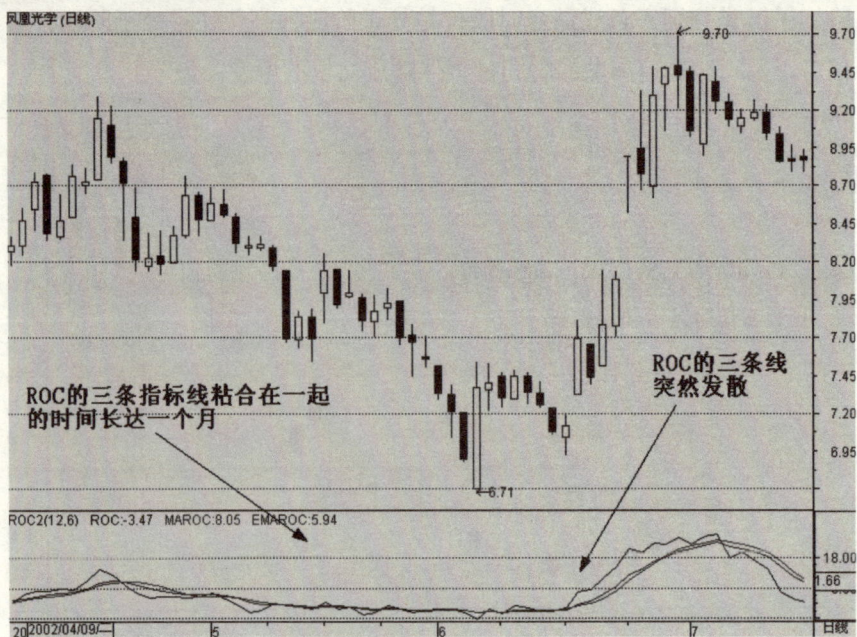

凤凰光学 (日线)

ROC的三条指标线粘合在一起
的时间长达一个月

ROC的三条线
突然发散

ROC2(12,6) ROC:-3.47 MAROC:8.05 EMAROC:5.94

20 2002/04/09 5 6 7 日线

图2-35

第六节 乘离率指标选股

乘离率BIAS是移动平均线衍生的指标，是依附于移动平均线的指标，无移动平均线，则无乘离率。

移动平均线只能用来判断趋势，无法预测股价高低点，而乘离率BIAS即可用来测试高低点。

一、乘离率的计算方法

乘离率是测量股价偏离均线大小程度的指标，当股价偏离市场平均成本太大，都有一个回归的过程，即所谓的"物极必反"。

计算公式：

BIASn＝（收盘价－收盘价的N日简单移动平均）÷收盘价的N日简单移动平均×100

BIAS指标有三条指标线，因此N参数也有三种：6、12、24。

二、乖离率的基本应用法则

乖离率表现个股当日收盘价与移动平均线之间的差距。当股价的正乖离扩大到一定极限时，表示短期获利愈大，则获利回吐的可能性愈高；当股价的负乖离扩大到一定极限时，则空头回补的可能性愈高。

股价与乖离率究竟达到何种程度的百分比才算是买进或是卖出的时机，不同市场、时期、周期及移动平均线算法所得出的乖离率不同，不能一概而论，要根据偏离的大小及行情的强弱而定。在多头行情中，会出现许多高价，太早卖出会错失一段行情，可于先前高价之正乖率点卖出，反之，在空头市场时，亦会使负乖离率加大，可于前次低价之负乖离时买进。

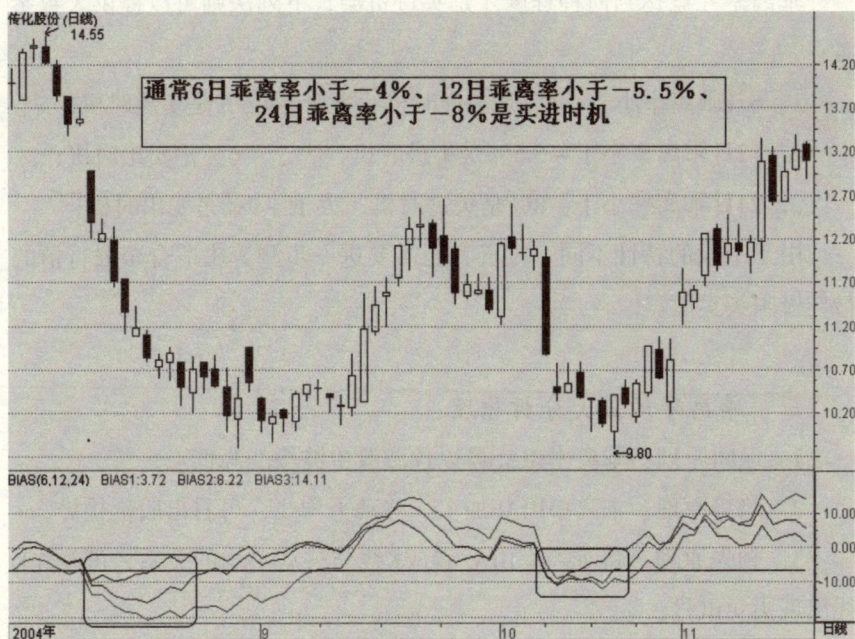

图2-36

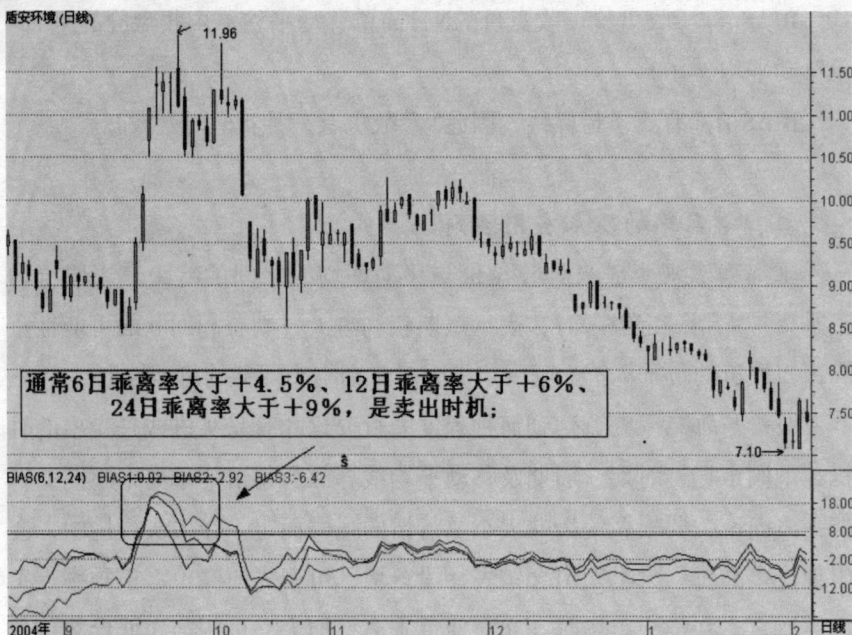

图2-37

乖离率究竟达到何种程度才是买进机会，下列法则可以提供大致参考：

1. 6日乖离率小于—4%是买进时机，大于+4.5%是卖出时机；

2. 12日乖离率小于—5.5%是买进时机，大于+6%是卖出时机；

3. 24日乖离率小于—8%是买进时机，大于+9%是卖出时机；

由于个股的特性不同，投资者还需要进一步测算出适合个股行情的最佳极限买卖值。

三、乖离率的五大分析原理：

1. 区间原理：乖离率BIAS可以预测股价波段的高低点；

2. 趋势原理：乖离率BIAS加上一移动平均线，可看出股价趋势；

3. 领先原理：将乖离率BIAS看成K线与移动平均的关系，可领先K线出现买卖讯号；

4. 背离原理：依BIAS之背离，可测多空力道的强弱；

5. 共振原理：通过将不同周期的乖离率BIAS合并使用，可以研判中长线的顶底行情。

四、区间原理的应用技巧

由于股价是由投资者的行为所造成的，它会在某种程度上不断重复一定的模式。表现于股价上，即是股价涨得越高，追高买盘的越少，而持股者已有一定的获利水准，会有卖出的动作；股价跌得越深，持股者杀跌意愿降低，卖盘压力减轻，而逢低买盘渐增。而BIAS即在测此临界点，也就是股价"物极必反"的特性。

由于BIAS自移动平均线而来，而移动平均线葛兰碧八大法则中，有四条法则与BIAS有关：

1. 股价涨高，偏离均线太远，会朝移动平均线拉回；
2. 股价跌深，偏离均线太远，会朝移动平均线拉回；
3. 当涨势中，股价拉回触及或跌破上升的移动平均线，是买点；
4. 当跌势中，股价反弹触及或穿越下跌的移动平均线，是卖点。

上述四条法则中的1、2两条法则是乖离率的应用技巧；而3、4两条法则表现在BIAS公式中，即分子部分为（收盘价－收盘价的N日简单移动平均），BIAS触及零轴，可得乖离率为零。如果在涨势中，BIAS拉回近零轴是买点；在跌势中，BIAS反弹近零轴是卖点。

依过去的BIAS的极大值、极小值来预测股价未来之高低点，也就是源于过去的历史轨迹来做高低点的预测，而这过去BIAS历史的高低点即是该股的乖离区间，即区间性；能有区间性，即可测知相对的风险与报酬。

但需要注意的是每种股票或指数的历史区间性是不完全相同的。

例如：东北药（000597），每当该股的24日BIAS小于－17时，往往能产生一段反弹行情（见图2-38）。

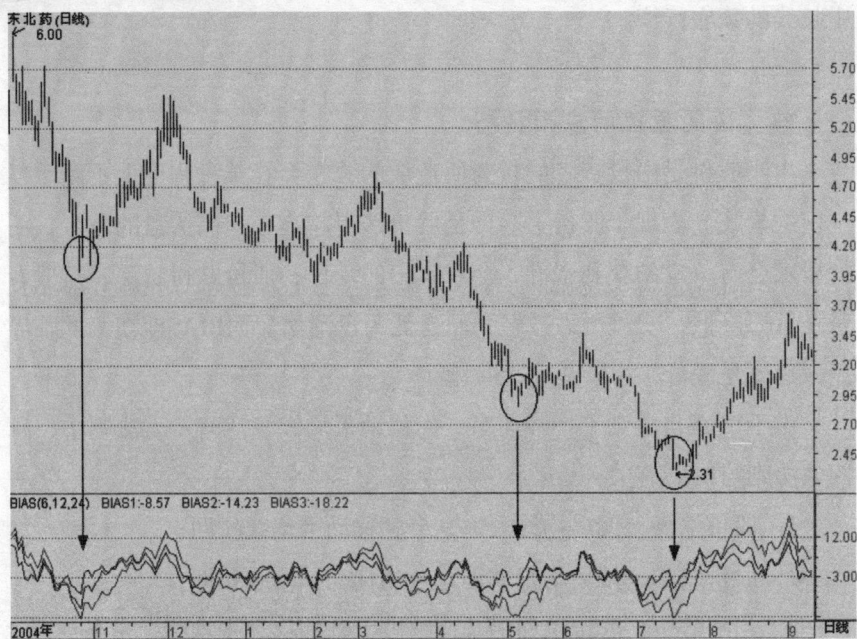

东北药(日线)
6.00

BIAS(6,12,24) BIAS1:-8.57 BIAS2:-14.23 BIAS3:-18.22

2004年

图2-38

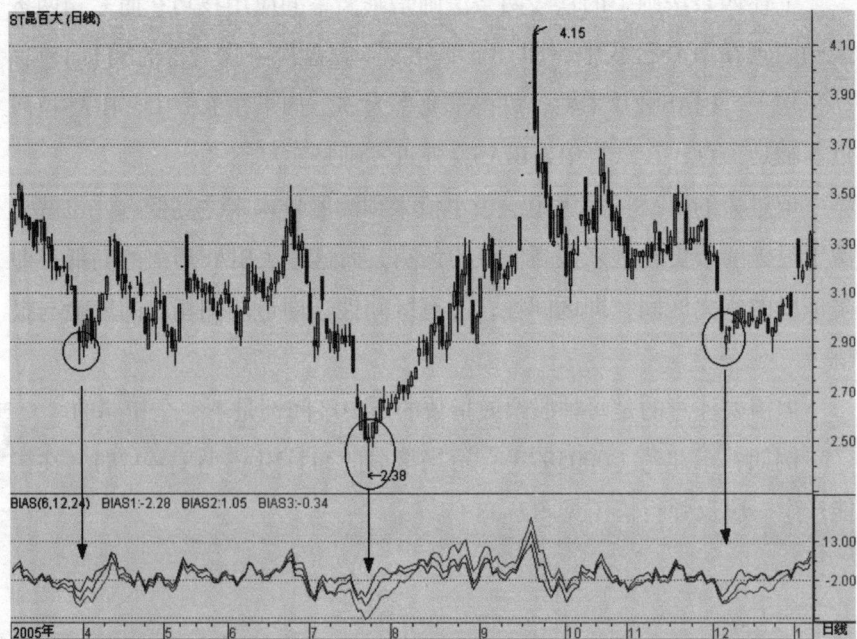

ST昆百大(日线)
4.15

BIAS(6,12,24) BIAS1:-2.28 BIAS2:1.05 BIAS3:-0.34

2005年

图2-39

但是，这种方法用在另外一只股票上可能就不合适了。例如：ST昆百大（000560），该股运行平稳，每当24日BIAS小于－10时，往往能形成较好的买点（见图2-39）。如果一定要等到24日BIAS小于－17时才买进的话，必然会错失很多投资机会。

五、趋势原理的应用技巧

乘离率BIAS的趋势原理主要包括两方面的应用技巧，分别是：BIAS移动平均线应用技巧和BIAS趋势线应用技巧。

1. BIAS移动平均线应用技巧

单就BIAS起伏变化，买卖点的判断并不明确，若再取一条移动平均线，即可看出其趋势。而BIAS与其移动平均线的关系即可用来判断买卖进出的依据。

例如：乘离率BIAS经常出现各种复杂变化，我们可以通过设置BIAS的10日移动平均线对其进行平缓处理（见图2-40）。

图2-40

如果BIAS突破移动平均线，且移动均线自低档走平即将翻扬，则为介入买点（见图2-41）。

图2-41

图2-42

如果BIAS跌破移动平均线，且移动均线自高档走跌，则为卖出讯号（见图2-42）。

2．BIAS趋势线应用技巧

投资者可将BIAS视为K线，取其走势两个低点划出上升趋势线，或取其两个高点划出下降趋势线（见图2-43），此与K线中的趋势线用法相同。

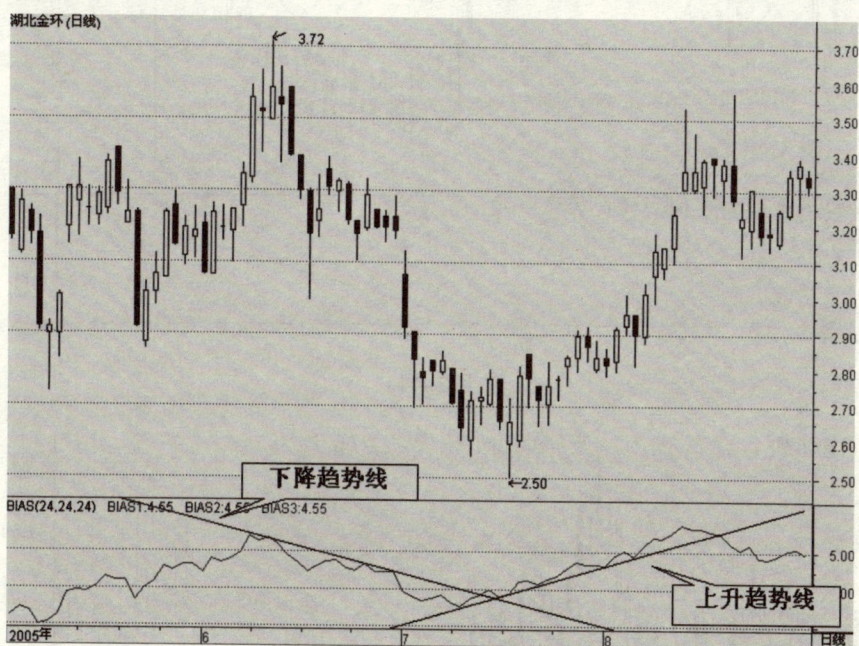

图2-43

如果BIAS跌破上升趋势线时，可以实施卖出操作（见图2-44）。

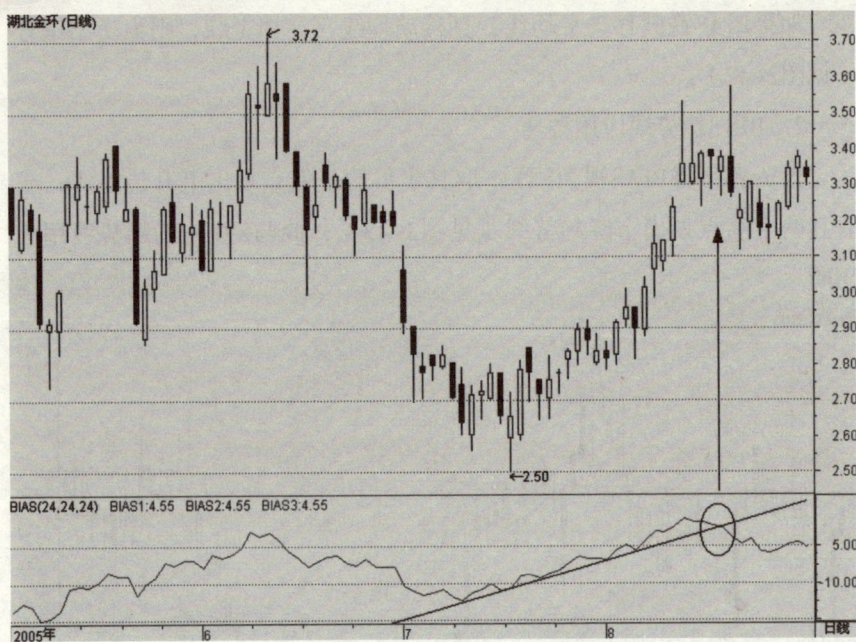

图2-44

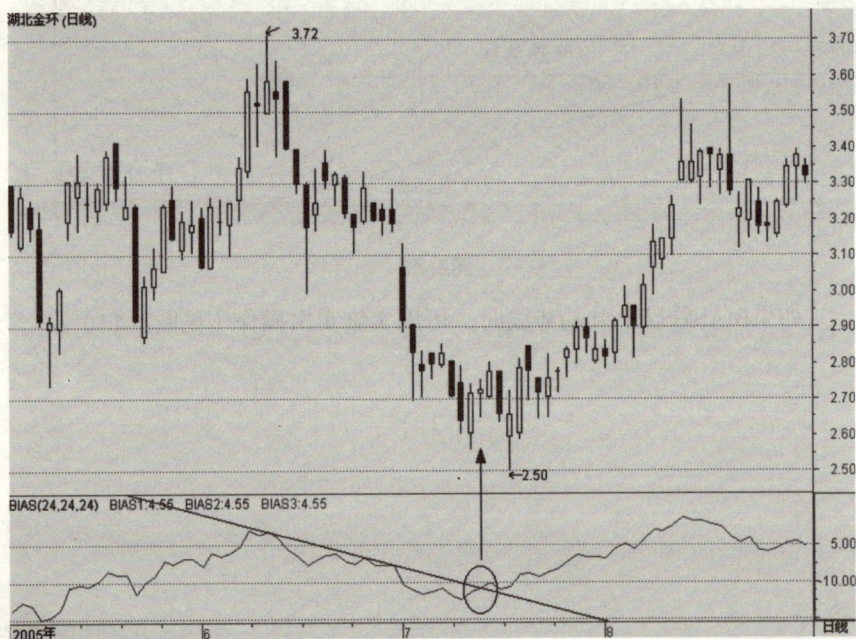

图2-45

如果BIAS突破下降趋势线时，为买点，可以实施买进操作（见图2-45）。

六、领先原理的应用技巧

乖离率BIAS具有明显的领先优势。

1. 如果用BIAS来测高低点，该指标往往会领先于移动平均线；

2. 如果用BIAS及其移动平均线来判断买卖时机，其买卖讯号也比股价与移动平均线出现买卖讯号还早；

3. 如果用BIAS之高低点来划趋势线，其出现买卖讯号亦较普通K线更及时。

正是乖离率BIAS具有这种明显的领先优势，因此其比较有利于投资者及早发现异动股，并且及早关注和买进操作。对于实施分步买进的投资者，BIAS的提示也可以作为首次买进的信号。

图2-46

七、背离原理的应用技巧

乖离率BIAS背离原理的应用技巧主要有以下几方面：

1. 涨势当中，当BIAS的高点愈来愈低，显示追高的意愿愈来愈小，卖压愈来愈重，多头的力道转弱，股价有反转向下的疑虑（见图2-46）；

2. 跌势中，当BIAS的低点愈来愈高，显示市场杀跌的意愿愈来愈小，买盘愈来愈强，空头的力道转弱，股价随时有反转向上的可能（见图2-47）；

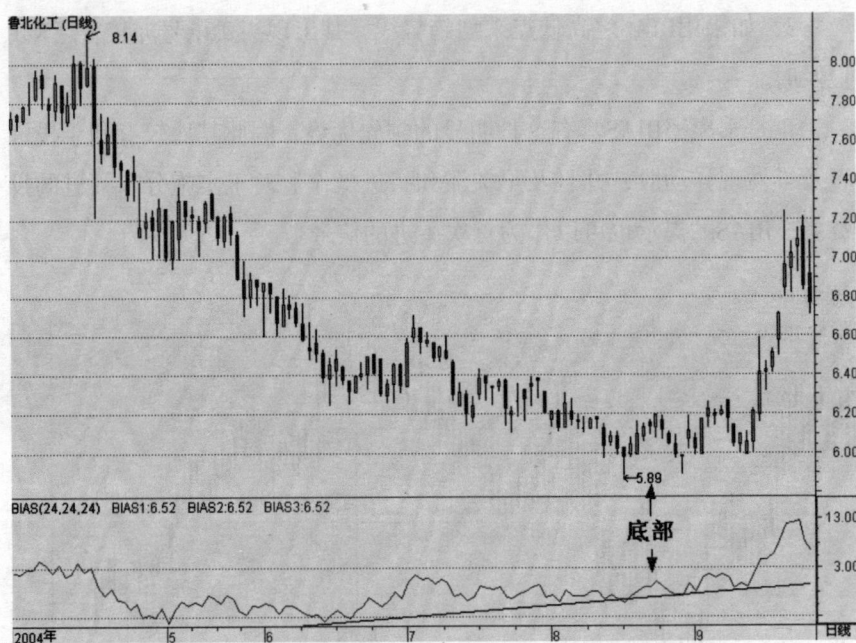

图2-47

3. 当股价创新高时，BIAS未创新高，则调整在即（见图2-48）；

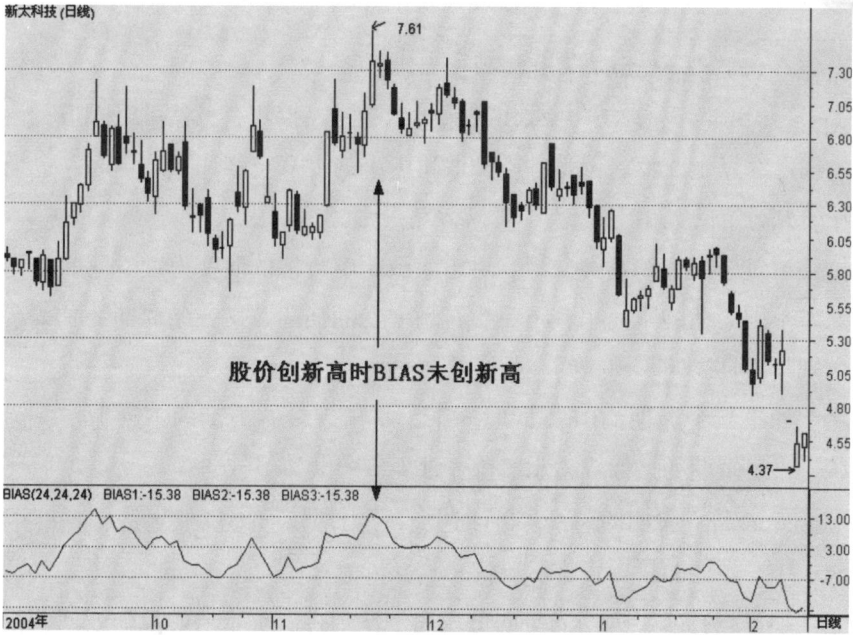

图2-48

4. 当股价创新低时BIAS未创新低，则上涨在即（见图2-49）。

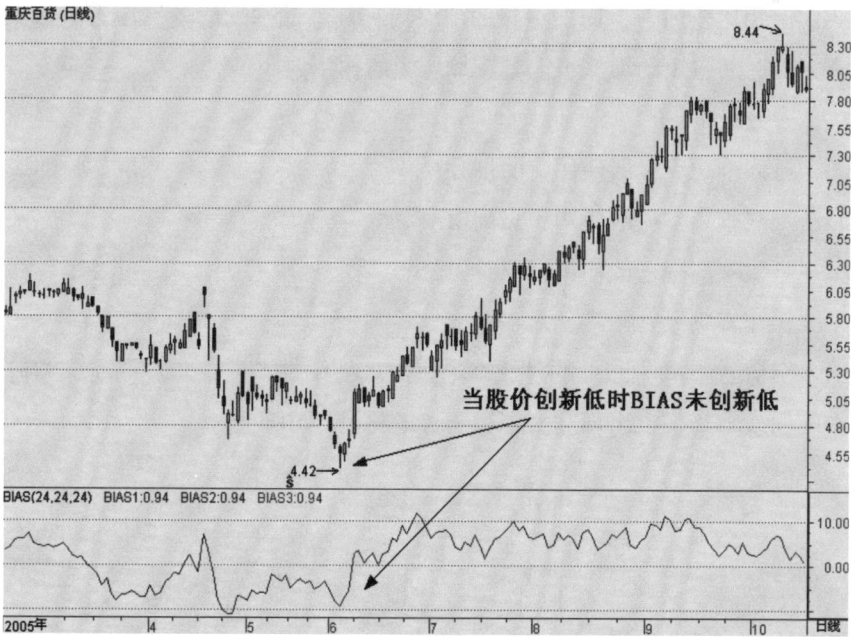

图2-49

八、共振原理的应用技巧

当BIAS与其移动平均线出现买卖讯号时，投资者虽然可以知道行情方向已经发生改变，但是并不知股价未来的上涨空间和下跌空间，也无法研判行情的大小。

通过乖离率的共振分析，可以大致了解行情的演变力度。同时使用三条不同周期的乖离率，可看出行情演变的强弱。这三条周期的乖离率分别是指日线的、周线的和月线的BIAS。

如果三个周期的BIAS同时向下，将出现较有力度的下跌行情，因长、中、短期的指标皆指示股价要跌。

如果三个周期的BIAS同时向上，将出现较有力度的上涨行情，因长、中、短期的指标皆指示股价要涨。

如果只有二个周期同步向上或向下，则将出现普通的反弹或回调行情。

需要注意的是：任何一组BIAS的移动平均线，均可视为支撑或压力线，但相比较而言，周期愈长的那一组，其移动平均线支撑压力的作用愈大；周期愈短的那一组，其支撑压力的作用愈小。

参数设定：

月线乖离率一般使用：6月BIAS

周线乖离率一般使用：12周BIAS

日线乖离率一般使用：24日BIAS

操作实例：

ST陈香（600735）的月线乖离率出现持续性上涨，与此同时，ST陈香的周线乖离率也出现震荡上行走势（见图2-50）。

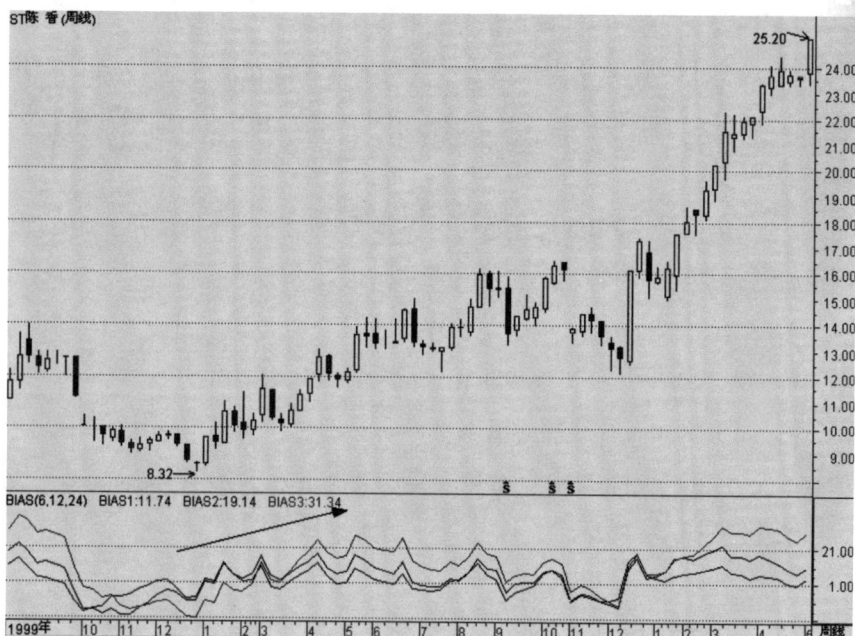

图2-50

第七节　布林线指标选股

一、布林线构造原理

布林线指标是通过计算收盘价的标准差，来求得价格在运行中可以信赖的波动区间的指标。

该指标利用波带来显示股价的各种价位，当价格波动很小，处于盘整时，波带变窄，此时预示着激烈的价格波动有可能会马上发生；当价格的高点和低点穿越上轨或下轨后立刻又回到波带内时，一般会有短期回档或短期反弹发生。另外波带的移动对寻找目标值有很大的帮助，如果带状区沿水平方向移动，而股价连续穿越上轨代表股价大致维持在平均线上方的强势范围，暗示其将向上方运行。

布林线指标的使用原则概括起来有以下几条：

1. 波带上下轨显示出价格安全运行的最高位和最低位，MB线、UP线、DOWN线均可对价格产生支撑作用，MB线和UP线有时将对价格走势形成压力。

2. 当价格处于MB线以上运行时，是强势趋势，当价格处于MB线以下运行时，是弱势趋势。

3. 当价格突破UP线或者是DOWN线时，会受到压力或者支撑而改变当前的运行方向，价格逐步向MB线靠拢。

4. 当价格和布林线同时沿水平方向移动时，如果价格处于MB以上运行，后市出现上涨的几率较大；反之当价格处于MB以下运行时，后市出现下跌的几率较大。

二、布林线的基本功能：

1. 布林线可以指示支撑和压力位置；

2. 布林线可以显示超买、超卖；

3. 布林线可以指示趋势；

4. 布林线具备通道功能。

三、布林线的研判方法

布林线的常见使用方法比较简单：

1. 当股价穿越上限压力线时为卖点信号；

2. 当股价由下向上穿越中轨线时为加码信号；

3. 当股价穿越下限支撑线时为买点信号；

4. 当股价由上向下穿越中轨线时为卖出信号。

另外，布林线开口的大小也很重要：

1. 如布林线在低位开口极度缩小，一旦股价向上突破，布林线开口放大，一轮升势近在眼前。

2. 如布林线在高位开口极度缩小，一旦股价向下破位，布林线开口放大，一轮跌势将不可避免（见图2-51）。

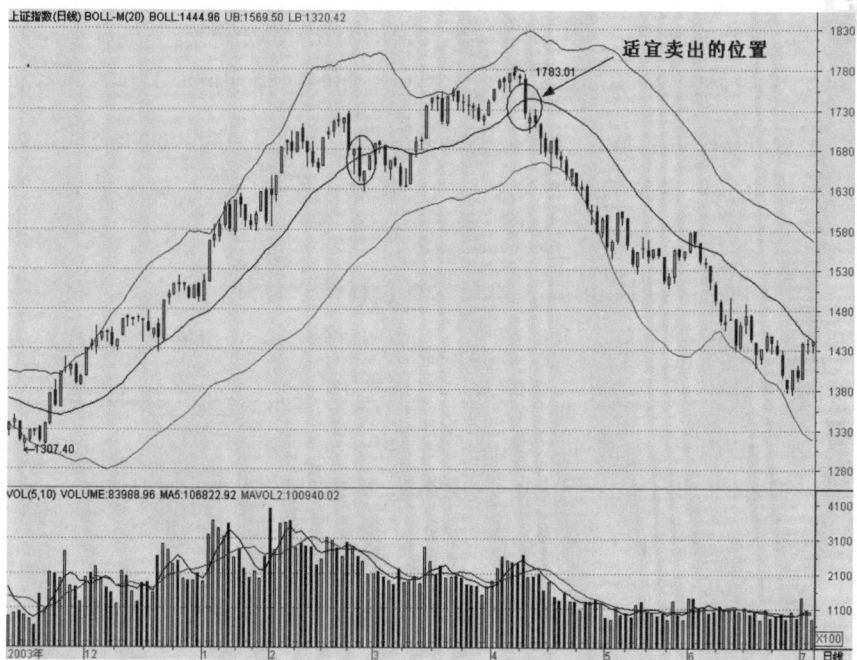

图2-51

四、布林线的应用要点

1. 布林线参数的设定不得小于6，布林线指标的参数最好设为20。一般来说，股价会运行在压力线和支撑线所形成的通道中。

2. 使用布林线要注意判明是在常态区还是非常态区，在非常态区不能单纯以破上限卖、破下限买为原则；

3. 运用开口缩小，在低位容易捕捉住牛股，但在高位一旦缩口后，股价向下突破，常会有较大下跌空间；

4. 可将布林线和其他指标配合使用，效果会更好，如成交量、KDJ指标等。

五、布林线对突破行情的预告作用

虽然，像KDJ、MACD等指标可以通过低位向上交叉来做为买入讯号或通过高位向下交叉来作为卖出讯号，但这些指标都有一个缺点，就是在股价盘整的时候会失去作用或产生骗线，给投资者带来损失。通常在股价盘整的过程中，投资者最想知道的一定是股价要盘整到什么时候才会产生行情。因为如果太早买入股票，而股票却又迟迟不涨，资金的利用率就会降低，而且投资者还要承担股价下跌的风险。而布林线指标则恰恰可以对盘整的结束给予正确的提示，使投资者避免太早买入股票。

利用布林线指标选股主要是观察布林线指标开口的大小，对那些开口逐渐变小的股票要多加留意。因为布林线指标开口逐渐变小代表股价的涨跌幅度逐渐变小，多空双方力量趋于一致，股价将会选择方向突破，而且开口越小，股价突破的力度就越大。

那么到底开口多小才算小，这需要参考极限宽指标（WIDTH），即表示布林线指标开口大小的指标。

计算方法：

WIDTH＝（布林上限值－布林下限值）/ 布林股价平均值。一般来说极限宽指标小于0.1的股票随时有可能发生突破。但是，极限宽指标值的临界点会随个股不同而改变，所以需要观察该股近两年来的极限宽指标走势以确定极限宽指标值的临界点。

在选定布林线指标开口较小的股票后，先不要急于买进，因为布林线指标只告诉我们这些股票随时会突破，但却没有告诉我们股价突破的方向，如果符合以下几个条件的股票向上突破的可能性较大：

第一，上市公司的基本面要好，这样主力在拉抬时，才能吸引大量的跟风盘。

第二，在K线图上，股价站在250日、120日、60日、30日和10日均线上。

第三，要看当前股价所处的位置，最好选择股价在相对底部的股票，对那些在高位横盘或上升和下降途中横盘的股票要加倍小心。

第四，指标W％R（10）和W％R（30）的值都大于50；指标DMI（14）指标中＋DI大于－DI，ADX和ADXR均向上走。

最佳的买入时机是在股价放量向上突破，布林线指标开口扩大后。

布林线指标本身没有提供明确的卖出讯号，但可以利用股价跌破布

林线股价平均线作为卖出讯号。

例如：G沪机场（600009）的极限宽指标（WIDTH）值为0.05至0.06之间时，说明股价随时会突破，随后该股走出突破性行情（见图2-52）。

图2-52

第八节 人气指标选股

一、OBV指标的创立

人气，是决定成交量大小的先决条件，直接导致了股份的涨跌。所以技术分析将人气列为重要的研究对象，各种人气指标应运而生，最常用的是OBV指标。

OBV指标是美国股市传奇人物葛兰碧（Joseph Granvine）在家中沉思

131

于地板的结构时偶然想出来的，其后发表于《股票获利的最新技巧》一书上。该理论主要是以统计成交量的变动，来研判市场内部人气是否汇集，以推测价位的变化。

从OBV的制作原理上分析，葛兰碧认为，短期价格的波动受"人气"影响较大，有时与基本因素所反映出的真实情况并不一致。然而波动趋势则是有迹可循的。他认为成交量是股价运动的本质，而价格则以成交量作领先指标，当价格上升时所需的成交量会较大，下跌时会较小，可见OBV的优异之处在于往往能走在价格趋势之前。

计算OBV的计算公式很简单，当今日收盘价高于昨日收盘价时，今日的成交量列为"正值"，而当今日收盘价低于昨日收盘价时，则今日的成交量列为"负值"，一连串时间内的正负值成交量累计相加，即为OBV数值。将这些数值标于图上并相连，便得到一根OBV线。

该指标也被称为累积能量线或能量潮，它的理论基础是"能量是因，股价是果"，即股价的上升要依靠资金能量源源不断的输入才能完成，是从成交量变动趋势来分析股价转势的技术指标。OBV能量潮是一个能有效地将股价与成交量综合在一起考虑的技术指标。

OBV指标的内容实质在于，其认为成交量是股价涨跌的动能，再运用物理学上的惯性法则与重力原理加解释。

众所周知，上楼累下楼则轻松一些，也就是说上升需要的能量比下降需要的多。运用于股市上，股价上升，需要的能量——成交量就多一些，下跌时，需要的就少一些，这是重力原理。否则根据惯性法则，静者恒静，动者恒动。

OBV为一种较早期的技术分析工具，因而也是最普遍使用的工具。其优点在于：交易市场内资金的流向，在大部分情况下，均是以不动声色的方式进行OBV理论虽然无法很明显地提出资金流向的理由，但当不寻常的大成交量于高价圈或低价圈产生时，可以警示投资者及早研判市场内的趋势方向。

二、OBV指标的实用技巧

OBV线的设计是把股价上升日的成交量视为人气积聚，故作加法；把股价下跌日的成交量视为人气离散，故作减法。所以在上升行情中OBV多为正数，且数值可以很大；同样，在下跌行情中OBV多为负数，数值也会很大。由于OBV是成交累计的结果，因而根据量先价后的原理，OBV线上升，大致表明了股价的即将上升，反之，OBV线下跌，表明股价即将下跌。

如果仅仅是观察OBV的升降增减，实际意义并不大，需要将OBV线与股价进行对照，当出现差离走势时，表明这是一个重要的转向信号。如果OBV与股价不一致。当股价频频上升，创下新高点时，OBV却步履蹒跚，不能创出新高，意味着上升的能量不足，这是一个卖出信号。反之，倘若股价下跌不止，创下一个新低点时，OBV线却并未创下新低，说明在这个低价位有能量支撑，股价已经跌得差不多了，后市反弹有望，这便是一个买进信号。

OBV线创下一个新高时，股价也应创下一个新高位与之同步，如果股价不能创新高，或者在OBV创新高后股价才创新高，这说明有大量持股者正在获利回吐，这同样是一个卖出信号。同样，OBV指标创新低股价不创新低时，即为买进信号。

当OBV线从负数转为正时，是个买进信号；而当OBV线从正数转为负数，或者线路下沉，股价虽在上升，但却意味着量的收缩，股价即将掉头向下，应卖出持股。

另外，OBV线缓升，是成交稳步增加的表现，是买进信号。但OBV线的剧升，则表明放量过度，短期有见顶迹象，理应抛出持股，见好就收。

三、OBV指标捕捉平台起飞个股的技巧

需要将OBV能量潮指标与中、短期均线系统及成交量均线系统结合起来分析个股的走势；注意选择股价长期处于盘整状态的个股，这类股票有三个特征：

133

1. 中、短期均线系统长期交织在一起；

2. 成交量均线系统长期交织在一起；

3. OBV线持续一个月以上横向移动。

在以上基础上，OBV突然上冲，则预示大行情随时可能发生。此时的技术要求是：OBV线从地平线升起，且力度大于45度以上，当日成交量大于5日成交量100%，5日成交均量大于10日成交均量，5日移动平均线金叉10日移动平均线或5日移动平均线已在10日移动平均线上方运行。

例如：天地源（600665）（见图2-53）。

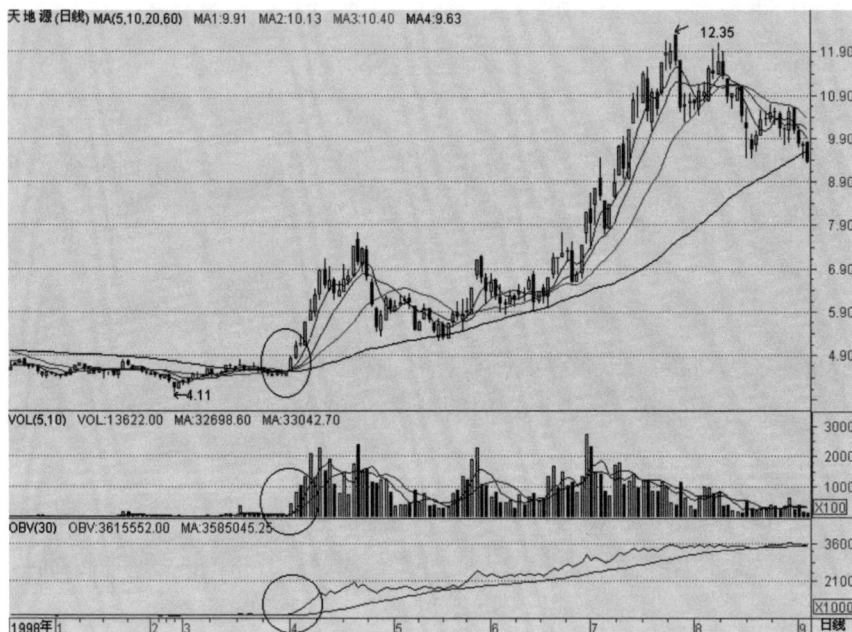

图2-53

深发展（000001）（见图2-54）。

该指标不仅可以与均线、成交量配合，还可以与其他技术指标配合使用，如果WVAD指标与OBV一样呈直线状并同期发力上攻，其大涨、特涨的概率更高。

例如：全兴股份的平台起飞走势（2-55）。

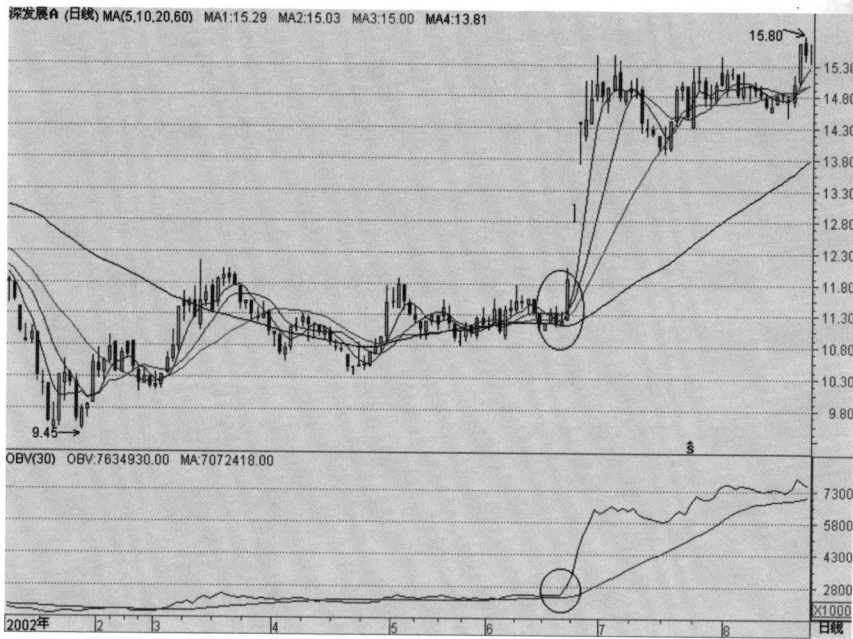

图2-54

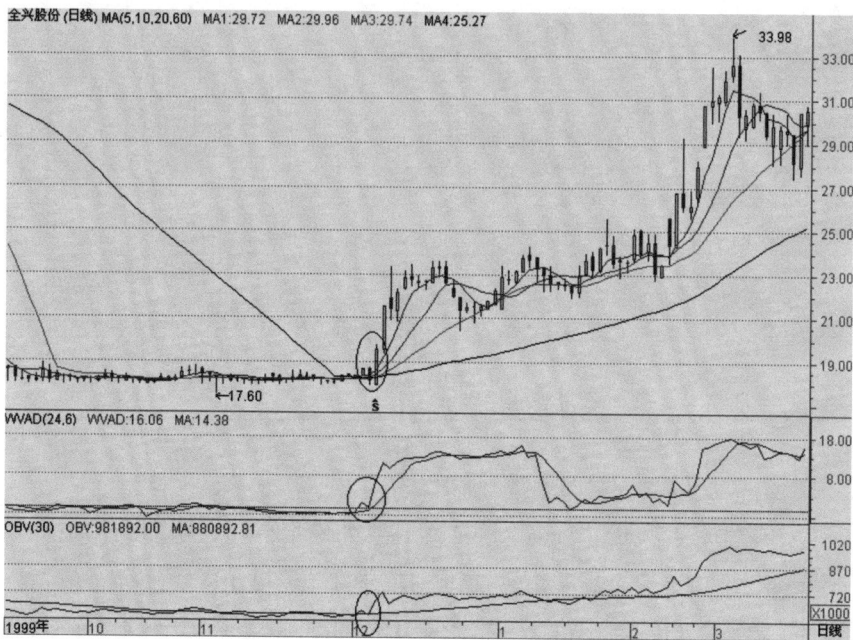

图2-55

四、OBV指标投资新股的技巧

对于新股来说，OBV与股价的背离现象往往说明了主力资金偷偷吸纳的实质。我们可以根据这种规律找到一些股价表面上走势疲弱，而实际上是主力资金建仓的股票。

例如：上海航空上市后股价表现并不突出，但是OBV指标已经创了新高。这反映了一个市场的实质，就是有部分机构大户在偷偷地吸纳该股。通过OBV指标的分析，我们可以察觉主力的真实意图。此后，该股果然走出上涨行情（见图2-56）。

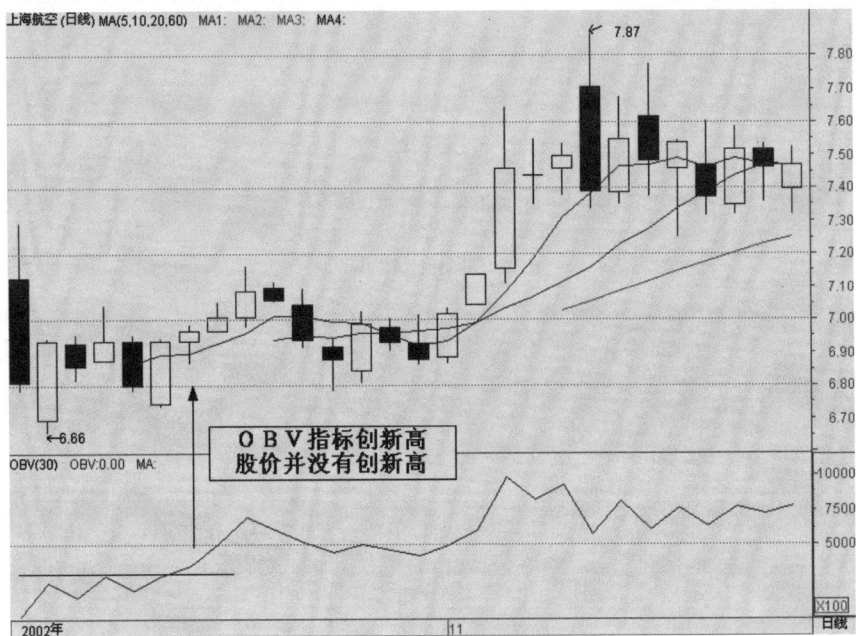

图2-56

五、OBV指标对形态研判的作用

OBV线对双重顶（M头）第二个高峰的确定有比较明显的作用。当股价自双重顶第一个高峰下跌又再次回升时，如果OBV线能随股价趋势同步上升，价量配合则可能持续多头市场并出现更高峰；但是相反的，股价再次回升时，OBV线未能同步配合，却见下降，则可能使得第二个

峰顶构成双重顶的形态，并进一步导致股价的见顶回跌（见图2-57）。

图2-57

六、应用OBV指标形态主力资金出货的技巧

并非每一次的下跌都是主力资金的出货，我们需要结合OBV指标来动态的分析股价下跌的真实原因。如果当股价下跌时，OBV指标同步向下，反映在大盘或个股的信号就是一个下跌动能增加的信号。市场做空动能的释放必然会带来股票价格大幅下行，这种情况发生时，投资者应该首先想到的是设立好止损位和离场观望。在这种情况下，回避风险成为第一要点。

例如：综艺股份（600770），周线下的OBV指标留下了长长的向下的斜线，这是典型的主力资金出货走势，其后便是漫长的股价回落（见图2-58）。

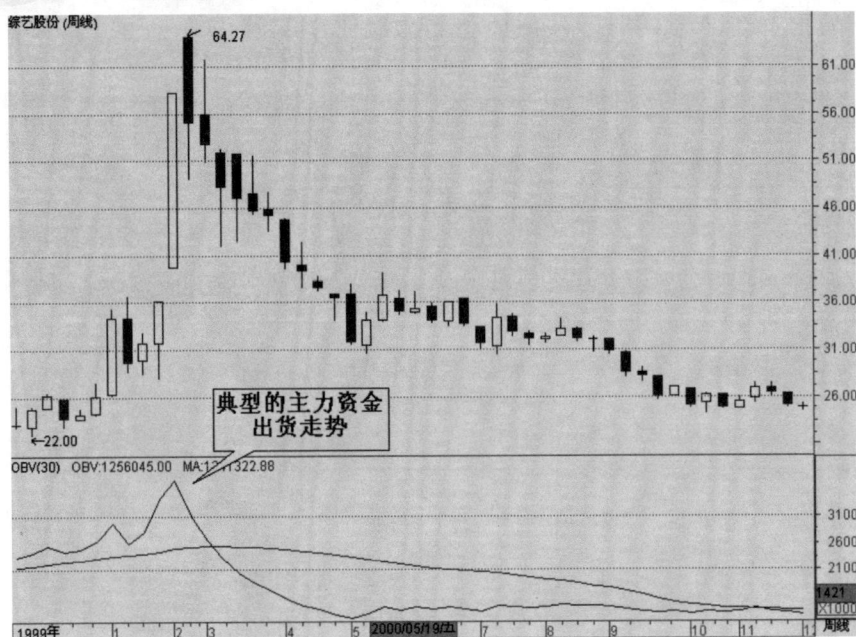

图2-58

七、OBV指标的改进

OBV指标的缺点是：

第一，它不适用于长线投资，因为人气的聚散对中短期的市场往往更加有效；

第二，在市场投机气氛很浓的情况下往往会失效。因为投机气氛云集时，成交量虽然增加，但是并不能说明是投资者坚持看多；

第三、当股价波动剧烈时，可是当日收盘价与昨日相同时，OBV指标会失去意义。虽然，当日股价剧烈震荡，但是由于OBV指标设计上的原因，其会将平盘的股价视为一种没有发生变化，这其实是不正确的。事实上，股价波动剧烈，体现多空力量已经发生变化，人气动向也应该转变。今日的收盘价与昨日收盘价虽然表明是相同的，但是其本质是不同的。

而且有时股价全天大多数情况下是上涨的，仅仅在尾盘时被实力资金打压下来，使得收盘价低于昨日的收盘价，OBV指标就会误以为股价是下跌的；还有股价在全天大部分时间是下跌的，如果尾盘突然拔高的时候，也会出现类似的情况，这些因素都会使得OBV指标得出错误的计算结果。

针对这种情况，投资者需要将OBV指标进行适当改进。由于OBV采用收盘价来判断涨跌的方法存在一定缺陷，因此，投资者可以采用按每天的平均成交价来判断股价的实际涨跌情况。如果平均股价是上涨的，那么成交量就递加，如果实际平均股价是下降的，那么，成交量就递减。

以下是改进后新OBV指标的公式原码，投资者只需要将其引入有公式设计的软件中，就可以使用。

hf1：＝AMOUNT/100/VOL；

SUM（IF（hf1>REF（hf1，1），VOL，IF（hf1<REF（hf1，1），－VOL，0）），0）

我们通过比较以下两图就可以看出两者的优劣，在康美药业的一次短期见顶行情中，当老的OBV指标还处于横盘的时候，新的OBV指标已经出现明显的见顶回落迹象（见图2-59，图2-60）。

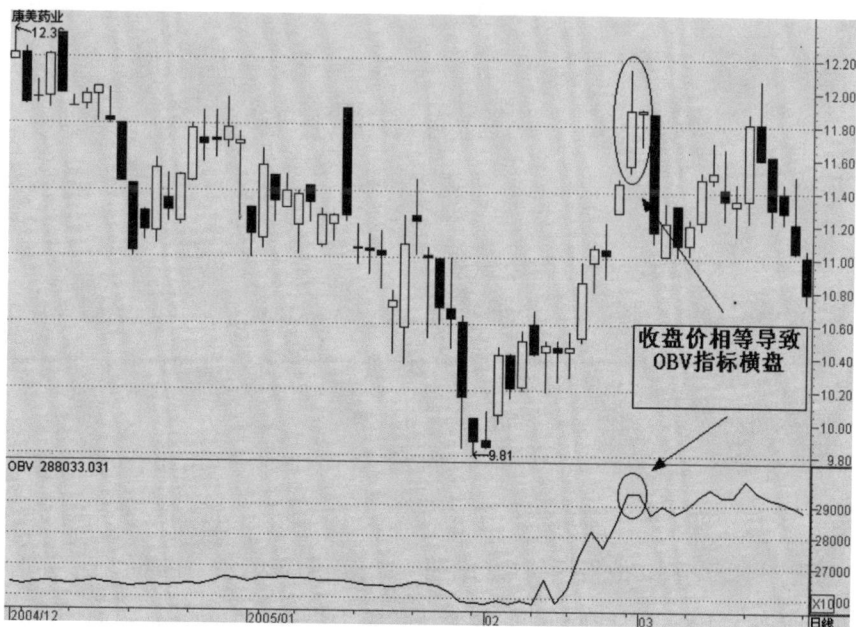

图2-59

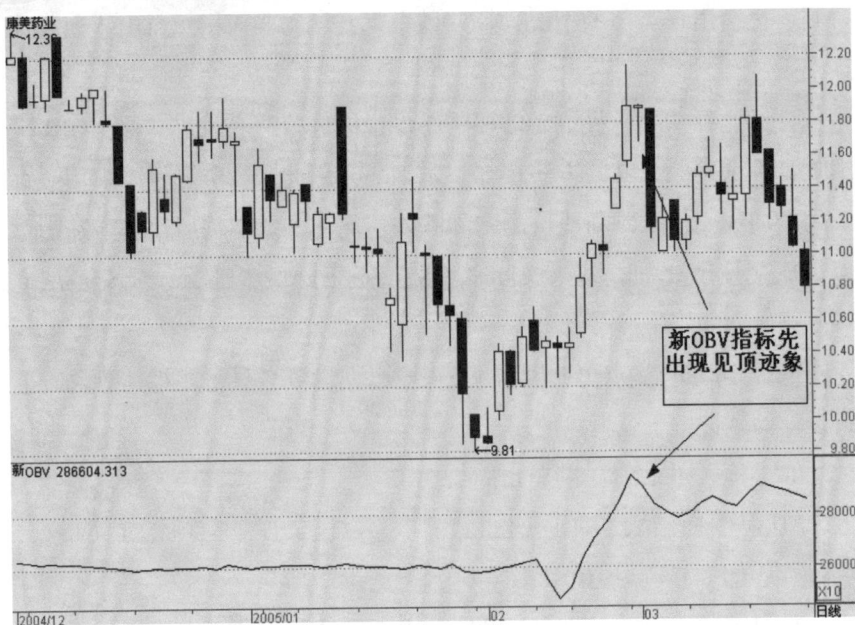

图2-60

第九节　指数平均数指标选股

一、EXPMA指标的构造原理

EXPMA指标（EXPONENTIALMOVINGAVERAGE）中文名称叫作指数平均数指标，其构造原理是对价格收盘价进行算术平均，并根据计算结果来进行分析，用于判断价格未来走势的变动趋势。

EXPMA指标是一种趋向类指标，与MACD、DMA相比，EXPMA指标由于其计算公式中着重考虑了价格当天（当期）行情的权重，因此在使用中可以克服其他指标信号对于价格走势的滞后性，同时也在一定程度上消除了DMA指标在某些时候对于价格走势所产生的信号提前性，是一个非常有效的分析指标。

该指标的主要优势是：对移动平均线进行了取长补短，同时又具备了KDJ指标和MACD指标的"金叉"和"死叉"等功能。因此该指标具有较高的成功率和准确性，对于个股的抄底和逃顶提供了较好的点位，是投资者采用中短线操作的良好依据。

二、EXPMA指标的计算公式：

EXPMA＝（当日或当期收盘价－上一日或上期EXPMA）／N＋上一日或上期EXPMA

其中，首次上期EXPMA值为上一期收盘价，N为天数。

实际上，从EXPMA指标的构造原理和它的使用原则来看，这一指标更接近于均线指标，两者之间的区别在于：均线系统计算的是股价的移动平均数，而EXPMA计算的是股价的加权移动平均数。而且由于EXPMA指标通过对参数进行有效地设定，可以发挥出比均线指标更为直观和有用的信息。

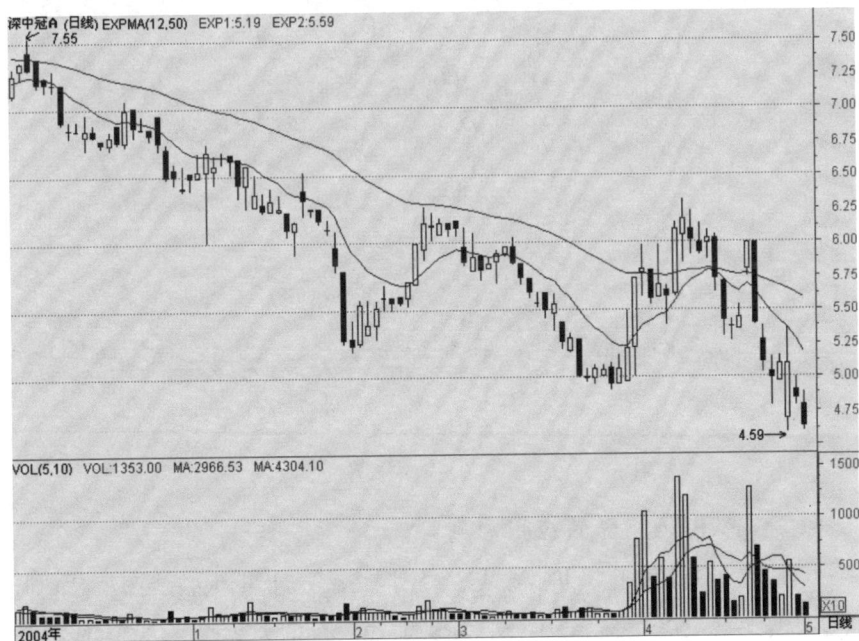

图2-61

三、EXPMA指标的发展

在以前的技术分析软件中，EXPMA指标由两条线构成，短期 EXPMA线（以下方线条表示）、长期EXPMA线（以上方线条表示），EXPMA指标的坐标图上，纵坐标代表价格运行的价位，横坐标代表价格运行的时间，这一点也和均线指标保持了一致（见图2-61）。

但是，在一些最近几年开发的先进软件中，为了更好的发挥EXPMA指标的作用，在技术分析软件中，EXPMA指标由三至四条线构成，分别为短期EXPMA线、中期EXPMA线、长期EXPMA线和超长期EXPMA线构成，参数设置分别为5天、10天、20天和60天（见图2-62）。

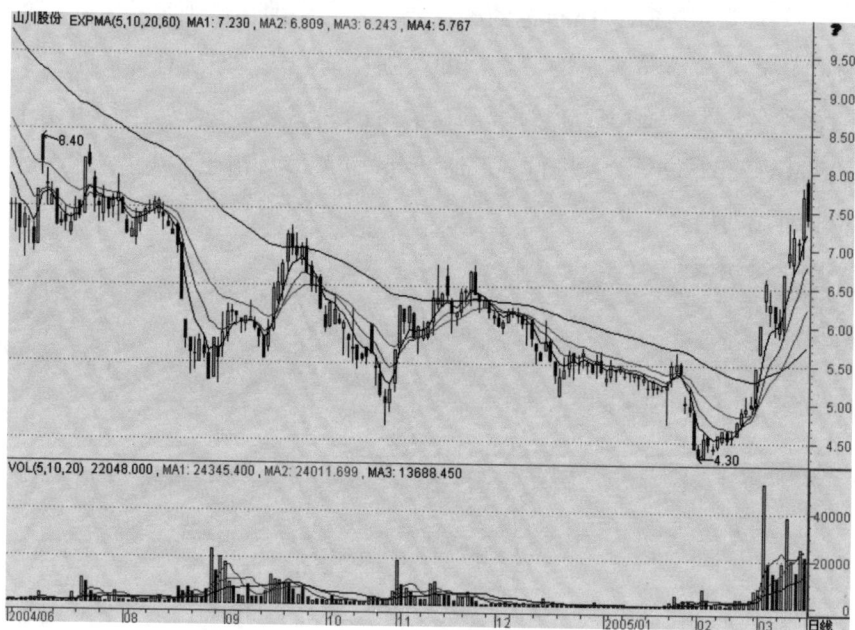

图2-62

四、EXPMA指标的应用原则：

1. 在多头趋势中，价格K线、短期天数线、长期天数线按从高到低的顺序排列；在空头趋势中，长期天数线、短期天数线、价格K线按从高到低的顺序排列。

2. 当短期天数线自下而上穿越长期天数线时，应是一个值得注意的买入信号；当短期天数线自上而下穿越长期天数线时，应是一个值得注意的卖出信号，此时长天期天数对价格走势将起到助跌的作用。

3. 一般来说，价格在多头市场中将处于短期天数线和长期天数线上方运行，此时这两条线将对价格走势形成支撑。相反，价格在空头市场中将处于短期天数线和长期天数线下方运行，此时这两条线将对价格走势形成压力。

4. 当价格K线在一个多头趋势中跌破短期天数线后，必将向长期天数线靠拢，而长期天数线将对价格走势起到较强的支撑作用。当价格跌破长期天数线时，往往是很好的买入时机。相反的，当价格K线在一个空头趋势中突破短期天数线后，将有进一步向长期天数线冲刺的愿望。当价格突破长期天数线后，往往会形成一次回抽确认，而且第一次突破失败的几率较大，因此应视为一次较好的卖出时机。

5. 价格对于长期天数线的突破次数越多越表明突破有效。一般来说，EXPMA指标长期天数线被价格突破之后，往往需要两到三个交易日的时间来确认突破的有效性。

6. 第三条的特例是：当价格K线在一个多头趋势中跌破短期天数线，并继而跌破长期天数线，而且使得天期天数开始转头向下运行，甚至跌破长期天数线，此时意味着多头趋势发生变化，应作止蚀处理；相反的，当价格K线在一个空头趋势中突破短期天数线，并继而突破长期天数线，而且使得短期天数开始转头向上运行，甚至突破长期天数线，此时意味着空头趋势已经改变成多头趋势，应作补仓处理。

7. 当短期天数线向上交叉长期天数线时，股价会先形成一个短暂的高点，然后微幅回档至长期天数线附近，此时为买入点；当短期天数线向下交叉长期天数线时，股价会先形成一个短暂的低点，然后微幅反弹至长期天数线附近，此时为卖出点。关于EXPMA指标的其他使用原则，可根据不同基期的指数参数设置来进一步总结。

五、EXPMA指标的参数设置

在目前众多的技术分析软件中，日线EXPMA指标的短期默认参数是

143

12、长期参数值为50。客观地说，由这一组参数设置而成的指标已经具有比较高的使用价值。但我们还是有必要对指标参数再重新进行设置，以求出更为精准的参考信号。

经过技术分析人士的不断探索和研究，逐渐发现其他更加能够适应沪深股市的参数组合：即（6、35）和（10、60）。

以短期参数5、长期参数35设置而成的价格日线EXPMA指标，无论从指数的走势还是从股票的走势来看，实战效果都非常强。

以中科健A（000035）为例，股价日常波动受到短期天数线EXPMA1的支撑，而长期天数线EXPMA指标则构成了股票每一次阶段性调整的最低点，在整个股价上涨过程中给予了价格很好的支撑作用（见图2-63）。

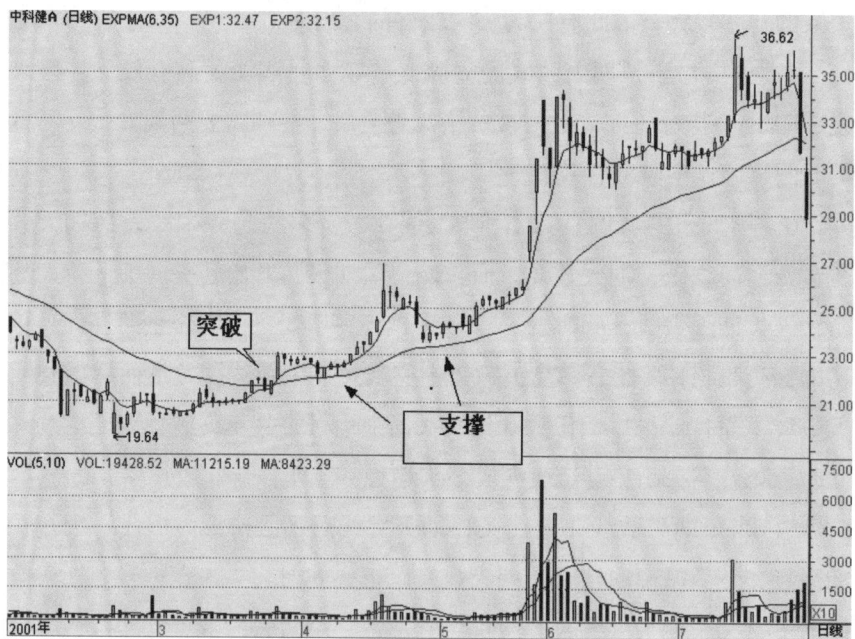

图2-63

而以参数10、60设置而成的日线EXPMA指标，比较适合于中线投资（见图2-64）。

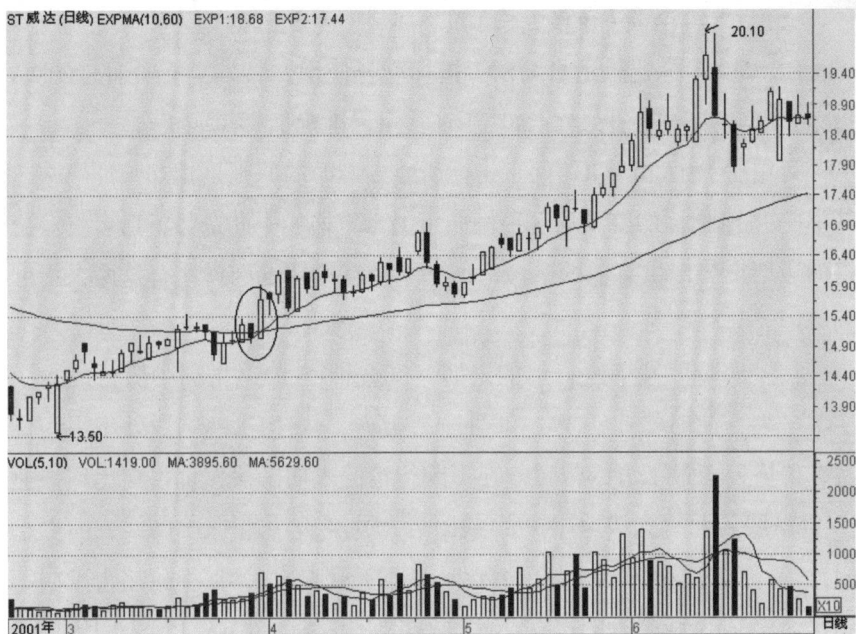

图2-64

这两种参数最优化的EXPMA指标的应用原则:

1．以参数6、36设置而成的指标适用于趋势比较明显的股票或指数，当价格处于持续上涨或者持续下跌时，由于计算周期相对比较短，因而能够更大程度地反映价格波动的情况和趋势运行的情况，但在价格处于盘整期时可能会有信号失灵；而以参数10、60设置而成的指标适用于趋势不明显，处于盘整期的股票，由于指标的计算周期相对较长，因此当价格趋势不明显时可以找到较为重要的支撑位或者阻力位；

2．乖离率的核心内容非常适合这一指标。当EXPMA短期线和EXPMA长期线之间的空当过大（两线位置相差太远）时，应当做好短线反转的思想准备；

3．指标两条线的交叉情况是十分重要的，但需要指出的是，仅有两条线发出不同方向的交叉才有效。如EXPMA长期线保持水平运行，而EXPMA短期线自上而下或自下而上与前者发生交叉时，趋势转折成立，反之，当两条线黏合或者同一方向交叉时信号则不明显。

六、EXPMA指标的综合运用

EXPMA指标比较适合与SAR指标配合使用，特别是30分钟EXPMA指标和30分钟SAR指标是配合使用往往可以准确捕捉短线机会。

运用EXPMA和SAR这两个指标所应当遵循的原则是相互验证原则，其中EXPMA指标的变动情况更倾向于揭示价格的中期走势，后者将对价格的短期走势提供有益的参考，形态学及背离情况同样适合这两个指标的应用。

在一次阶段性下跌行情的末期，30分钟EXPMA指标中股价应当呈空头排列，此时慢速EXPMA线处于最上方，快速EXPMA线处于中间位置，价格处于最下方的位置。在下跌行情的末期阶段，价格在远离快速EXPMA线后回复到快速EXPMA线附近，并突破快速EXPMA线，向上小幅运行，此时慢速EXPMA线将起到一定的压制作用，使得价格再度回落到快速EXPMA线附近的位置，此时如果SAR指标已经翻红，表明价格的短期运动将有可能突破慢速EXPMA线的压制，进行上涨，此时应为买入时机（见图2-65）。

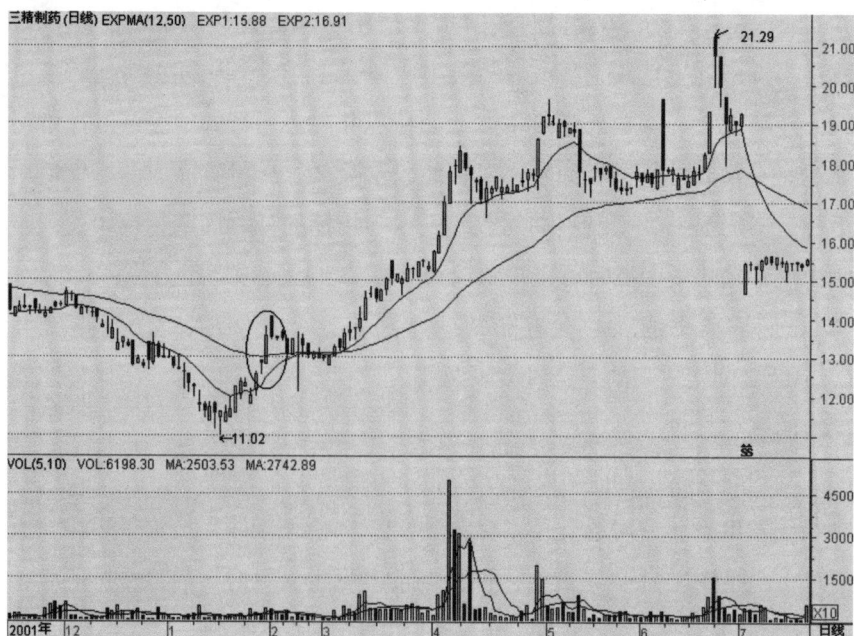

图2-65

在一次阶段性上涨行情的末期，30分钟EXPMA指标中股价、快速EXPMA线、慢速EXPMA线仍然处于多头排列，但股价有向下突破快速EXPMA线的可能，第一次突破该线后价格可能会重新回抽确认，甚至重新站于该线之上，使三条线仍然呈顺序的多头排列，但如果SAR指标已经翻绿，预示着价格上涨无力，不能在快速EXPMA线之上长期站稳，此时应当作卖出操作（见图2-66）。

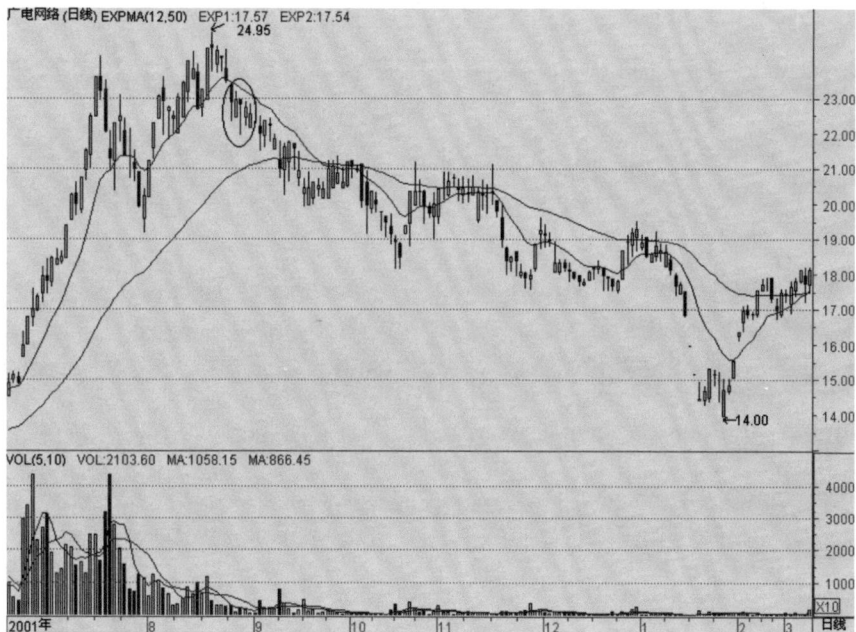

图2-66

运用这两个指标进行综合判断时应注意：当价格站于EXPMA指标两条线的上方，且快速EXPMA线和慢速EXPMA线黏合，如果SAR指标呈多头状态，表现上涨态势仍然将延续，相反，如果股价处于快速EXPMA线和慢速EXPMA线下方，且快速EXPMA线向上而穿破慢速EXPMA线，SAR指标翻绿，表明空头力量强，投资者可以继续看空。

七、EXPMA指标捕捉短线黑马的技巧

EXPMA指标捕捉短线黑马的技巧需要采用60分钟的EXPMA指标。具体操作步骤：

1．当某只股票多日K线形成横盘或呈圆底走势，可将该股日K线转换成60分钟走势图；

2．如果出现10小时、30小时、60小时均价线黏合在一起，两至三天左右，或10小时、30小时均价线走平后开始往上交叉60小时均价线，即多头排列，且均量线呈黄金交叉，可见该股列入重点观察对象；

3．EXPMA指标出现两线黄金交叉，或者由两线黏合转为向上发散，此时便是最佳买入点（见图2-67）。

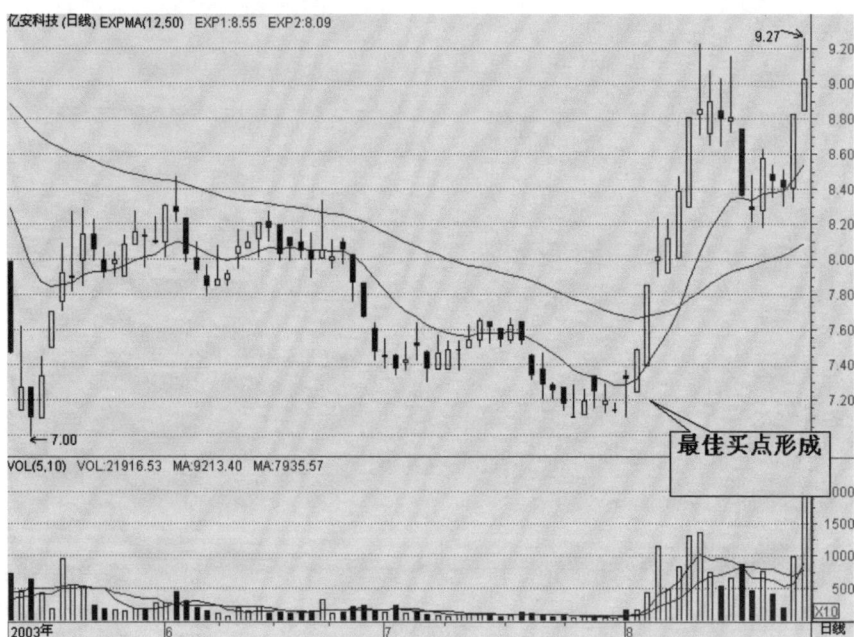

图2-67

第十节　情绪指标选股

情绪指标ARBR也称为人气和意愿指标，人气指标和意愿指标都是以分析历史股价为手段的技术指标，其中人气指标较重视开盘价，从而反映市场买卖的人气，而意愿指标则重视收盘价格，反映的是市场买卖意愿的程度，两项指标分别从不同的角度对股价波动进行分析，达到追踪股价未来动向的目的。

AR人气指标算法是：最近N天内最高价与收盘价的差的和除以开盘价与最低价的差的和，所得的比值放大100。该指标又可称为买卖气势指标。

计算公式：

AR＝（H－O）N天之和÷（O－L）N天之和×100

H：当天最高价

L：当天最低价

O：当天开盘价

N：待设定参数，缺省值26日

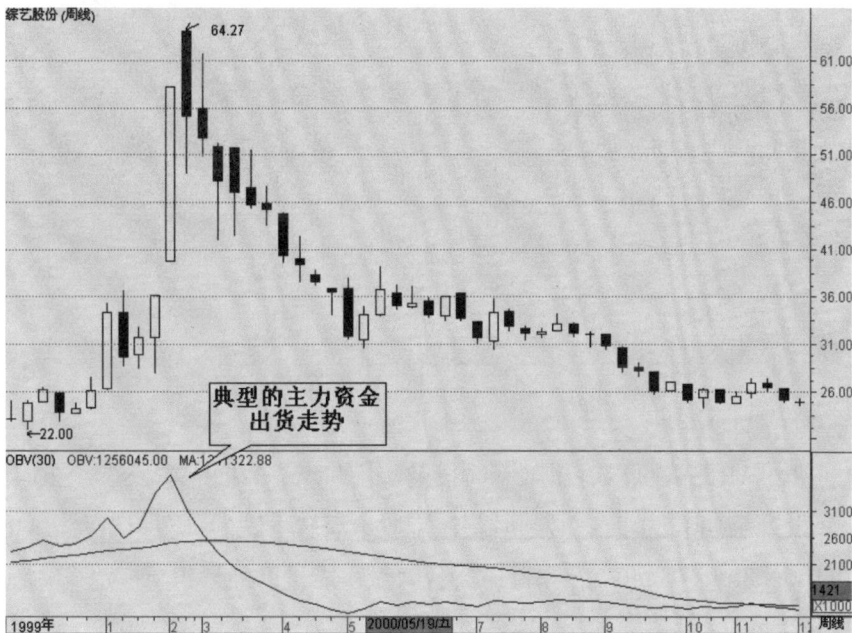

图2-68

AR指标应用法则：

1. 通常AR的走势与股价是同向的，即AR下跌，则大势也跌；

2. 在头部或底部即将形成时，AR往往具有领先的功能；

149

3．AR指标以100为中心，介于80～120之间较为正常，属于盘整行情，股价不会激烈地上升或下降；

4．AR低时表示股市仍在充实气势之中，过低则暗示股价已达低点，在50以下可考虑买入股票（见图2-68）；

5．AR高表示行情很活跃，过度高时表示股价已达到最高的范围，AR指标上升至150以上时，就必须注意股价将进入回档或下跌（见图2-69）。

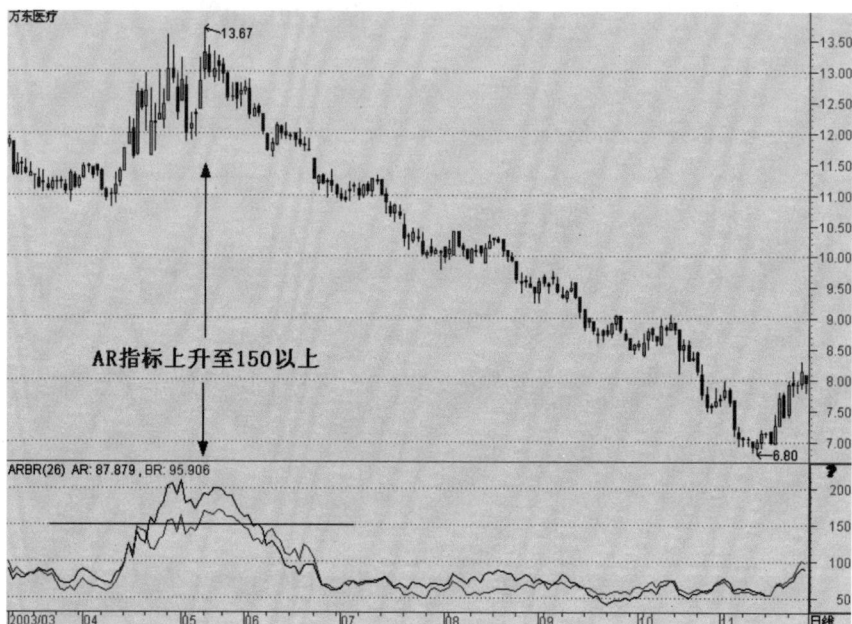

图2-69

6．AR路线可以看出某一时段的买卖气势。AR由60－80－120－150上升至180以上时，必须时刻注意股价反转下跌的机会相当大。AR由100－80－60－40逐步下降时，代表做多能量已经累积至一定成熟程度。

BR意愿指标算法是：最近N日内，若某日的最高价高于前一天的收盘价，将该日最高价与前收的差累加到强势和中，若某日的最低价低于前收，则将前收与该日最低价的差累加到弱势和中。最后用强势和除以弱势和，所得比值放大100。该指标又可称为买卖意愿指标。

计算公式：

BR＝HIGHN÷LOWN×100

参数：N为26天

BR指标应用法则：

1. 通常BR>300为超买区，需注意股价的回档行情。BR<50为超卖区，需注意股价的反弹行情。

2. 其正常区间在70～150之间，属于盘整行情。从正常区外围至超买、超卖区间可视为警戒区。

3. 一般AR可以单独使用，而BR却需与AR配合使用，才能发挥BR的效用。

4. 当AR，BR均急速上升时意味着距股价高峰已近，持股者应获利了结，BR比AR低时，可逢低买进，反之BR急速上升，而AR盘整或小回时，应逢高出货。

5. BR在超过300以上，很容易引发获利回吐的卖压（见图2-70）。

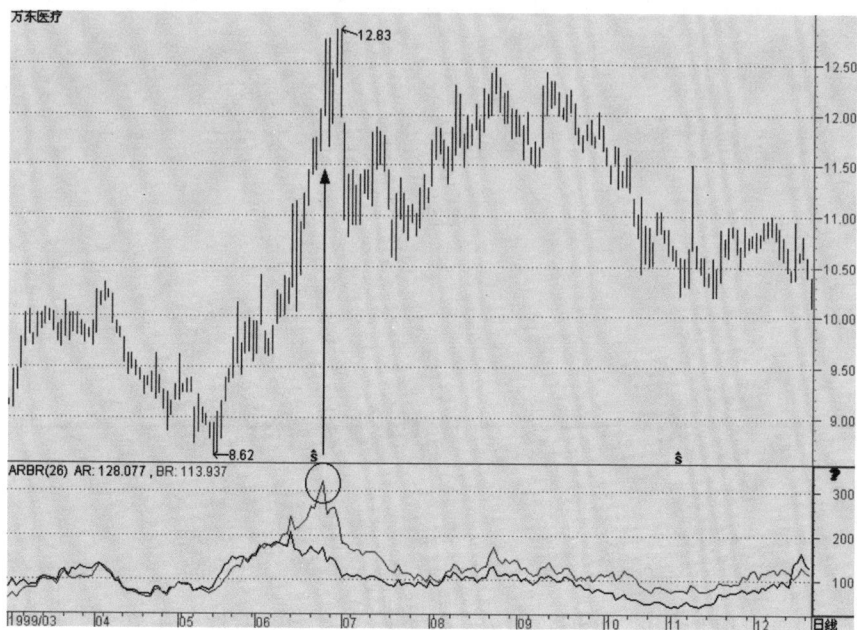

图2-70

6. BR由80－60－40下降至低水平位置，并且持续一段较长时间时，股价正在酝酿底部的可能性相当大。

7．BR先在100附近的均衡状态徘徊，而后开始上升，则由此均衡状态内的低点起算，BR上涨一倍时为获利卖出的好机会。

8．BR由高档下降一半，此时选择股价回挡买进，成功率比较高（见图2-71）。

图2-71

第十一节　平均线指标选股

移动平均线具有趋势的特性，它比较平稳，不像日K线会起起落落地震荡。愈长期的移动平均线，愈能表现稳定的特性，不轻易往上往下，必须等股价涨势真正明朗了，移动平均线才会上扬；移动平均线说到底是一种趋势追踪的工具，便于识别趋势已经终结或者反转，新的趋势是否正在形成。

移动平均线存在一定滞后的效应，经常股价刚开始回落时，移动平均线却还是向上的，等股价跌落显著时，移动平均线才会走下坡。为了弥补这个缺陷，可以设置多条不同计算天数的移动平均线，从不同周期了解股价的总体运行趋势。

以时间的长短划分，移动平均线可分为短期、中期、长期几种，一般短期移动平均线5天与10天；中期有30天、65天；长期则有200天及280天。综合观察长、中、短期移动平均线，可以研判市场的多重倾向。如果三种移动平均线并列上涨，该市场呈多头排列；如果三种移动平均线并列下跌，该市场呈空头排列。

移动平均线具有涨时助涨，跌时助涨的特点。股价从平均线下方向上突破，平均线也开始向上移动，可以看做是多头支撑线，股价回跌至平均线附近，自然会产生支撑力量。短期平均线向上移动速度较快，中长期平均线向上移动速度较慢，但都表示一定时期内平均成本增加，买方力量若强于卖方，股价回跌至平均线附近，便是买进时机，这是平均线的助涨功效。直到股价上升缓慢或回跌，平均线开始减速移动，股价再回至平均线附近，平均线失去助涨效能，将有重返平均线下方的趋势，最好不要买进。

反过来说，股价从平均线上方向下突破，平均线也开始向下方移动，则成为空头阻力线，股价回升至平均线附近，自然产生阻力。因此，在平均线往下走，股价回升到平均线附近便是卖出时机，平均线此时有助跌作用。直到股价下跌缓慢或回升，平均线开始减速移动，股价若是再与平均线接近，平均线便失去助跌意义，将有重返平均线上方的趋向，不用急于卖出。

计算方法：

N日移动平均线＝N日收市价之和÷N

因为需要设置多条移动平均线，参数分别为：N1、N2、N3、N4，设置为5日、10日、20日、60日。

应用法则重点参考著名的葛蓝碧法则：

1. 平均线从下降逐渐走平，而股价从平均线的下方突破平均线时是为买进信号（见图2-72）。

图2-72

2. 股价连续上升远离平均线之上，股价突然下跌，但未跌破上升的平均线，股价又再度上升时，可以加码买进（见图2-73）。

3. 股价虽一时跌至平均线之下，但平均线仍在上扬且股价不久马上又恢复到平均线之上时，仍为买进信号（见图2-74）。

4. 股价跌破平均线之下，突然连续暴跌，远离平均线时，很可能再向平均线弹升，这也是买进信号（见图2-75）。

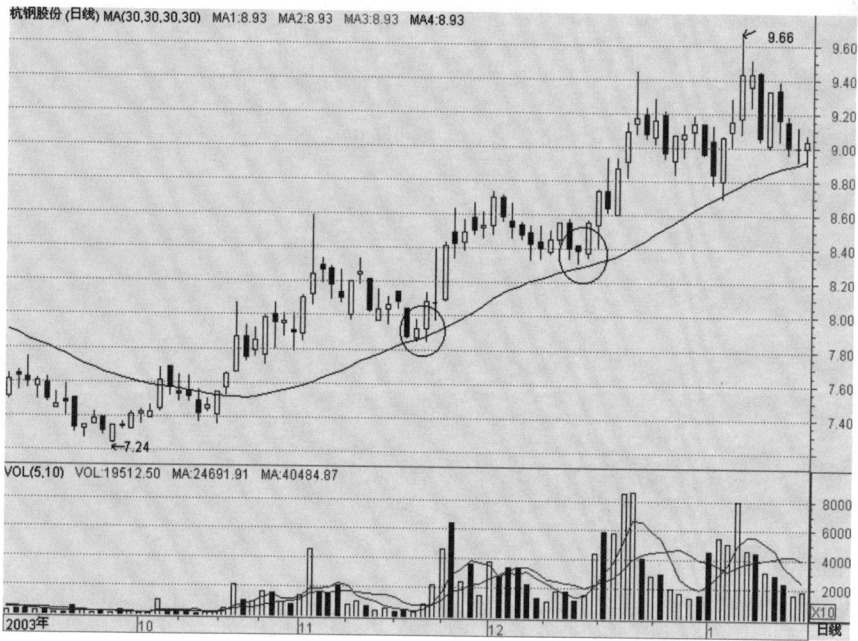

图2-73

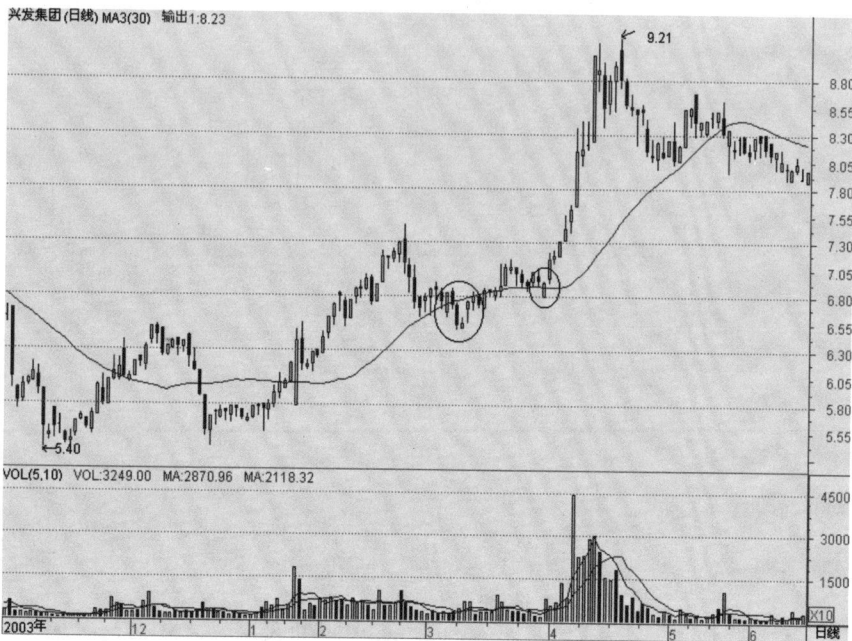

图2-74

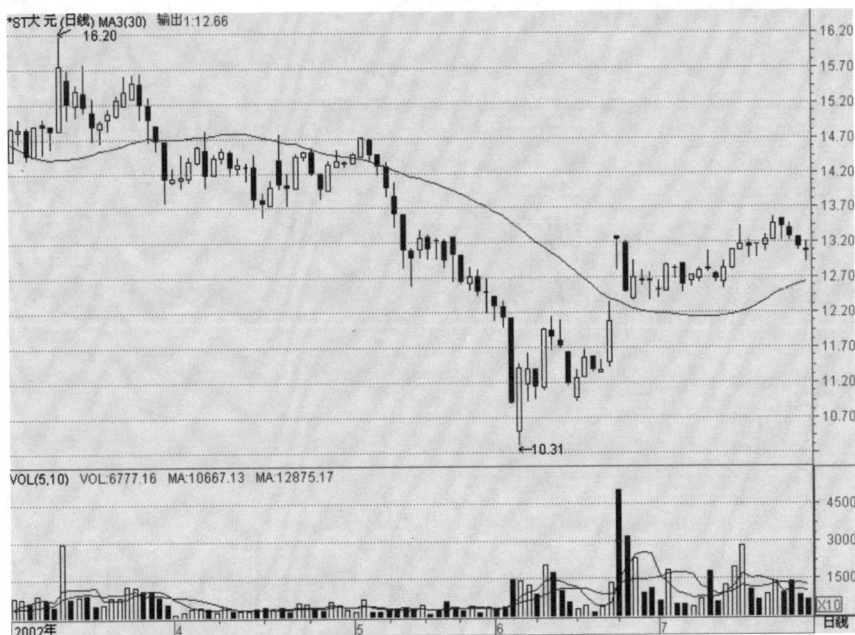

图2-75

图2-76

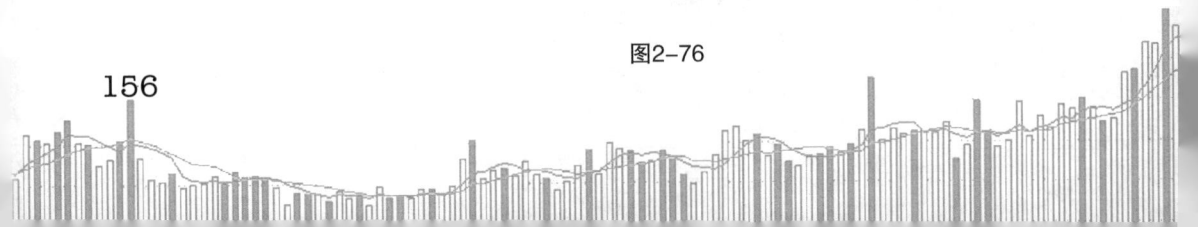

5．股价急速上升远超过上升的平均线时，将出现短线的回跌，再趋向于平均线，这是卖出信号（见图2-76）。

6．平均线走势从上升逐渐走平转弯下跌，而股价从平均线的上方，往下跌破平均线时，应是卖出信号（见图2-77）。

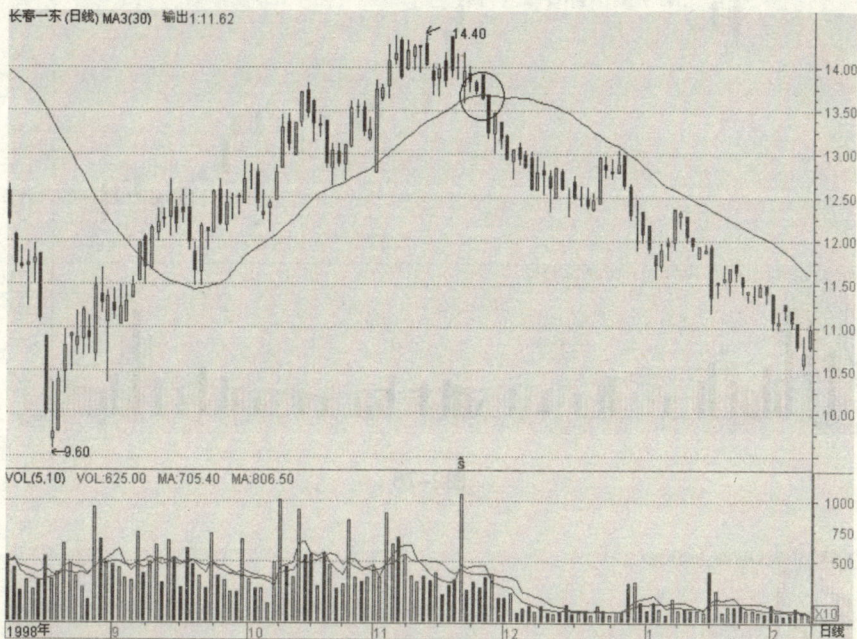

图2-77

7．股价跌落至平均线之下，然后向平均线弹升，但未突破平均线即又告回落，仍是卖出信号（见图2-78）。

8．下跌趋势中，股价虽上升突破平均线，但立刻又恢复到平均线之下而此时平均线又继续下跌，则是卖出信号（见图2-79）。

注意要点：

1．移动平均线以EXPMA、VMA相互配合使用，可以更加准确研判行情。

2．两条以上平均线向上交叉时，适宜买进。两条以上平均线向下交叉时，适宜卖出（见图2-80）。

图2-78

图2-79

图2-80

第十二节　平滑异同平均指标选股

　　平滑异同移动平均线，简称MACD，是美国所创的技术分析工具。
MACD吸收了移动平均线的优点。运用移动平均线判断买卖时机，在趋
势明显时收效很大，但如果碰上牛皮盘整的行情，所发出的信号频繁而
不准确。根据移动平均线原理所发展出来的MACD，一来克服了移动平
均线假信号频繁的缺陷，二来能确保移动平均线最大的战果。

　　MACD是计算两条不同程度（长期与中期）的指数平滑移动平均线
（EMA）的差离状况来作为研判行情的基础。在绘制的图形上，除了绘
制DIF与DEA快慢移动线以外，MACD还要绘制成围绕零轴线波动的柱形
图。

计算方法：

1．首先分别计算出收市价SHORT日指数平滑移动线与LONG日指数平滑移动平均线，分别记为EMA（SHORT）与EMA（LONG）。

2．求这两条指数平滑移动平均线的差，即：

DIF＝EMA（SHORT）－EMA（LONG）

3．再计算DIF的MID日指数平滑移动平均，记为DEA。

4．最后用DIF减DEA，得MACD。

参数SHORT设置为12，LONG设置为26，MID设置为9。

MACD是一个中长期趋势的投资技术工具，DIF与DEA形成了两条快慢移动线，买进卖出信号取决于这两条线的运行趋势和交叉点。

应用法则：

1．DIF与DEA均为正值，即都在零轴线以上时，大势属多头市场；DIF与DEA均为负值，即都在零轴线以下时，大势属空头市场；

2．在0轴之上，当DIF值向下穿过DEA值时为卖出信号（见图2-81）；

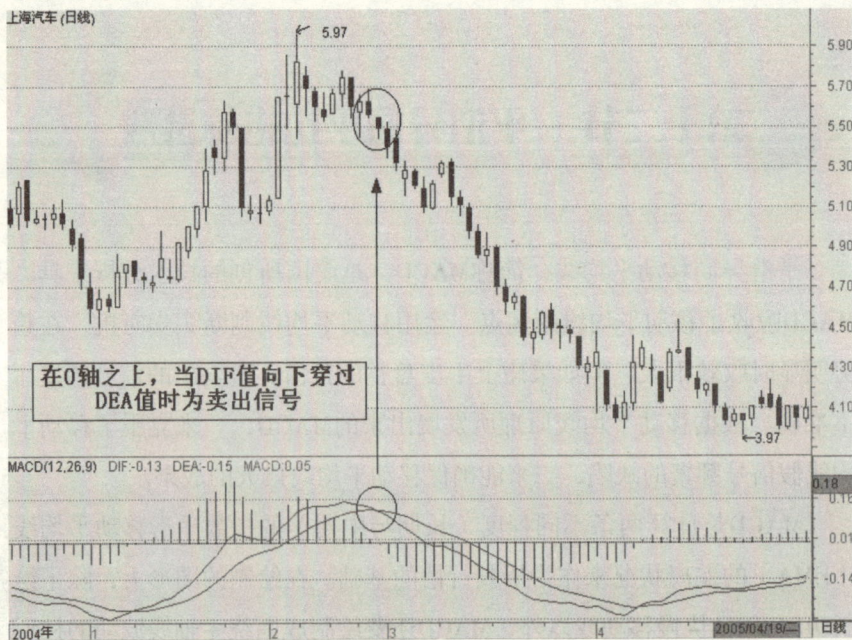

图2-81

3. 在0轴之下，当DIF值向上穿过DEA值时为买入信号（见图 2-82）；

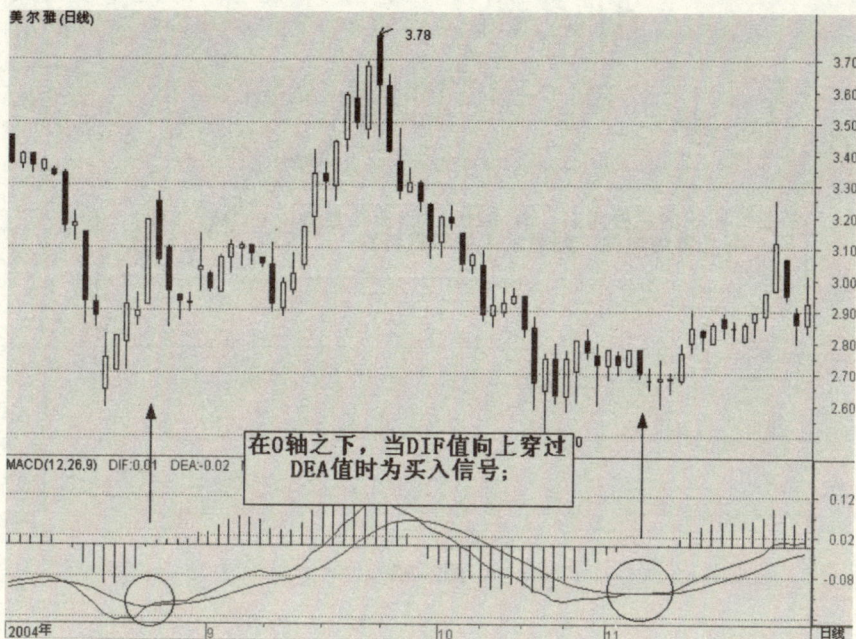

在0轴之下，当DIF值向上穿过 DEA值时为买入信号；

图2-82

4. 背离信号。当股价曲线的走势向上，而DIF、DEA曲线走势与之背道而驰，则表示大势即将转跌的信号；反之，则表示大势将出现好转（见图2-83）；

5. 当DMI中的ADX指示行情处于盘整或者行情幅度太小时，避免采用MACD交易。因为DEA在盘局时，失误率较高，但如果配合RSI与KD，可以适当弥补此缺点。

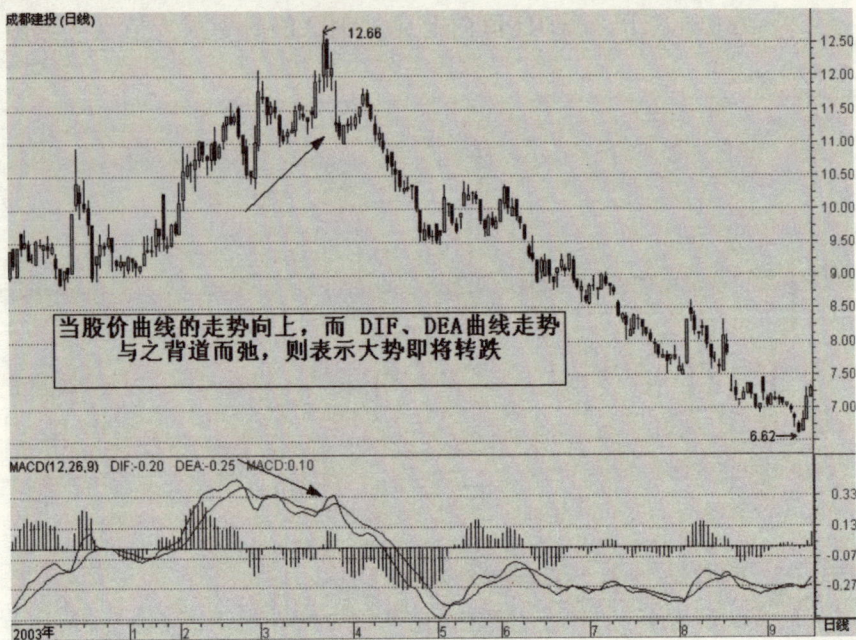

成都建投 (日线)　12.66

当股价曲线的走势向上，而 DIF、DEA曲线走势
与之背道而弛，则表示大势即将转跌

MACD(12,26,9) DIF:-0.20 DEA:-0.25 MACD:0.10

6.62→

图2-83

第一节　圆弧形

圆弧形分为圆弧底和圆弧顶两种形态。

一、圆弧底反转形态

圆弧底是指股价位于低价区时，K线的均价连线呈圆弧形的底部形态。这种形态的形成原因，是有部分做多资金正在少量逐级温和建仓造成的，其内涵是股价已经探明阶段性底部的支撑位。它理论上的涨幅通常是最低价到颈线位间涨幅的一倍（见图3-1）。

圆弧底的形态特征

1. 股价处于低价区。

2. 股价变动简单且连续，先是缓缓下滑，而后缓缓上升，K线连线呈圆弧形。

3. 成交量变化与股价变化相同，先是逐步减少，伴随股价回升，成交量也逐步增加，同样呈圆弧形。

4. 耗时较长。

5. "圆弧底"形成末期，股价迅速上扬形成突破，成交量也显著

163

放大，股价涨升迅猛，往往很少回档整理。

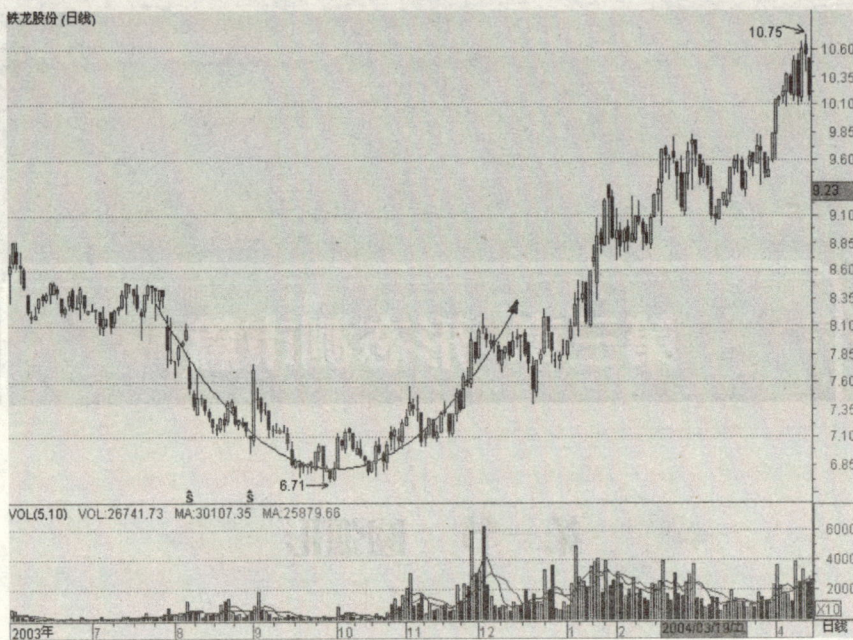

图3-1

圆弧底的形成机理

一般来说，圆弧底形态形成之前，一些主力资金发现了市场未来将有可能具备某种投资价值，此时股价处于一个相对稳定的价格区域内。而为了能吸纳到更多更便宜的筹码，这些主力资金便有计划地利用前期控制的筹码进行刻意地打压，并击穿市场中的重要支撑位置，使市场形成一种空头的气氛。而正是由于重要支撑位的跌破，市场受到止损行为的影响，成交量在形态形成之初出现了剧烈的放大，此时主力并不会有意进行护盘，因此股价也不会出现较大的反弹，反而只是在震荡中市场的重心逐步下移，使投资者越补仓越被套，个股中几乎没有赚钱的机会。在经过相当长的时间来磨灭投资者的信心后，投资者参与投资该股的兴趣逐渐减小，成交量也从开始的放大逐步萎缩。而参与的人越少，股价更是向下寻找底部的位置，正是这种循环导致股价不断下跌，离场的人越来越多。此时主力也已完成了初步的吸纳过程。而当股价调整到一个相对低的位置时，市场中的惜售心理已非常浓厚，股价下跌的动力越来越弱，当成交量开始保持在一个相对稳定的萎缩状态，主力无法再吸纳到更多的筹码，这时候一般意味着一个巨大的升势即将开始，投资者可在成交量放大时做买进动作（见图3-2）。

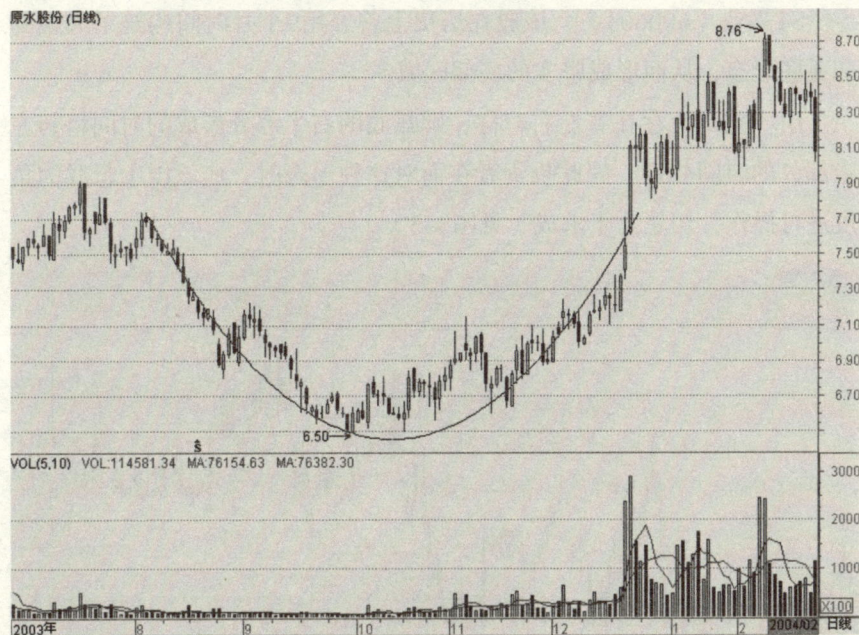

图3-2

圆弧底的种类

按照圆弧底形成时间的长短，圆弧底可以分为用几个月时间形成的长期大型圆弧底；用几周时间形成的中期圆弧底；用几天时间形成的短期圆弧底和在当天的分时线上形成的盘中圆弧底。因为主力资金时间成本的限制，所以，越是形成时间长的圆弧底，可信度越高。因为在绝大多数情况下，主力资金是不愿用过长的时间去构筑一个完整的形态陷阱。

因此，在根据圆弧底实施投资操作时，一般只选择大型的长期圆弧底或中期圆弧底，而对于短期圆弧底，由于变化较快，形态缺乏稳定性，所以，需要少参与或尽量不参与。

165

1．大型圆弧底

K线的技术形态构筑的时间越长，其形态的有效性也就相对越高，大型的圆弧底形态，由于形成所需时间较长，往往具有稳定的投资机会。

ST兴业（600603），该股在历史上曾经用9个月时间构筑了大型的圆弧底形态，从而形成坚实的底部区域。

由于技术上存在着左右对称，圆弧底的右半部分形成的时间将与左半部分的时间相近。因此投资者在面对这种形态时，应该以中长线的角度进行操作，切忌急于求成（见图3-3）。

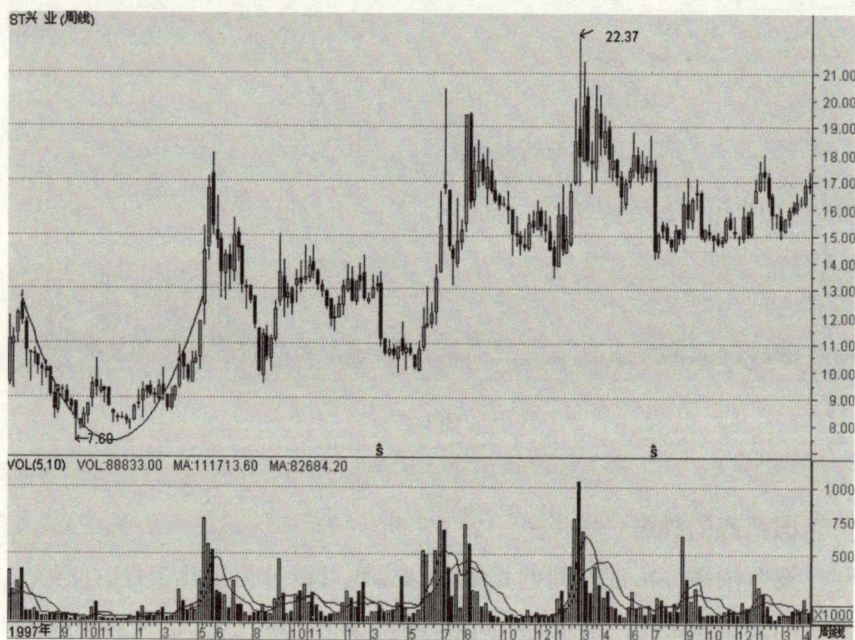

图3-3

2．中期圆弧底

中期圆弧底一般需要用几周的时间形成（见图3-4）。

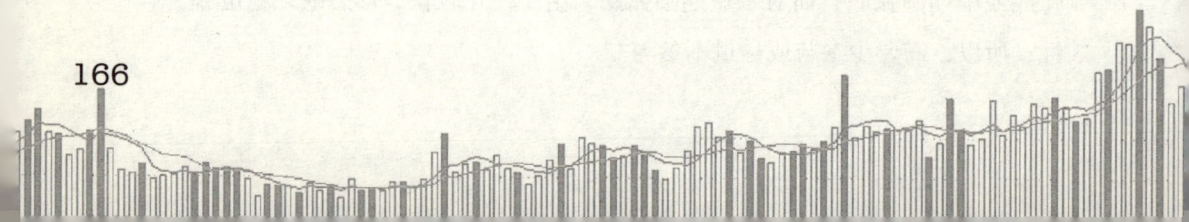

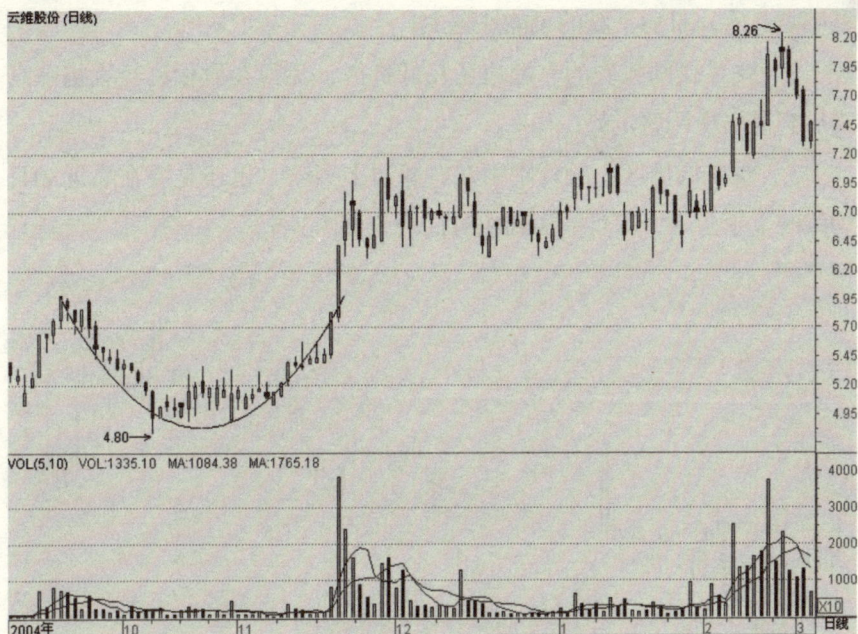

图3-4

圆弧底的最佳买入时机

圆弧底的最佳买入时机是在圆弧底右边往上微微翘起的时候。

历史多次证明，在圆弧底筑成功之后，其股价一般都沿着翘涨的惯性不断地往上冲，直至出现暴涨。在其右边往上翘涨的过程中，一般有好几个交易日，每天的K线不是大涨的长阳线，涨、跌幅也都很小，整体呈现温和上涨、温和放量态势。在此期间，任何价位和任何时刻买进，都是正确的。

这是因为大、中型圆弧底的构筑时间都很长，是在长年累月的走势中形成的，而且大多在行情的最底部，有的甚至是在历史的大底部形成的。并且这个圆弧底是告别最低位后才往上走的，即形成翘边形态的时期。这就排除了有再次大跌的可能性，是风险较小、而机会较大的时期。

在圆弧底的翘边上买入股票，需要注意的要点：

1. 要寻找构筑圆弧底时间相对较长的个股，因为时间越长，底部

167

基础越扎实，日后下跌的可能性越少；

2．要寻找圆弧底的右翘边还在低价区，免得在股价已经大幅涨高以后容易出现调整走势；

3．要在低价区，股价刚刚在右翘边上买入，也还是要在靠近30日均线时下单买入，尽可能买到相对低价（见图3-5）。

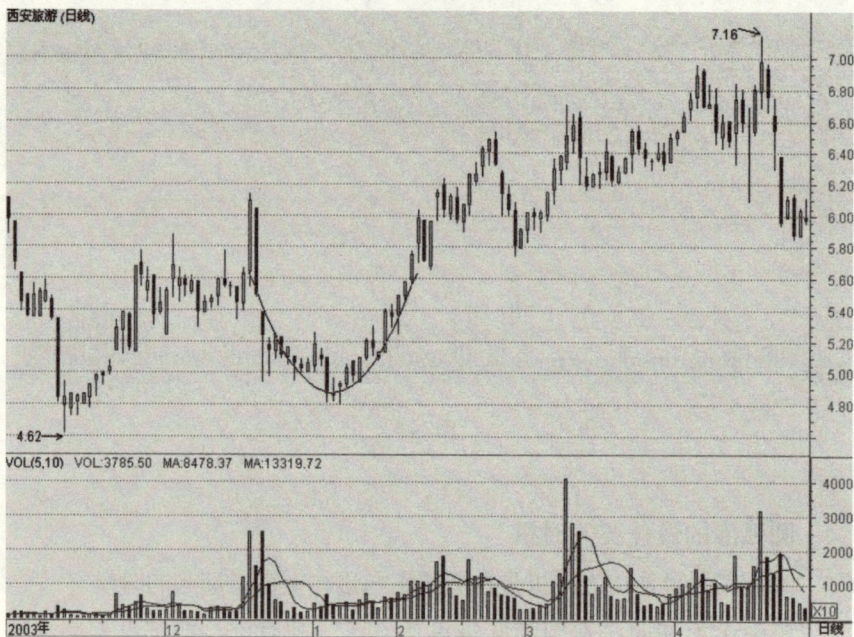

图3-5

二、圆弧顶反转形态

圆弧形又称为圆形、碗形等，图中的曲线不是数学意义上的圆，也不是抛物线，而仅仅是一条曲线。将股价在一段时间内的顶部高点用曲线连起来，得到类似于圆弧的弧线盖在股价之上，称为圆弧顶；圆弧顶形态的走势是由上而下进行的，是市场逐渐转弱的结果（见图3-6）。

图3-6

圆弧顶形成机理

多方在维持一段股价或指数的升势之后，力量逐步趋弱，难以维持原来的购买力，使涨势缓和，而空方力量却有所加强，导致双方力量均衡，此时股价保持平台整理的静止状态。一旦空方力量超过多方，股价开始回落，起初只是慢慢改变，跌势不明显，但后来空方完全控制市场，跌势转急，表明一轮跌势已经来临。圆弧顶往往出现在高价股的出货阶段。

圆弧顶形态形成的初期，市场气氛往往比较乐观，盘面上有时出现巨大而不规则的成交量，圆弧顶的理论目标价格一般只有通过支撑压力，百分比，黄金分割等方法来预测。有时当圆弧顶头部形成后，股价并不马上快速下跌，只是反复横向发展形成徘徊区域，一旦向下突破这个横向区域，股价会加速下跌的趋势。

圆弧顶的应用技巧

圆弧顶常出现于大型蓝筹股中，由于持股者心态稳定，多空双方力量很难出现急剧变化，所以主力在高位慢慢派发，K线形成圆弧。所以，一般在对大盘指标股的操作中常常根据圆弧顶研判卖出时机。圆形顶没有像其他图形有着明显的卖出点，但其一般形态耗时较长，有足够的时间让投资者依照趋势线，重要均线及均线系统卖出（见图3-7）。

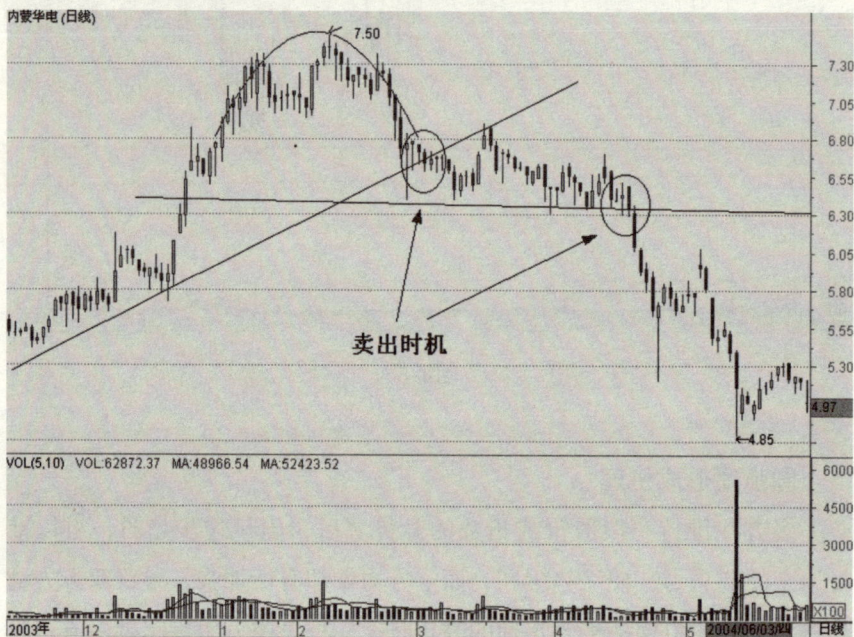

图3-7

圆弧顶对于指数的研判也往往能发挥重要的作用（见图3-8）。

投资者对于形成圆弧顶的大盘及个股，需要密切观察量能变化。在顶部形成过程中，成交量巨大而不规则，常常在股价上升时成交量增加，在上升至顶部时反而显著减少，在股价下滑时，成交量又开始放大（见图3-9）。

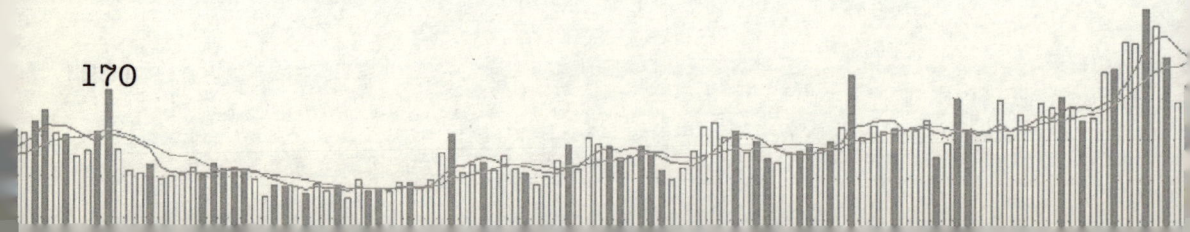

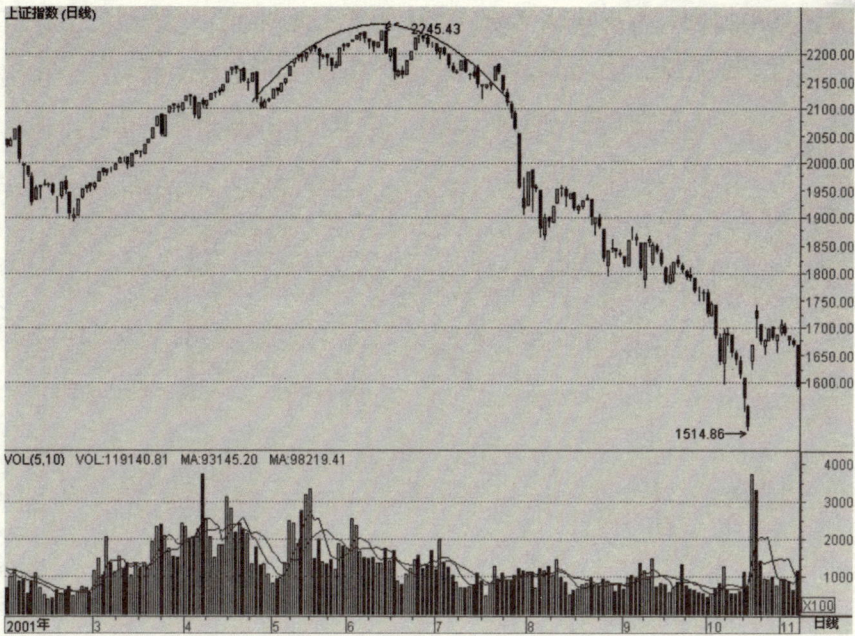

图3-8

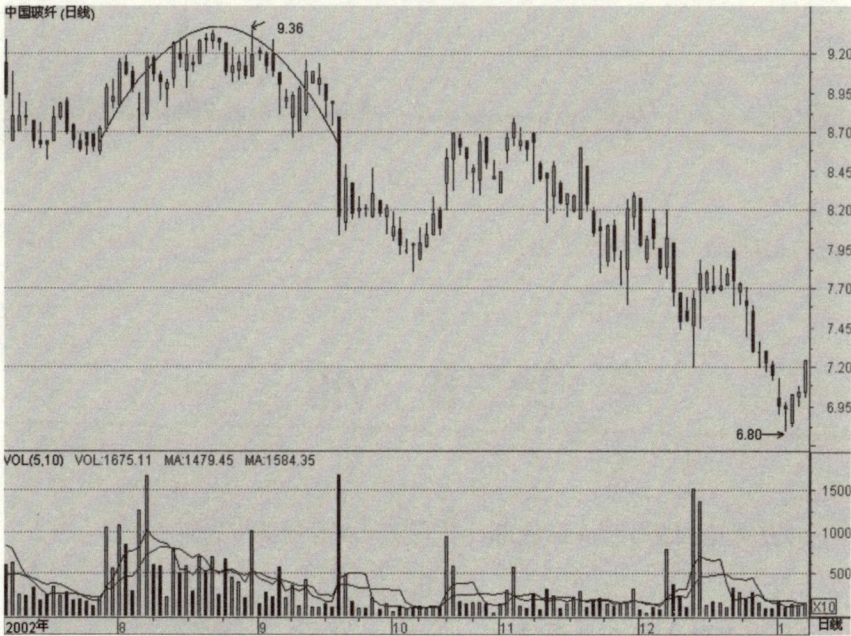

图3-9

在"圆弧顶"末期，股价缓慢盘跌到一定程度，引起持股者恐慌，会使跌幅加剧，常出现跳空缺口或大阴线，此时是一个强烈的出货信号。由于圆弧顶反转的跌幅往往是不可测的，因此需要果断卖出，在操作上投资者应在股价破位的当日离场，当股价回抽后再次破位时，为最后的止损机会（见图3-10）。

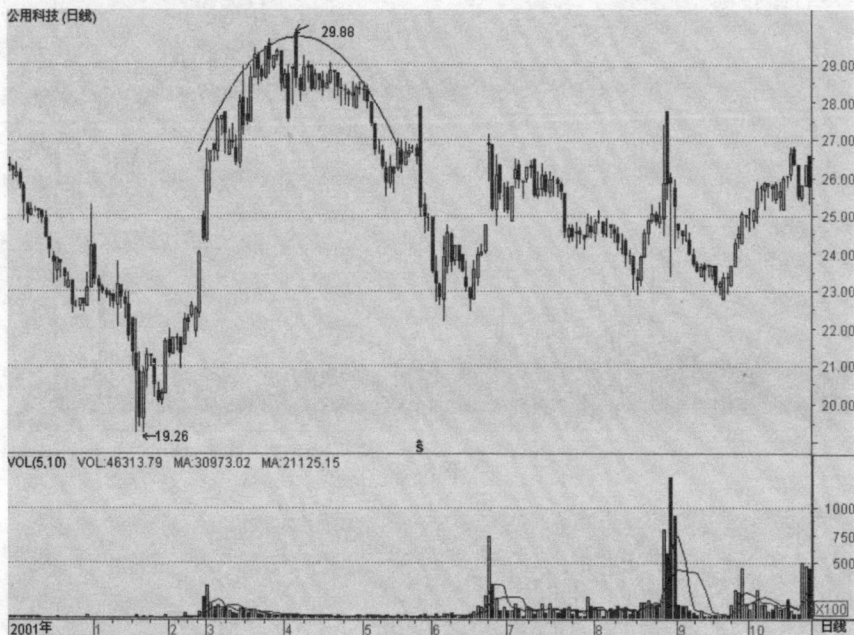

图3-10

第二节　V形

V形形态可以分为V形底部反转形态和V形顶部反转形态。

一、V形底部反转形态

所谓V形底部反转形态，是指股价先一路下跌，随后股价一路攀升，底部为尖底，在图形上就像英文字母V一样；其形成时间最短，是研判最困难、参与风险最大的一种形态。但是这种形态爆发力大，可在短期内赢取暴利。它的产生原因是市场受利空打击或其他意外情况影响造成恐慌性抛售，引起股价超跌，从而产生的报复性反转行情（见图3-11）。

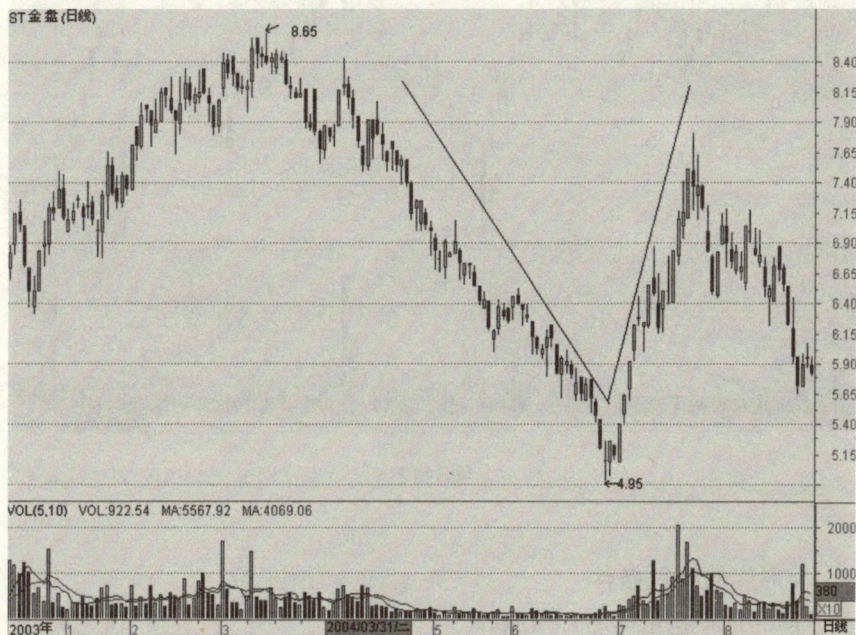

图3-11

V形底的形成机理

股价在下跌趋势中，由于市场看空的气氛使得股价下挫的速度越来越快，最后出现恐慌性杀跌，空头得到极度宣泄之后，股价走势出现了戏剧性的变化，股价触底后便一路上扬，这样就产生了V形走势；股价在上涨趋势中，由于市场看好的气氛使得买盘强劲增多，股价上涨的速度越来越快，最后出现宣泄式暴涨，多头得到极度宣泄之后，便出现了危机，短线客见股价上涨乏力便会反手做空，这种现象越演越烈，股价走势也出现了戏剧性的变化，股价触顶后便一路下跌，这样就产生了倒V形走势（见图3-12）。

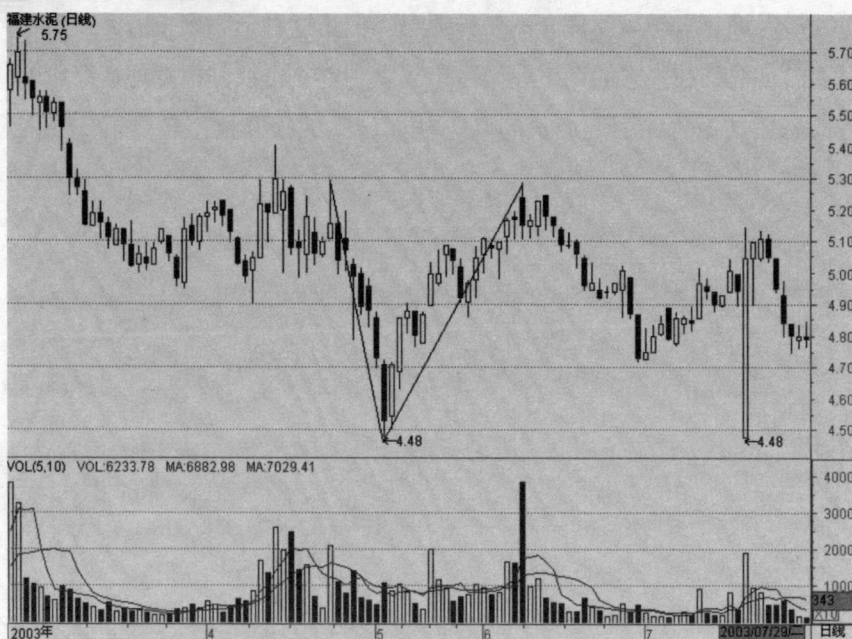

图3-12

V形底的特征条件

1. V型走势可分为三个部分：

①下跌阶段：通常V型的左方跌势十分陡峭，并且持续时间不太长；

②转势点：V型的底部十分尖锐，一般来说形成这转势点的时间仅三两个交易日，而且成交量在低点时特大；

③回升阶段：接着股价从低点回升，成交量亦随之相应增加放大（见图3-13）。

2. V形走势有时会演变为延伸V形走势，股价在突破延伸V形的徘徊区时，必须有增量的配合，可以追买；在跌破倒V形的徘徊区时，则无需增量的配合。

3. V形和倒V形没有明确的量度升幅或跌幅，但往往一般都会回到原来的起点区域（见图3-14）。

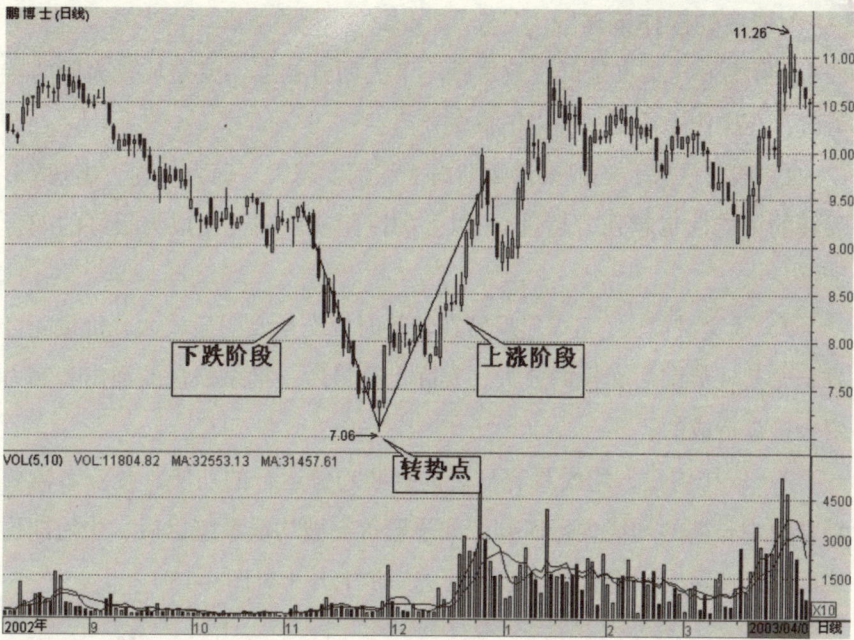

图3-13

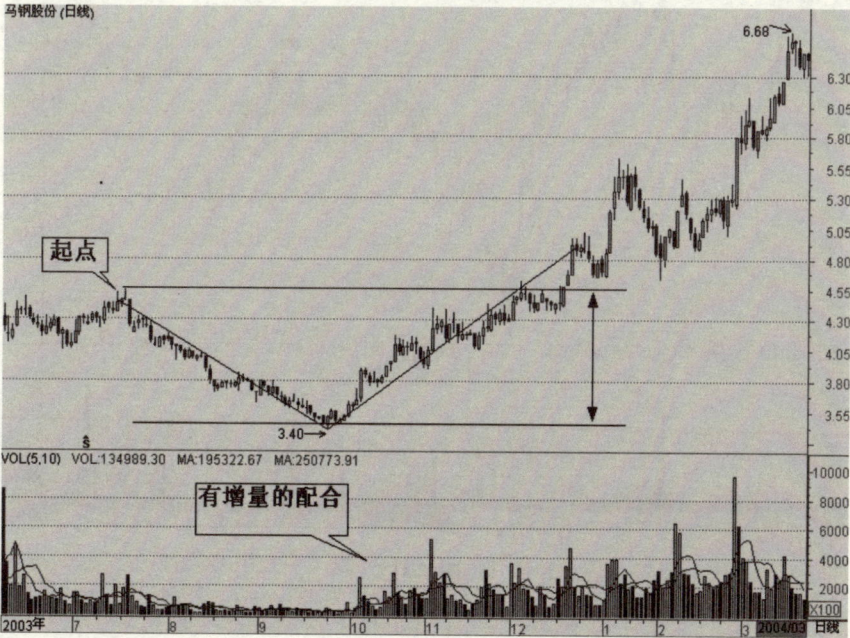

图3-14

V形底的操作策略

V形底最佳买点是低位放量跌不下去回升初期，或是放量大阳的转势时；在操作中需要把握以下投资要点：

1. 股价涨幅，一般来讲短期内上涨幅度越大、动力越强，出现V形反转的可能性也越强，超过4%以上的巨阳或巨阴往往成为很好的配合证据。

2. 成交量放大，正V形反转在转势时成交量要明显放大，价量配合好，尤其转势前后交投的放大，实际上是最后一批杀跌盘的涌出和实力资金接盘造成的；

3. 依托均线，均线具有显著的判断趋势运行的功能，投资者需要结合短中长期的均线进行研判。如果股价突破均线系统以后，中短期均线能够迅速转向，将有利于股价的进一步上升（见图3-15）。

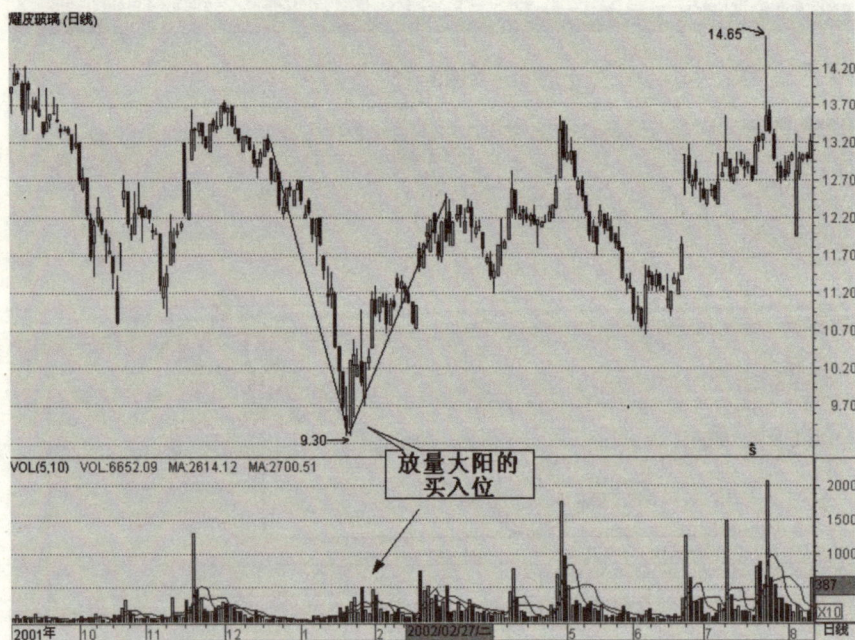

图3-15

V形底在股指中的运用

从历史的角度看，历次的中期底部绝大多数是以尖底形态出现。

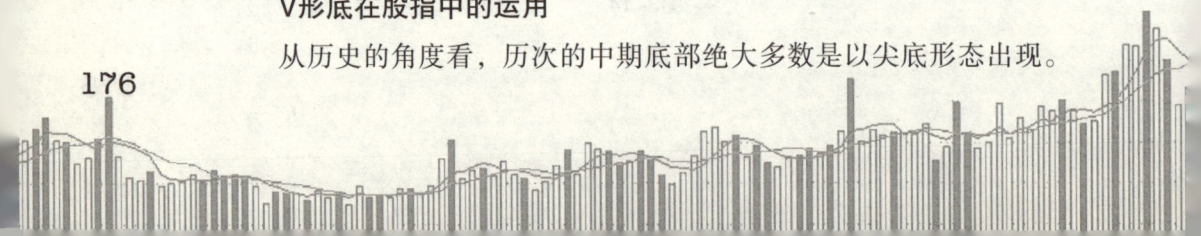

特别是在极度疲弱的熊市中，每次的反转上升行情都是出其不意，在图形上表现为尖底。股市中甚至有"尖底圆顶"的说法，虽然不能一概而论，但这说明了当大盘快速下跌时，往往会形成尖底（见图3-16）。

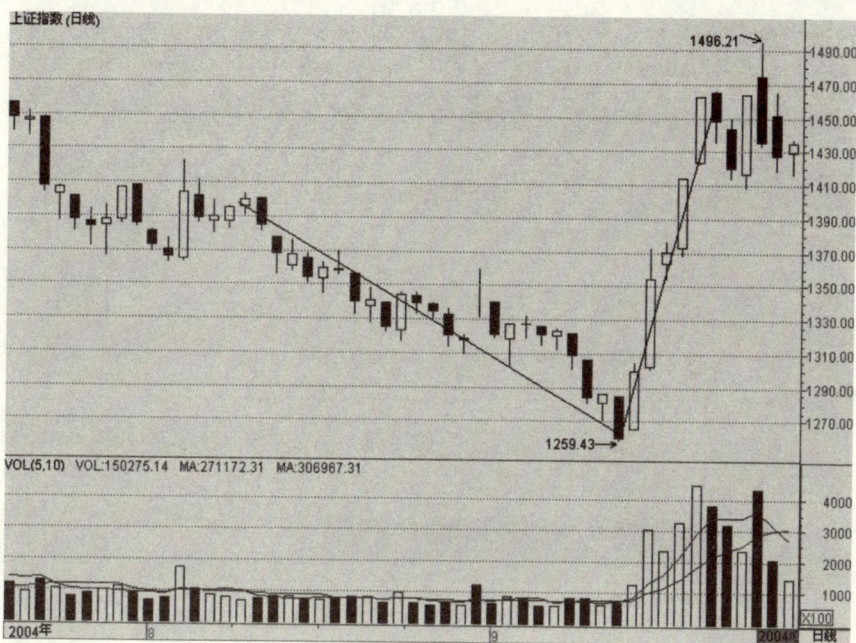

图3-16

二、V形顶部反转形态

尖顶呈现倒V型走势，是指股价先一路上涨，突然呈180度大转变掉头急速下跌，头部为尖顶，在图形上就像倒写的英文字母V。尖顶形态往往是受到消息传闻的影响，或是市场情绪化操作的反应。

尖顶可分为三个部分：通常尖顶的涨势十分猛烈，而且持续一段时间。尖顶的顶部十分尖锐，一般来说形成这转势点的时间仅三两个交易日，而且成交在这高点明显放大。有时候转势点就在涨势末期中出现，接着股价从高点回落（见图3-17）。

尖顶的形成机理

市场看好的情绪使得股价节节攀升，可是突如其来的一个因素扭转了整个趋势，卖方以上升时同样的速度下跌，形成一个倒转V型的轨迹。通常尖顶形态是由一些突如其来的因素造成。

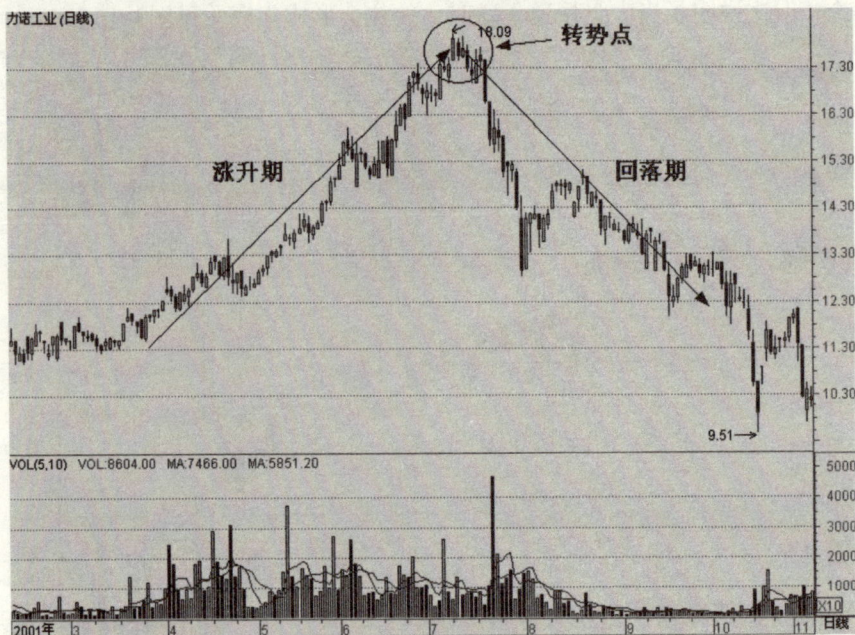

图3-17

尖顶的量能分析

尖顶反转的涨跌期间，对成交量没有强制要求，不过其转势前成交量往往也会暴增，实际上意味着多头力量已成强弩之末，买盘后继无力了；而尖顶走势在转势点必须有明显成交量配合，在图形上形成倒V型，否则容易出现骗线。尖顶一般在连续大幅上涨行情的最后冲刺阶段比较容易出现，有时候，主力资金的最后出货阶段也会出现这种走势，因此，当市场出现尖顶走势时，投资者应该以果断卖出为主（见图3-18）。

尖顶操作策略

尖顶的卖点主要有以下几种：

1. 高位放量却难以继续上涨的时期，卖出（见图3-19）；

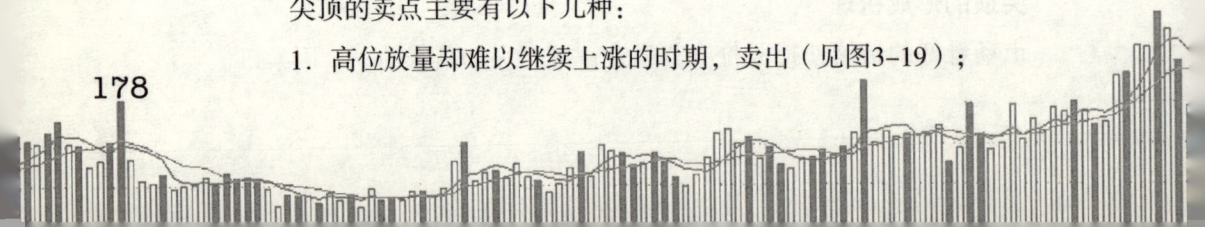

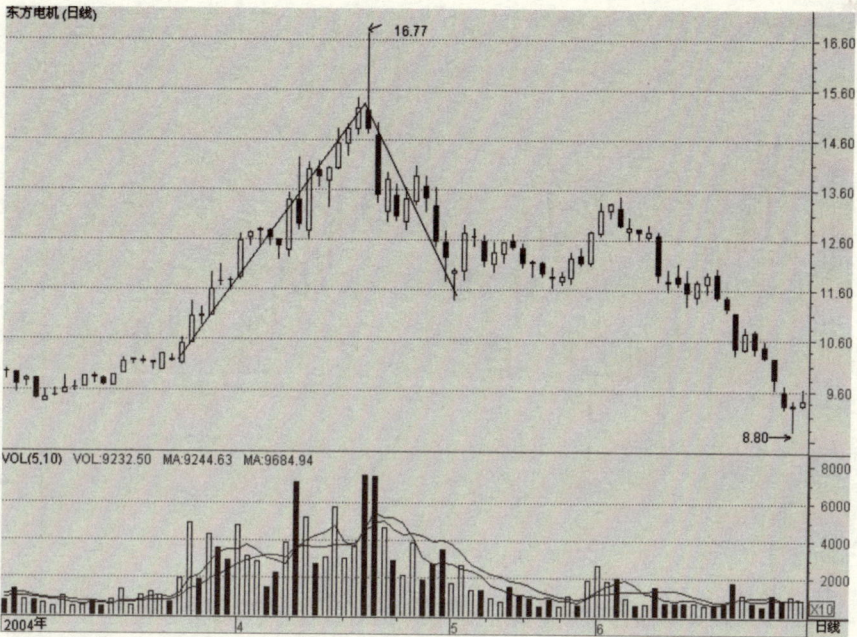

图3-18

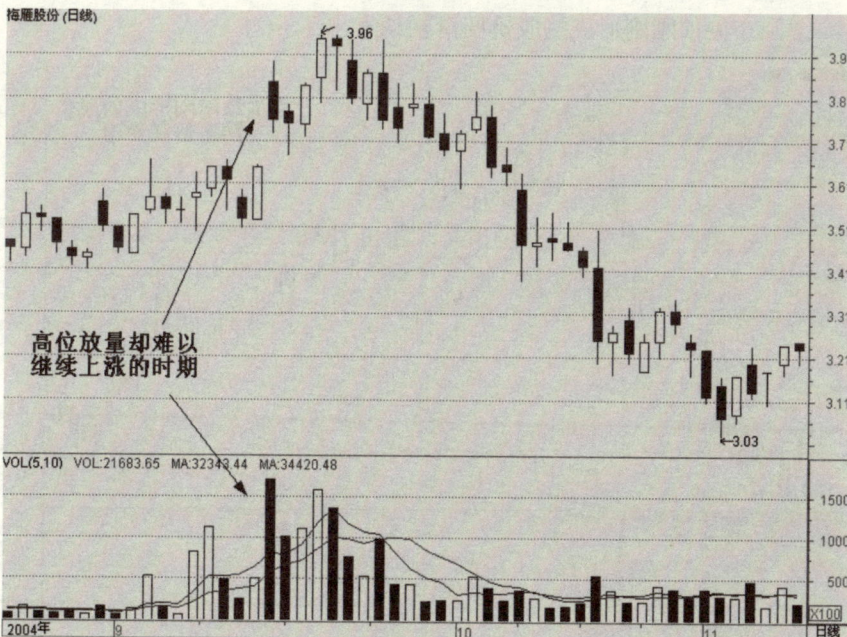

高位放量却难以
继续上涨的时期

图3-19

2. 在高位出现放量大阴线的明显转势信号时，卖出（见图3-20）；

179

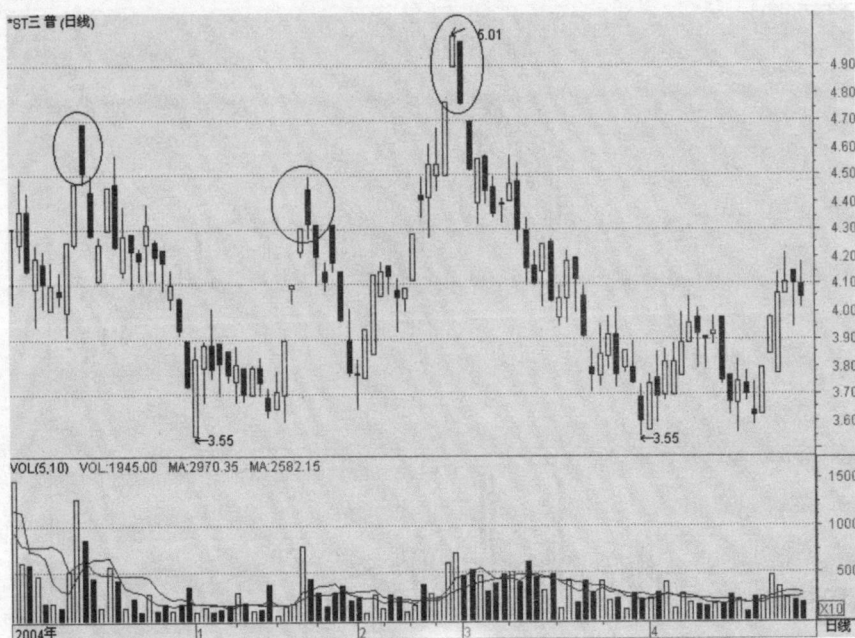

图3-20

3. 在尖顶刚刚形成的股价回落初期卖出（3-21）。

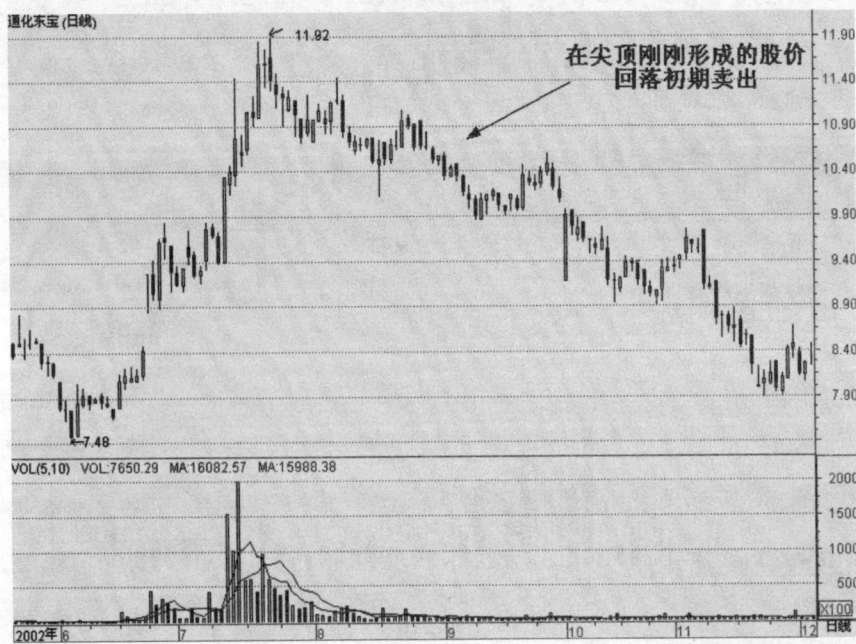

在尖顶刚刚形成的股价
回落初期卖出

图3-21

![arrow]第三节 W形![arrow]

W形可以分为双底反转形态和双顶反转形态。

一、双底反转形态

股价持续下跌一段时间后出现了技术性反弹，但回升时间幅度不太大，然后又出现下跌，当跌到前次低点附近时获得了支撑，令股价再一次回升反转向上，其股价运行的轨迹就像英文字母W一样，此形态又称W形底。是一种较为可靠的反转形态。对这种形态的研判重点是股价在走右边的底部时，需要观察技术指标是否会出现背离特征。如果，技术指标不产生背离，W形底就可能向其他形态转化，如：多重底。即使W形底最终成立，其上攻动能也会较弱（见图3-22）。

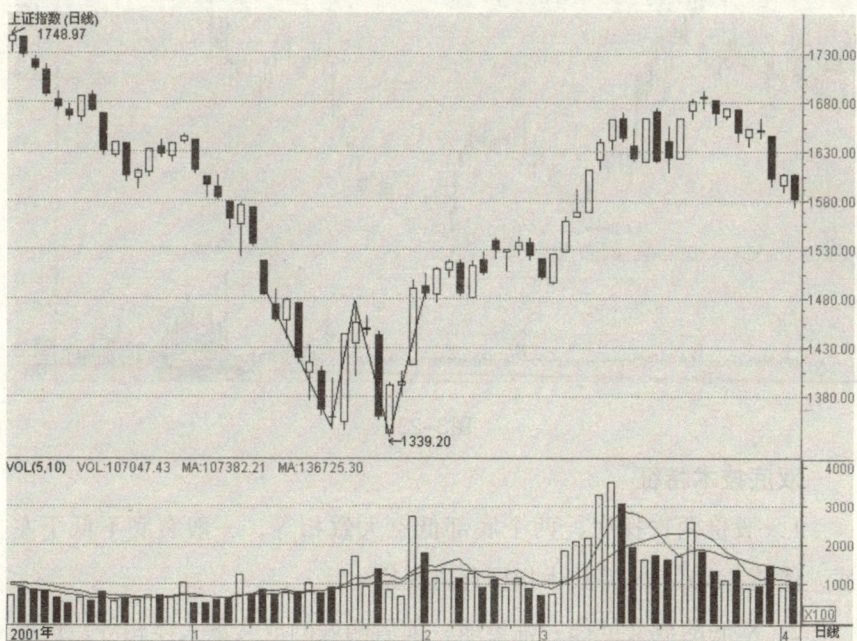

图3-22

双底形成机理

股价持续的下跌令持股的投资者觉得价太低而惜售，而另一些的投资者则因为新低价的吸引尝试买入，加之前期做空者也在低位回补，于是股价开始呈现回升，当上升至某水平时，短线投机买入者出现获利回吐，那些在跌市中持货的亦趁回升时沽出，因此股价出现再一次下挫，但对后市充满信心的投资者，觉得他们错过了上次低点买入的良机，所以这次股价回落到上次低点时便立即跟进，当愈来愈多的投资者买入时，求多供少的力量便推动股价扬升，而且还突破上次回升的高点（即颈线），扭转了过去下跌的趋势，新的上升开始了（见图3-23）。

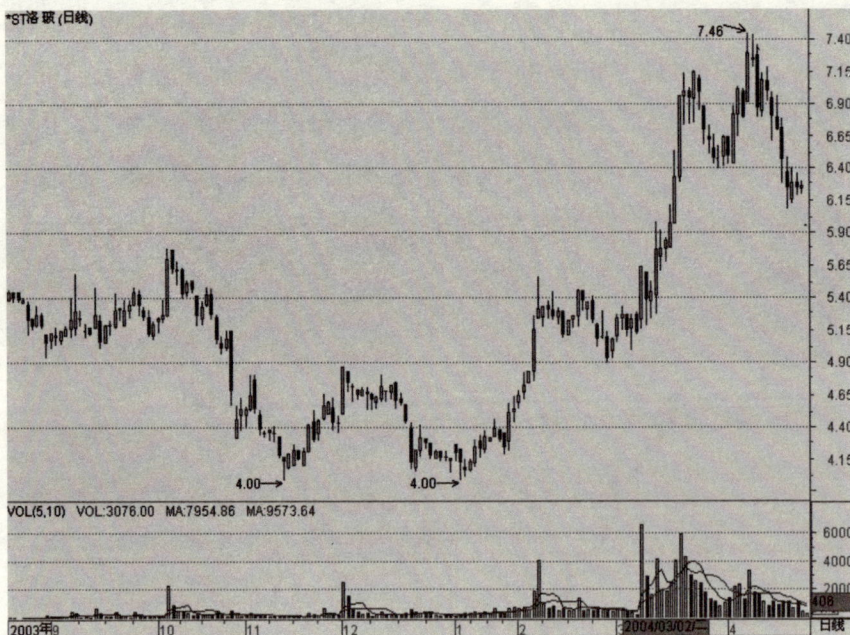

图3-23

双底技术特征

1. 股价两次探底，两个底部低点大致相等，一般右底不低于左底，伴随者KD，RSI等技术指标背离现象；

2. 双底的成交量都大幅萎缩，前后两底的成交量大体相等，但左底量明显大于右底时，则双底形态不会真正成立（见图3-24）；

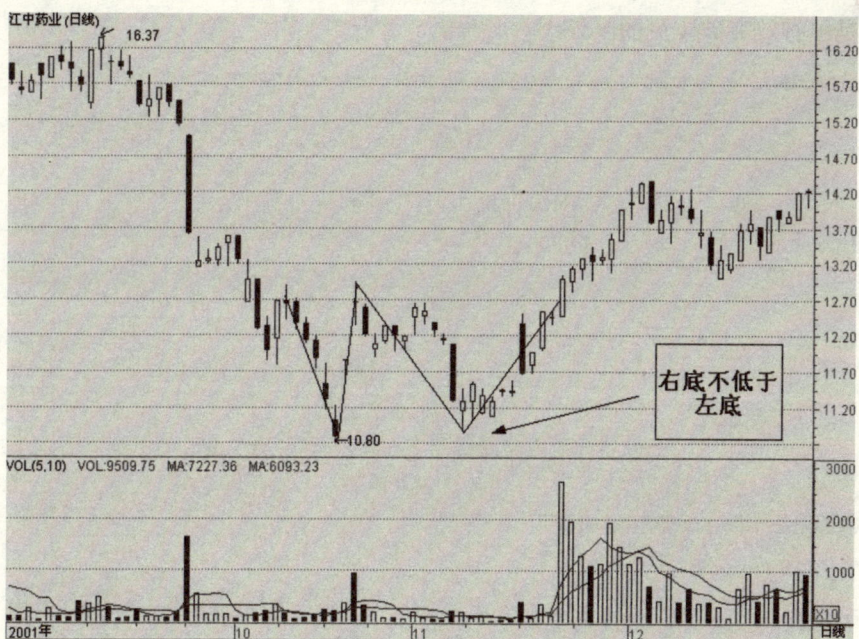

图3-24

3. 上破颈线时成交量必须及时放大，往往一大阳线完成突破，突破之后常常右回抽，在颈线水平或30均线处止跌回升，从而确认突破有效；

4. 双底不一定都是反转信号，如果两个底出现的时间非常近，有时也会是整理形态；一般来说，双底的实际升幅都较量度目标的最少升幅大（见图3-25）。

双底操作策略

最佳的买点为突破颈线时和突破后回抽颈线或30日均线回升时。其中判别颈线位的有效突破非常重要，投资者可以参考三个因素：

1. 突破颈线以后，在颈线之上能够站稳的时间，通常为2、3天就可以认为颈线位是被有效突破了。

2. 突破颈线以后，设定某个比例值1%或者3%，一旦在颈线位的基础上超过了这一比例，就可以认为是有效突破。

3. 突破颈线以后，当股价回抽不能跌穿颈线位就可以认为颈线位是被有效突破（见图3-26）。

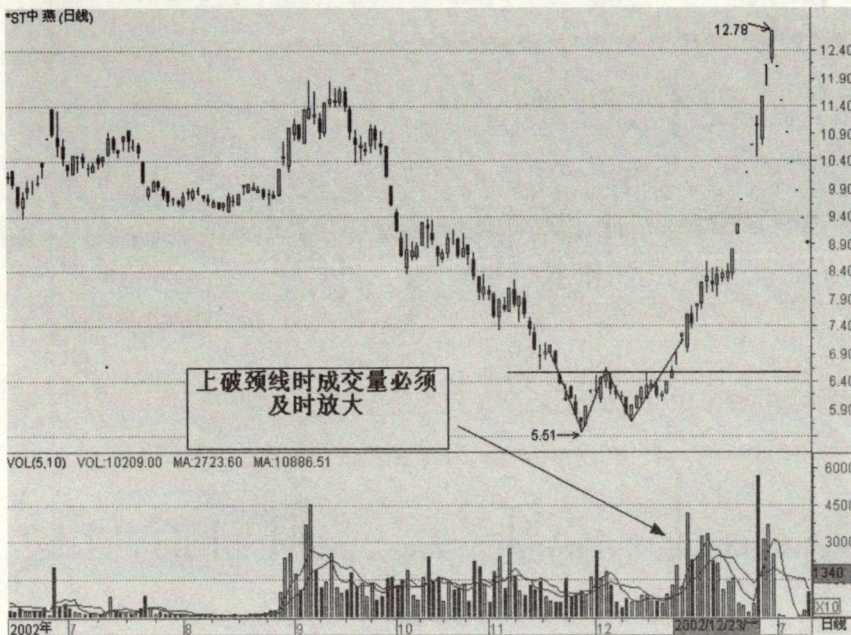

图3-25

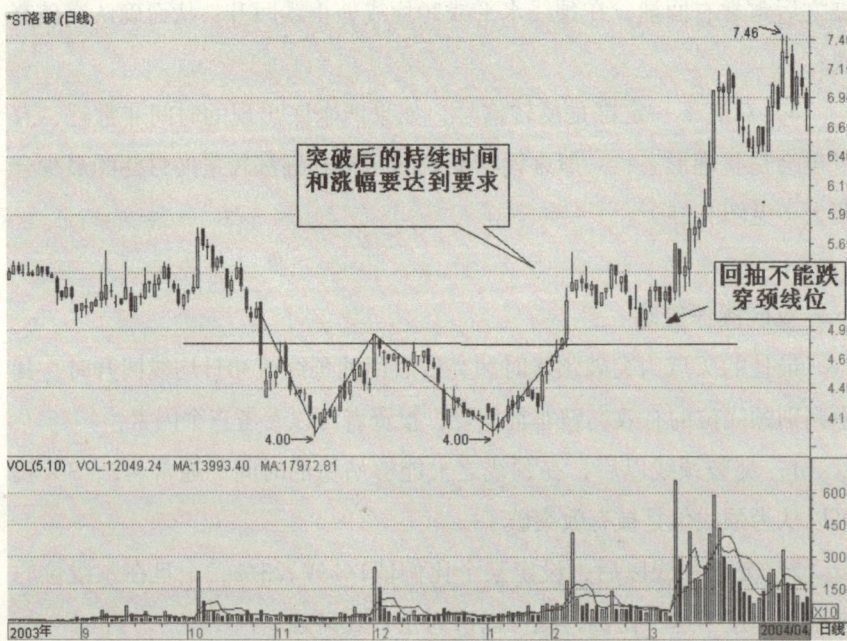

图3-26

二、双顶反转形态

双顶是形状类似于英文字母M，又称为M头和双重顶。M头的两个高点并不一定在同一水平上，第二个头可能比第一个头要高，相差一些是可以接受的。左边高点位置是成交量较大的区域，而后下跌的成交量将萎缩，待股价回升时，成交量会增加，但无法超越左边高点的成交量。右边高点成交量无法超越左边高点时，将形成明显的价量背离，股价自然下跌（见图3-27）。

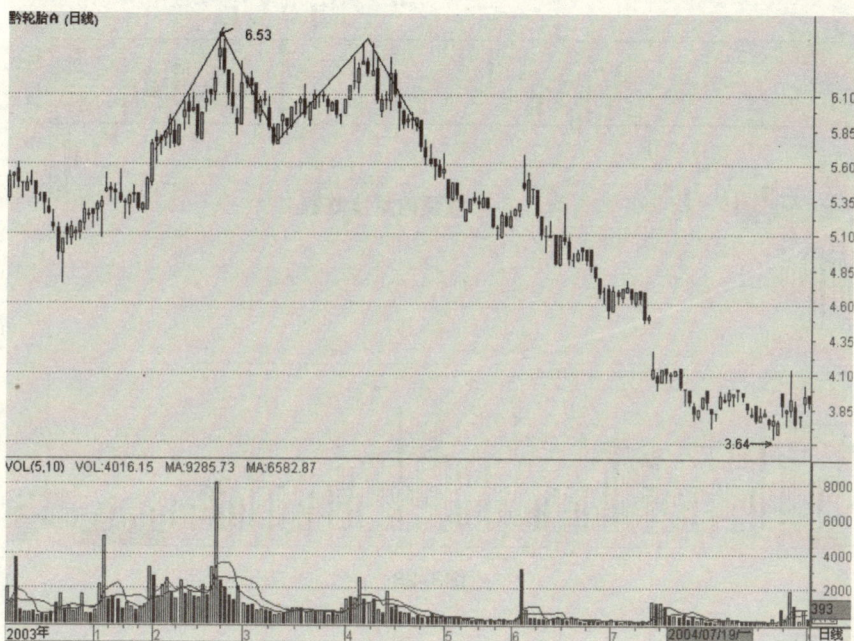

图3-27

双顶的形成机理

起初，股价表现强劲，迅速上升到某一价格水平，随后又因为遭遇抛盘打压而出现一定程度的回落。但是，股价的调整，被一些看好该股，并积极准备买进的投资者视为一种买进时机。股价接着伴随着增量资金的增加又重新上涨到与前面顶部价格同一水平处，但这时成交量的增加没有第一个峰处多，并很快转入第二次回落，并形成一轮较有力度

185

的破位行情。

双顶的量度跌幅

M头表示股价的升势已终结,其量度跌幅是由颈线开始计起,理论上的下跌距离等于从M头最高点至颈线之间的差价距离,但实际跌幅往往会超过量度跌幅(见图3-28)。

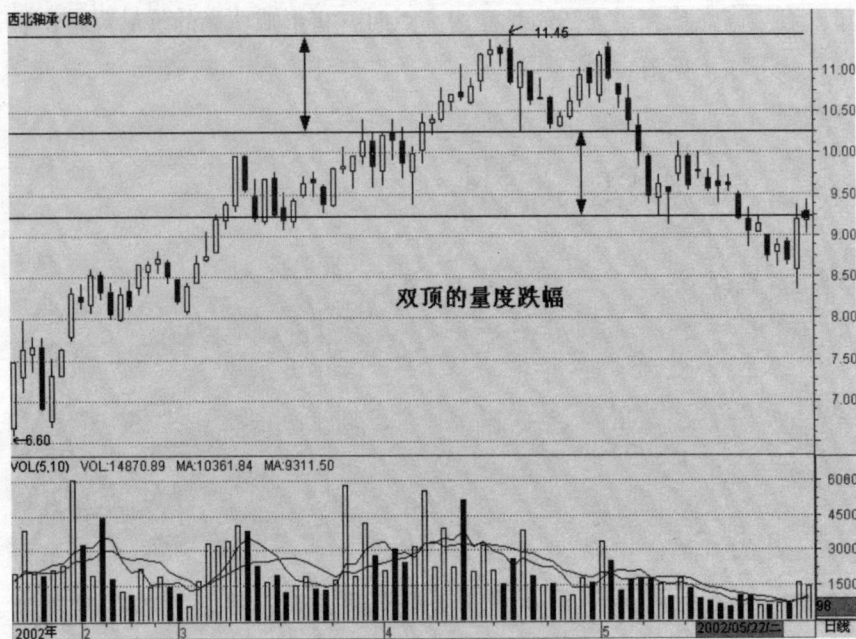

图3-28

双顶的应对策略

股价跌破颈线时,投资者要果断卖出。在卖出的方法上有以下几种:

1．当股价在大幅涨高之后,在走向第二个顶部时,如果出现技术指标的明显顶背离,需要果断卖出(见图3-29);

2．当股价跌破双顶的颈线位时,是双顶形态第二个重要的卖出时机(见图3-30);

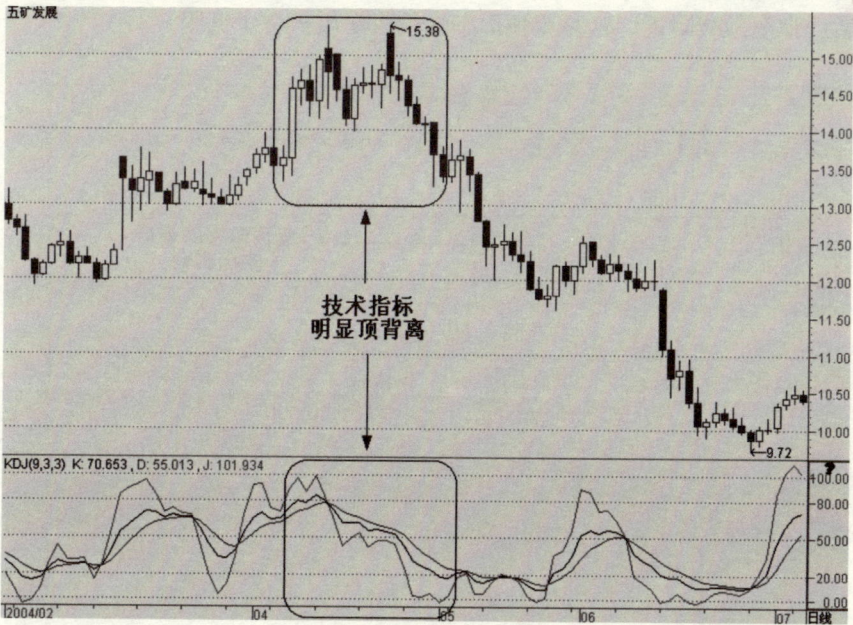

图3-29

图3-30

3．颈线在跌破之后将由支撑变成压力，股价随后会出现回抽，短暂反弹至颈线附近，这是双顶形态的最后卖出机会（见图3-31）。

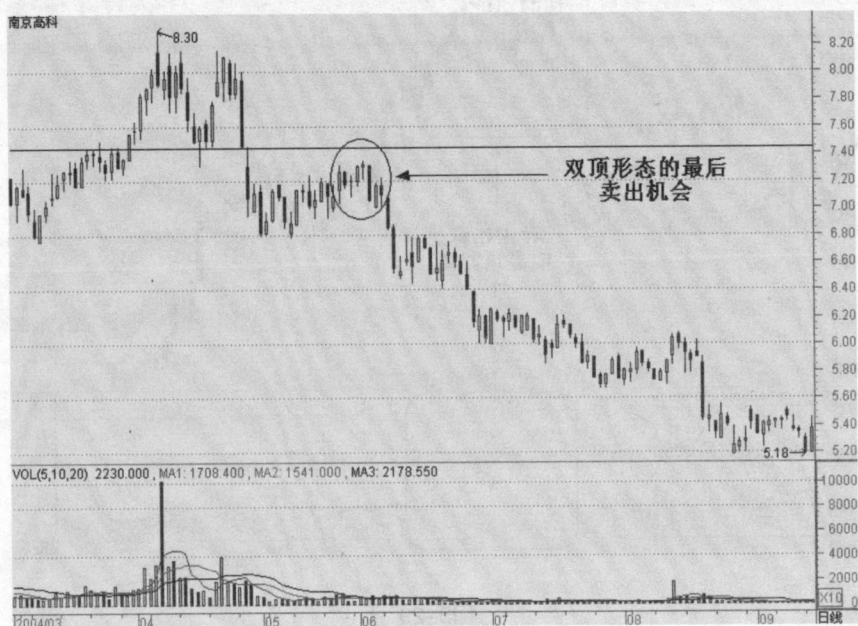

图3-31

第四节　头肩形

一、头肩底投资技巧

其形状呈现三个明显的低谷，其中间的低谷比其他两个低谷的低位更低。对头肩底的研判重点是成交量和颈线，成交量要处于温和放大状态，右肩的量要明显大于左肩的量。当在有量配合的基础上，股价成功突破颈线，则是该形态的最佳买点（见图3-32）。

图3-32

头肩底形态的形成过程

头肩底形态整个形成过程分成三个步骤：一般在形成初期是经过长期的下跌之后，股价出现一定的止跌迹象，成交量开始相应减少，接下来的时间股价维持在一定区间内震荡，但成交量与止跌时相比，没有明显的变化，表明市场在不明朗情况下的谨慎观望心态，这样就形成了图形上的"左肩"。其后，股价在空方的最后打压下再次下跌，并且创出近期的新低，而其成交量在这过程中也有一定的增加，但随着廉价的市场价格和成交量的不断放大，买方力量逐步增强，股价一口气回升至"左肩"价位附近，图形上出现了"头部"的形态；从成交量上观察，这段时间的量一定要大于形成"左肩"的成交量。到了这个时候，由于市场在短时间内形成了一定的获利盘和前期下跌时所形成的解套盘的双重压力，股价在这个位置又维持着震荡调整的走势，而且谨慎观望形态又开始出现，成交量明显萎缩（见图3-33）。

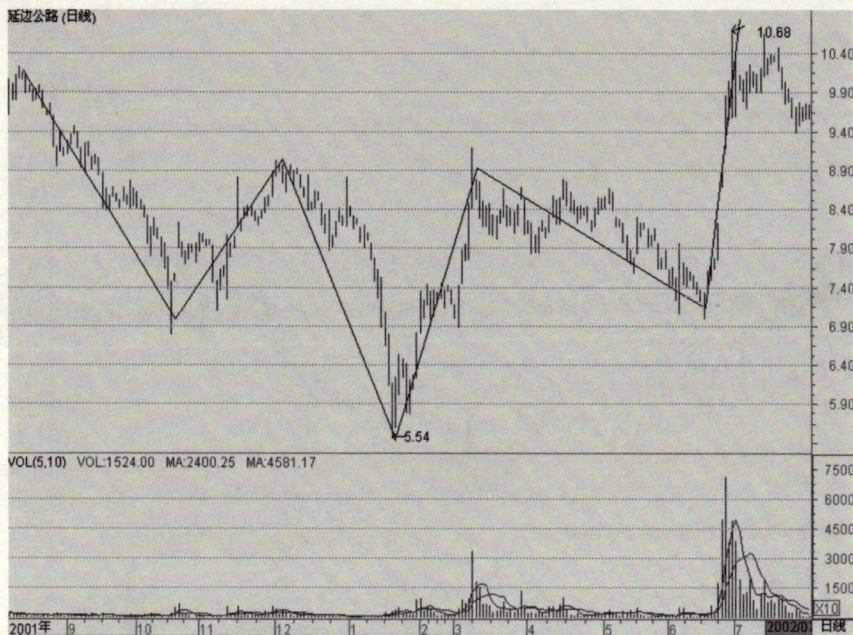

图3-33

头肩底形态的投资策略

运用头肩底反转突破形态，可以依据颈线和均线来确定买点。当股价向上突破颈线的时候，是最佳的介入时机。另一种投资时机在于股价突破颈线位之后，如果股价调整接近颈线位和30日均线位时，能够受到这两个技术位的较强支撑，就可以果断买进（见图3-34）。

头肩底形态的理论升幅

头肩底形态理论升幅应该在该股票的底到颈线的垂直距离以上（见图3-35）。

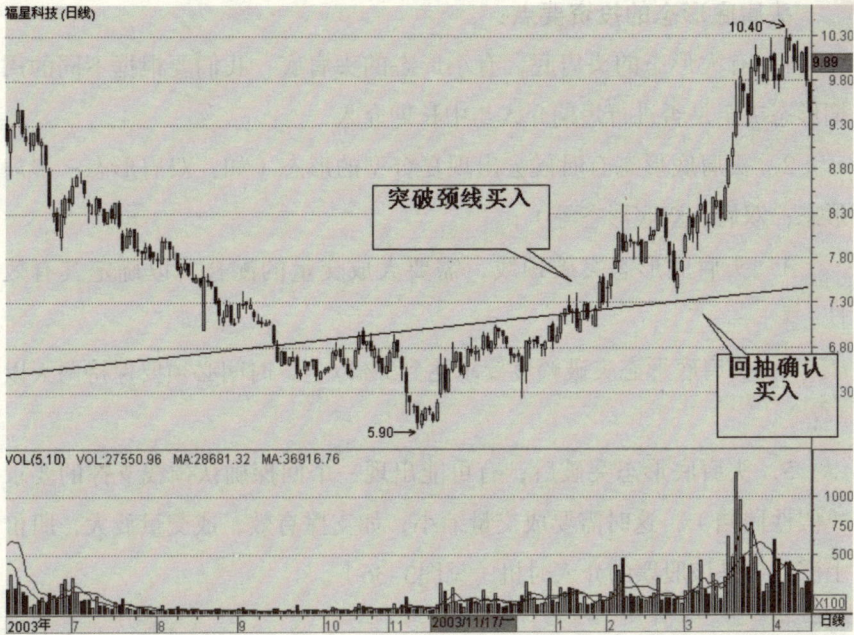

图3-34

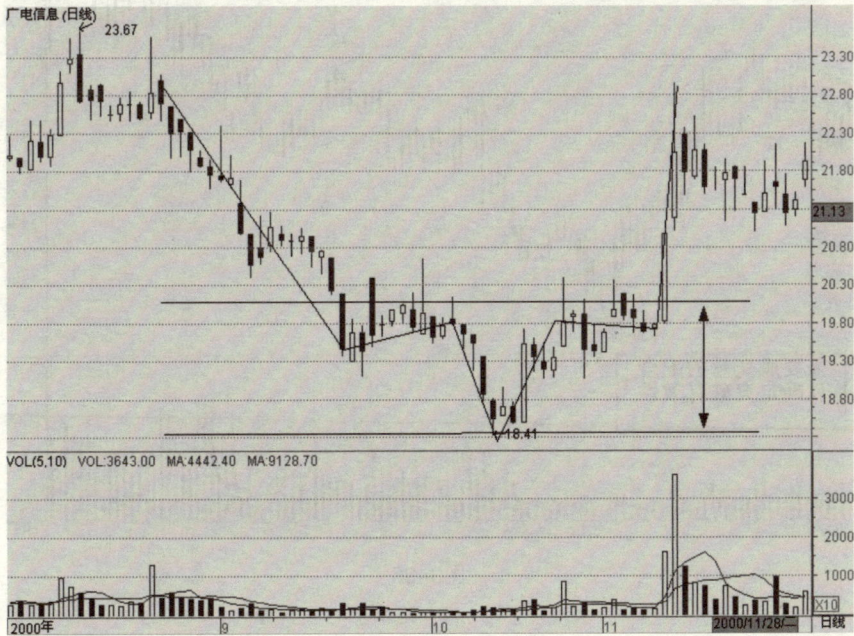

图3-35

头肩底形态的投资要点：

1. 有大形态的头肩底，有小形态的头肩底，我们要根据不同的周期形态决定是否进行短期介入与中长期介入；

2. 头肩底形态有时候会出现复合型的形态（如：双肩形态；多肩形态；双肩、双底形态等）；

3. 头肩底形态突破颈线，需要大成交量的配合，以确定其有效性；

4. 头肩底形态突破幅度要求达到3%以上，时间必须要保持两天以上；

5. 头肩底形态突破后，有可能出现一个回探确认颈线支撑的要求（假性回档），这时需要成交量缩小，如支撑有效，成交量放大，股价上涨，也是该股票的介入时机（见图3-36）。

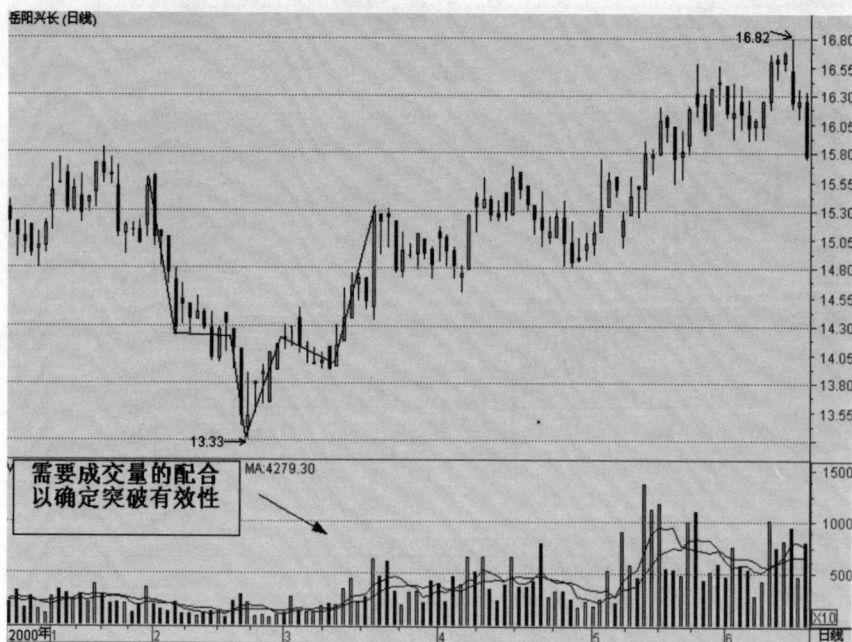

图3-36

二、头肩顶反转形态

头肩顶是最常见也是比较可靠的反转形态。顾名思义，头肩顶的

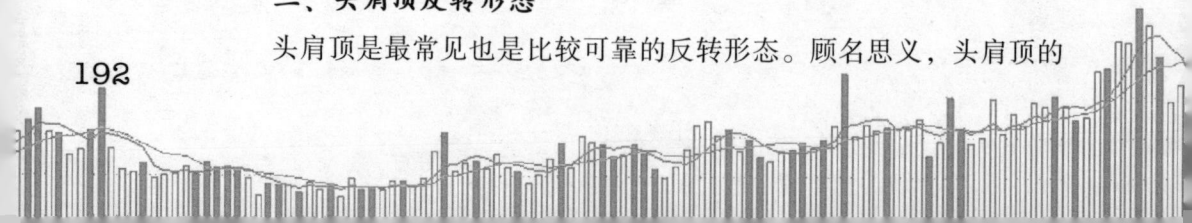

形态就像人体的上半部，头部是最高的，两边是左右肩。这是一个长期性趋势的转向形态，通常出现在牛市的尽头和阶段性顶部出现（见图3-37）。

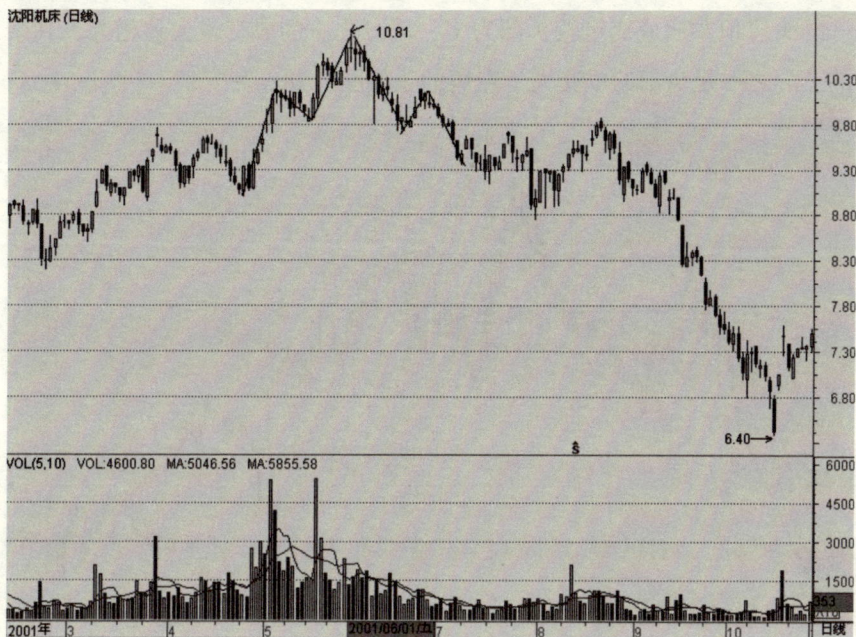

图3-37

头肩顶形成机理

　　股价经一轮大幅上涨后，已被推至较高位置，有小量获利回吐盘出现，令股价出现下跌，成交量在股价回落时减少，形成一个左肩。此时，市场看好的一方信心仍强，遂出现新一轮反弹升势，并驱动股价上破左肩的高点，然后又再次遭遇获利盘抛压，股价又一次回落，成交量同时稍微萎缩，形成一个头部。由于市况正处于乐观状态，股价下跌吸引抄底资金的介入，股价作第三次上升，但只能升近左肩高点附近水平，未能超过头部高位，随后再遇沽压下挫，形成右肩，反映看好的一方已经有大举出货的迹象，升浪已近尾声，股价随时回落。

头肩顶的分析要点

头肩顶形态的成交量呈阶梯下降的趋势，即左肩最大，头部次之，右肩最小。但有时头部成交量最大。根据有些统计所得，大约有三分之一的头肩顶左肩成交量较头部为多，三分之一的成交量大致相等，其余的三分之一是头部的成交大于左肩的（见图3-38）。

图3-38

通过连接左肩和头部两次回探的低点，可以画出一条接近或水平倾斜的趋势，称之为颈线，颈线是一条极其重要的支撑阻力线。当颈线跌破后，我们可以从头部的最高点画一条垂直线到颈线，然后在完成右肩突破颈线的一点开始，向下量出同样的长度，由此量出的价格空间就是该股将下跌的最小的理论跌幅。

头肩顶的卖出技巧

股价从头部下落跌破本轮上升趋势线为第一卖点（见图3-39）；

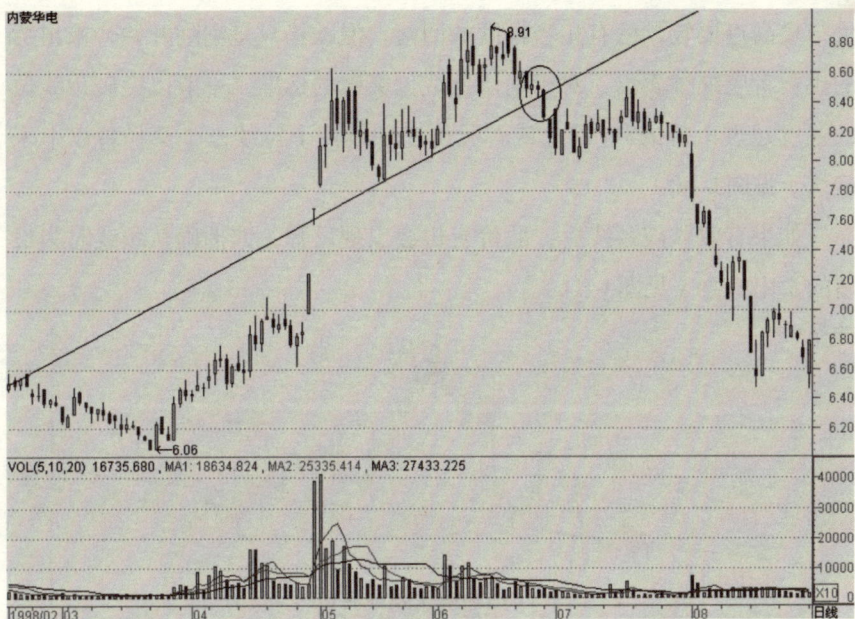

图3-39

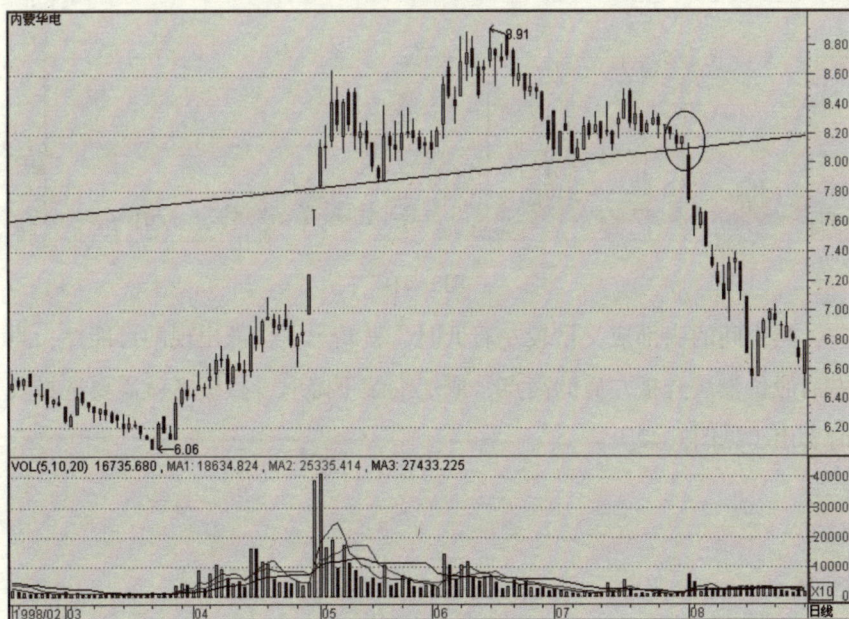

图3-40

当头肩顶颈线被击穿时，就是另一个极重要卖出信号，虽然此时股价与最高点比较，已有相当幅度的回落，但跌势只是刚刚开始，未出货的投资者应继续卖出。对于确认颈线位突破的标准，一般以突破颈线位的幅度超过市价的3%以上或者股价在颈线位下持续三个交易日以上来确认（见图3-40）。

如果有效跌破颈线后，股价有机会出现反弹，回抽确认颈线时为最后的卖出机会（见图3-41）。

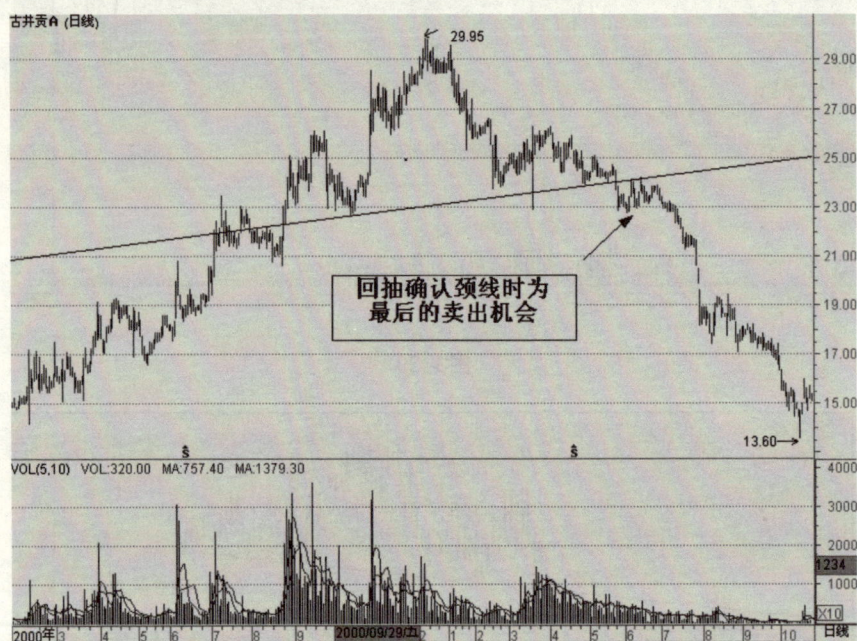

图3-41

当中间的头部成交量较左肩低时，就暗示了头部出现的可能性；当右肩股价没法升抵左肩的高点，成交继续下降时，投资者就需要选择及时卖出（见图3-42）。

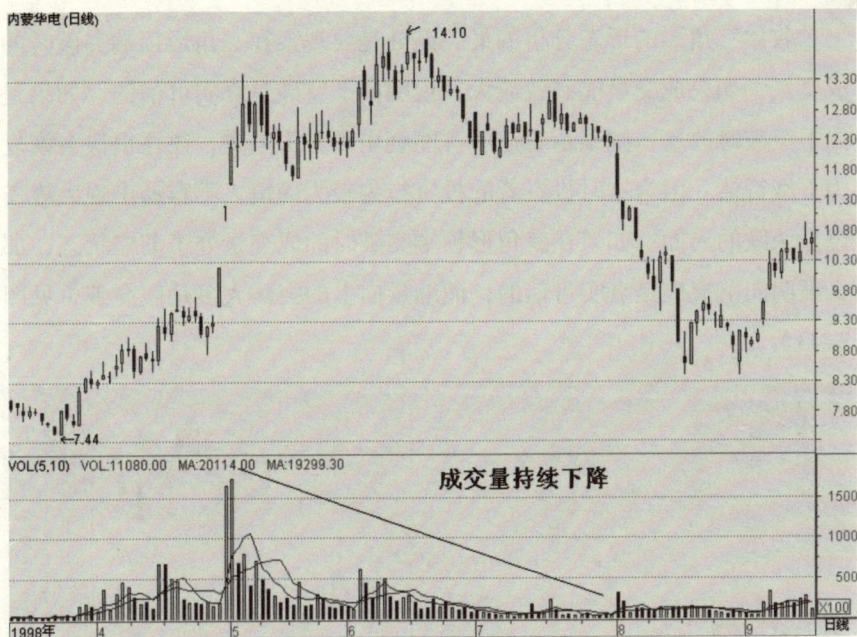

内蒙华电 (日线)

14.10

13.30
12.80
12.30
11.80
11.30
10.80
10.30
9.80
9.30
8.80
8.30
7.80

←7.44

VOL(5,10) VOL:11080.00 MA:20114.00 MA:19299.30

成交量持续下降

1500
1000
500
X100

1998年   4   5   6   7   8   9   日线

图3-42

第五节　收敛形

　　收敛三角形的形态特征是反弹高点不断下移、下跌低点不断抬高。从技术上分析收敛三角形至少需要四个转折点构成，即在一段时间内至少应形成两个高点、两个低点，因为每条直线都需要两个点来加以确定。通过高点和高点、低点和低点的连接可以得到两条聚拢的直线。上面直线向下倾斜，对股价具有压力作用，下面直线向上倾斜，对股价具有支撑作用。

　　收敛三角形通常表示投资者的投资心态比较缺乏信心和趋于犹疑，投资行为更加谨慎，观望心理占据上风。这种形态在大多数情况下会延续原有的运行趋势，但是也有四分之一的概率会演变成反转形态。

197

收敛三角形的形态分析的最关键处是要观察在三角形顶端突破时的成交量,如果成交量能有效放大,说明向上突破是真实可信的,如果是向下突破时放量,则预示着该股可能会出现空头陷阱,往往很快会恢复为上涨行情。因为这时投资者的投资行为较为谨慎,不容易出现大规模恐慌杀跌的局面。如果在三角形顶端突破时的成交量处于萎缩状态,那么证明向下突破是真实可信的,而缩量向上的突破大多是假突破(见图3-43)。

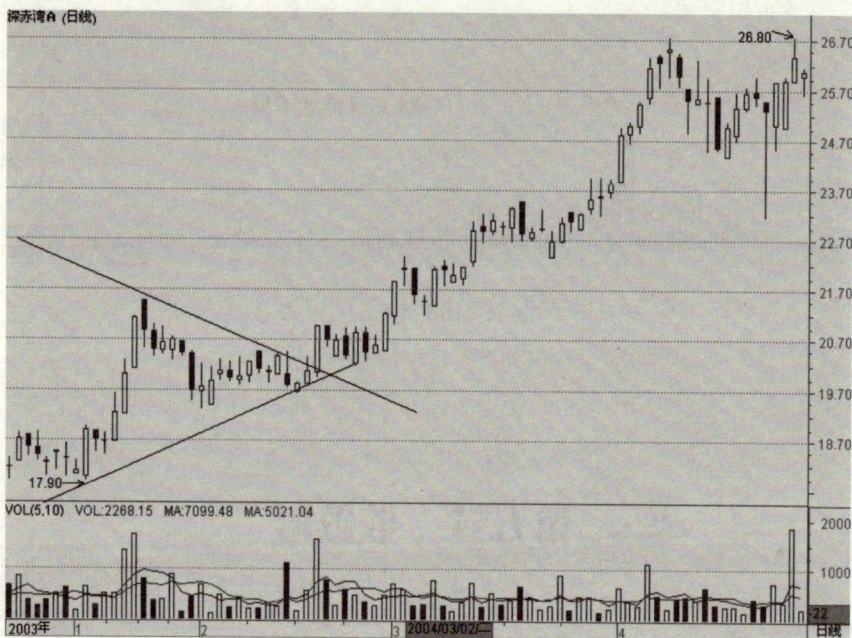

图3-43

当个股出现收敛三角形要注意对其运行轨迹和量价关系做细致分析。一般情况下收敛三角形的形成时间越长,构成规模较大,一旦向上突破后,相应的理论上涨空间也较大。但是这个规模并非越大越好,例如长达数年的大型收敛三角形在实际操作中没有多少效果,因为三角形的走势反映了投资者的一种投资心态,而投资者是不可能会受到几年前的心态影响的。

一般由数月时间构筑的收敛三角形的突破力度最强(见图3-44)。

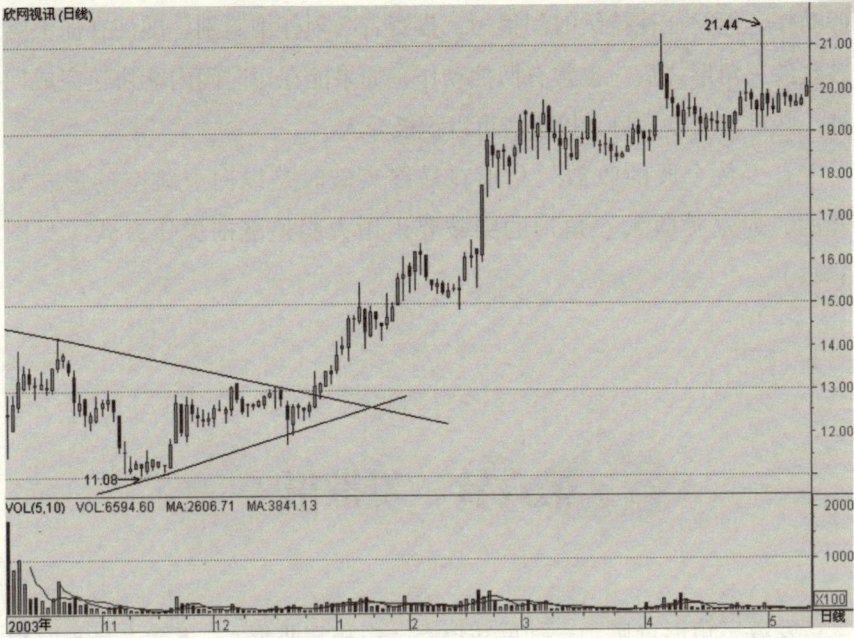

图3-44

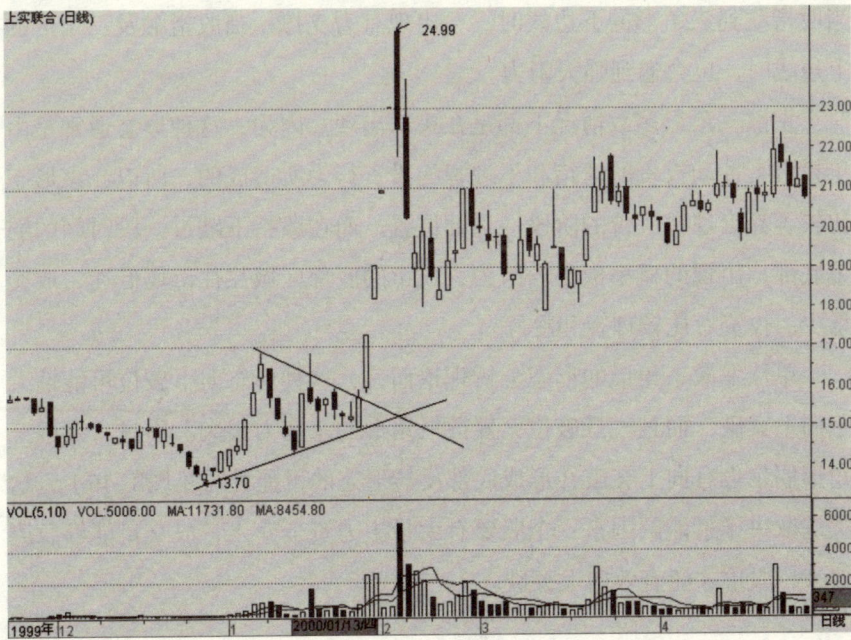

图3-45

有部分个股的收敛三角形在突破产生以前经常会有一个反方向的

假动作，但是往往持续时间很短，投资者必须仔细鉴别。即使在向上突破收敛三角形之后，也常有回抽动作，如果能在短时间内能快速完成回抽，并重新恢复升势，投资者可以积极介入。

有少数个股的收敛三角形在最终突破时是以向上跳空的形式展开的，对这类收敛三角形的突破要采用大胆追涨的操作方式（见图3-45）。

第六节　发散形

发散三角形也属于一种反转形态，俗称喇叭形态。K线上显示股指反弹时的高点一浪比一浪高，下跌时的低点一浪比一浪低的走势特征。当股指跌到三角形的下边线时，会出现有力支撑；当股指触及三角形的上边线时，也会遇到强大阻力。

发散三角形多数情况下都是在头部出现。因为，这种形态通常是由于投资者冲动投资的情绪和不理智的投资行为所造成的，所以，该形态比较容易出现在股价的阶段性顶部位置。而在股指下跌过一段时间的弱市底部，出现的概率极小。因为，弱市的底部区域往往市场低迷，成交稀少，投资者比较理智和冷静。

单从发散三角形的形态分析理论而言，这种形态向下破位可能性大于向上突破，而且一旦破位，发散三角形的杀伤力很大。不过，发散三角形偶尔也有向上突破并形成底部反转形态的可能性（见图3-46），这关键取决于量能的因素：个股要有大量主力资金介入，成交量能够急剧放大，股价才能有效向上突破。

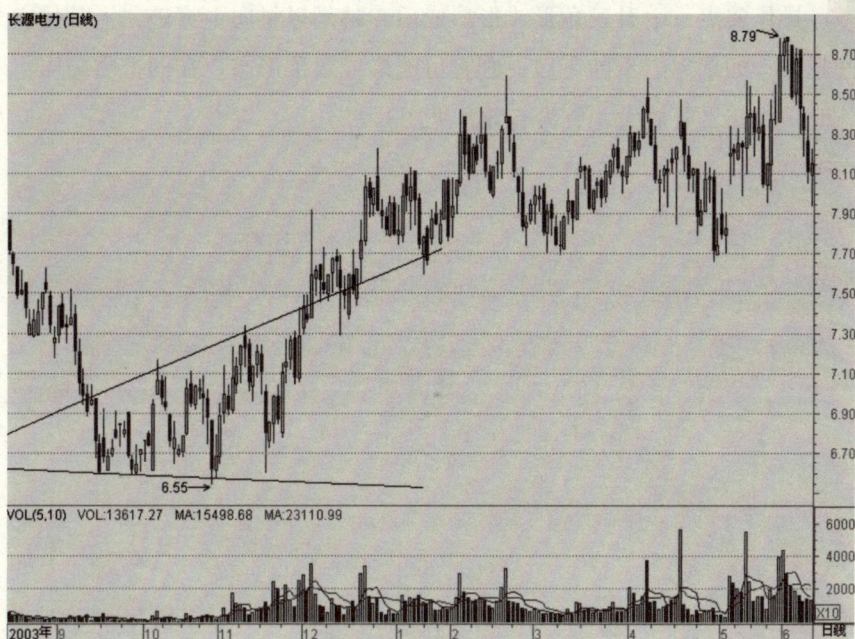

图3-46

第七节　上升形

上升三角形一般在涨势中出现，是强烈的中继技术形态。

技术特征：

股价上涨的高点基本处于同一价位，回调的低点却在不断上移，股价波幅渐渐收窄，成交量不断萎缩，不过在上升阶段成交量较大，下跌时成交量较小。

分析意义：看空的一方在某个价位不断卖出，迫使股价下行，但市场却对该股看好，逢底吸纳的人不等股价跌到上次的底点就买进，形成一个底点比一个底点高。这是一个整理形态，一般在最后都会选择向上突破。

操作要点：上升三角形雏形形成后，越是早早向上突破，上升的空间越大；如果迟迟不能突破，则有可能形成双顶形态。在向上突破压力线时，成交量要放大才更为有效（见图3-47）。

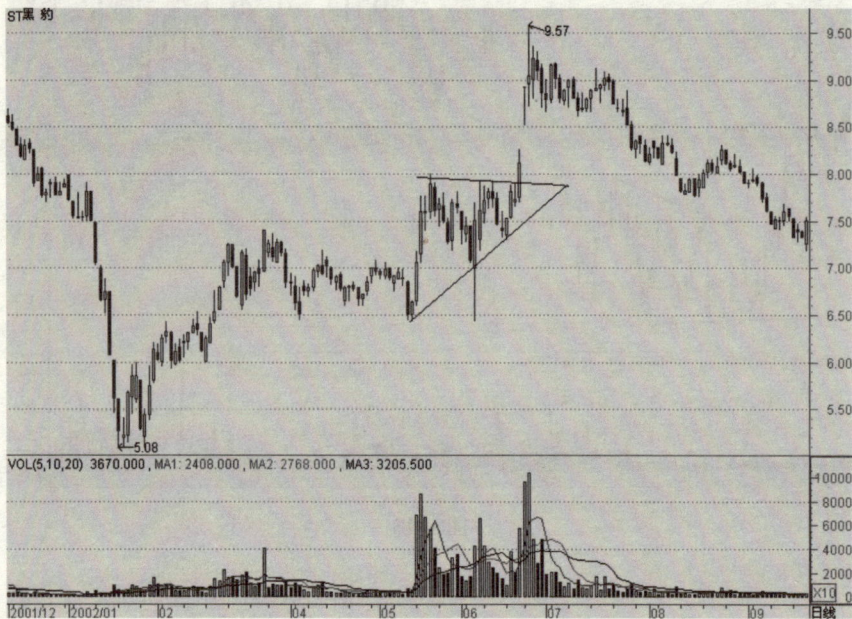

图3-47

第八节　下降形

下降三角形与上升三角形恰好相反，在形成这一形态过程中，通常卖方显得比买方更为积极主动，导致反弹的高点在依次降低，而下档的支持几乎是一条水平线。

下降三角形中，随着形态的逐步发展，成交量在相应萎缩，然后在突破的时候成交又显著放大。

对于量度升降幅的测算，是先算出三角形最宽处的高度，然后从突破点往突破的方向投射出相同的距离。同时也可以利用整个趋势形成的上升通道或者下降通道，来判断突破三角形后短期可能的升幅或跌幅。

在个股行情中，此形态的形成也可能是主力在故意托价出货，达到清仓目的。

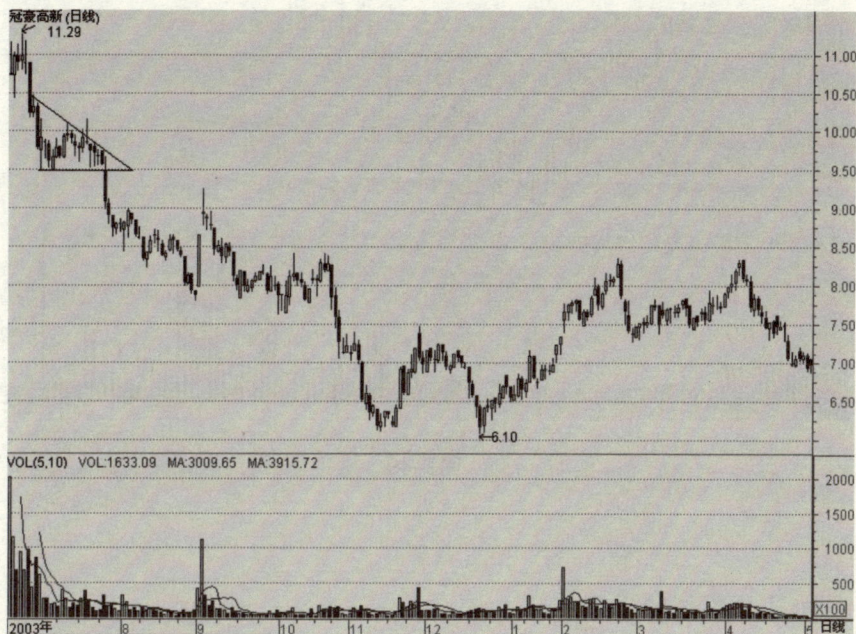

图3-48

该形态为典型的卖出信号，但有时下降三角形也会出现在上升趋势过程中出现（见图3-49）。

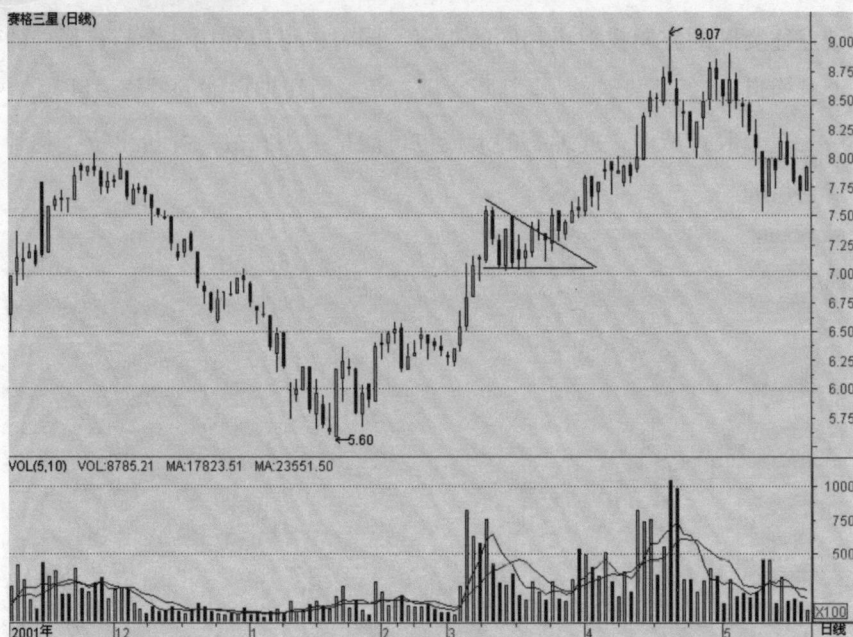

图3-49

第九节　菱形

　　菱形又称为钻石形，是发散三角形、收敛三角形、头肩顶的综合体。菱形反转形态分析菱形可以看成是发散三角形接连收敛三角型的合并图形，左半部和发散三角形态一样，其市场的含义也相同，第二个上升点较前一个高，回落低点亦较前一个为低，当第三次回升时，高点却不能升越第二个高点水平，接着的下跌回落点却又较上一个为高，股价的波动从不断地向外扩散转为向内收窄，右半部和收敛三角型一样，这就是菱形形态。

　　形成机理：形态的左半部其机理与发散三角形形态一样，投资者受到市场炽烈的投机风气传言所感染，当股价上升时便疯狂追涨，但当股价下跌时又盲目地加入抛售行列，疯狂杀跌。这种市场极度冲动和杂乱无序的行动，使得股价不正常地狂起大落，形成上升时高点较前次为高，低点则较前次为低，也容易产生至于不规则而巨差成交量，反映出投资者冲动的买卖情绪，这就形成了了一个发散三角形；

但由于看好后市的人持股做中长线的渐多，使得冲动的短线浮筹日渐减少，稳定看好后市的力量逐步成为市场主流，这时股价的波动逐步缩小平缓，而成交量也急剧回落萎缩，后半段与收敛三角形一样，经过充分换手整理后最终选择突破的方向。

一般情况下，发散三角形确定之后趋势往往是下跌的，而收敛三角形又使下跌暂时推迟，但终究没有摆脱下跌的命运，而发散三角形与收敛三角形结合，成为错综复杂的菱形。相对而言，其下跌的概率更大，但是实际突破方向，需要根据具体情况来研判。

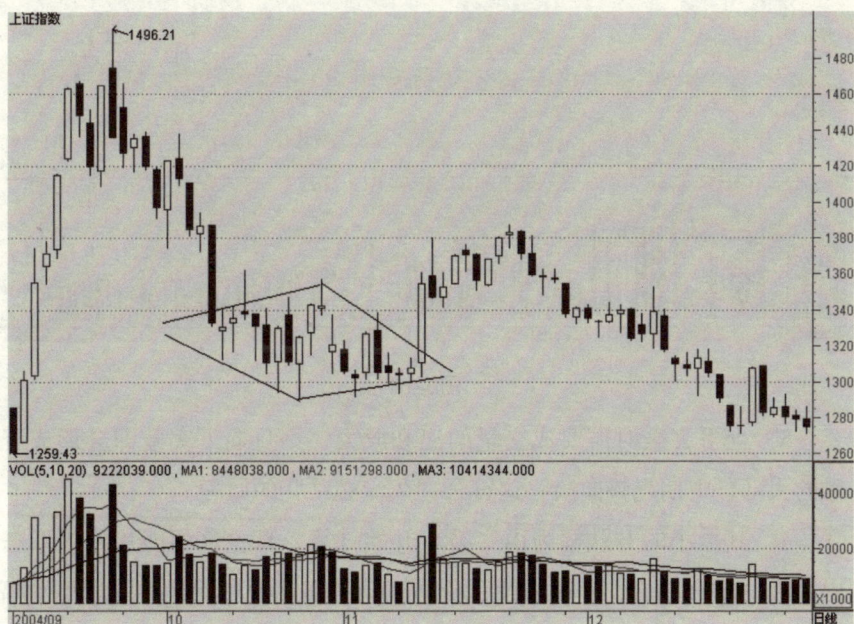

图3-50

技术特征：

1. 成交量前半部分与发散三角形一样，具有高而不规则趋于放大的成交量，后半部与收敛三角形一样，成交量趋于逐步萎缩。

205

2．菱形的最终突破方向存在一定不确定性，上下突破均有可能，但底部反转的次数不多。而且即使在底部出现菱形，反弹的力度也大多是仅仅到量度目标位（见图3-50）；

而在股指或股价有一定涨幅之后出现菱形，投资者要提高警惕，因为，这时指数或股价即使能够向上突破，也往往离顶部不远（见图3-51）。

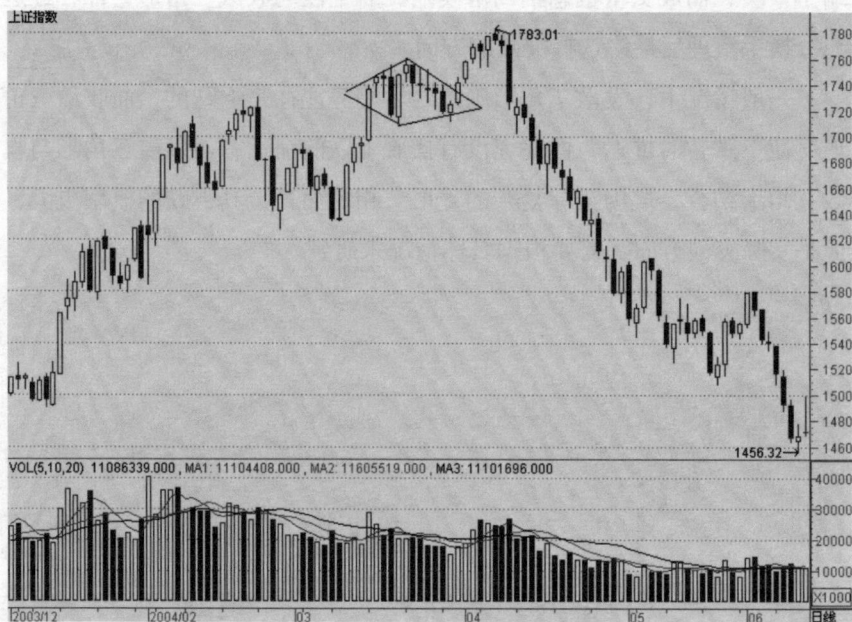

图3-51

3．上下突破时需要成交量的温和放大，一旦向下突破即会形成沉重的头部，中期趋势向淡；这符合"久盘必跌"的原理。

4．其最小的升跌幅为由突破点开始计算，理论涨幅能达到该形态中最大的垂直差价，一般来说，价格运动的实际距离比这一段最小量幅长（见图3-52）；

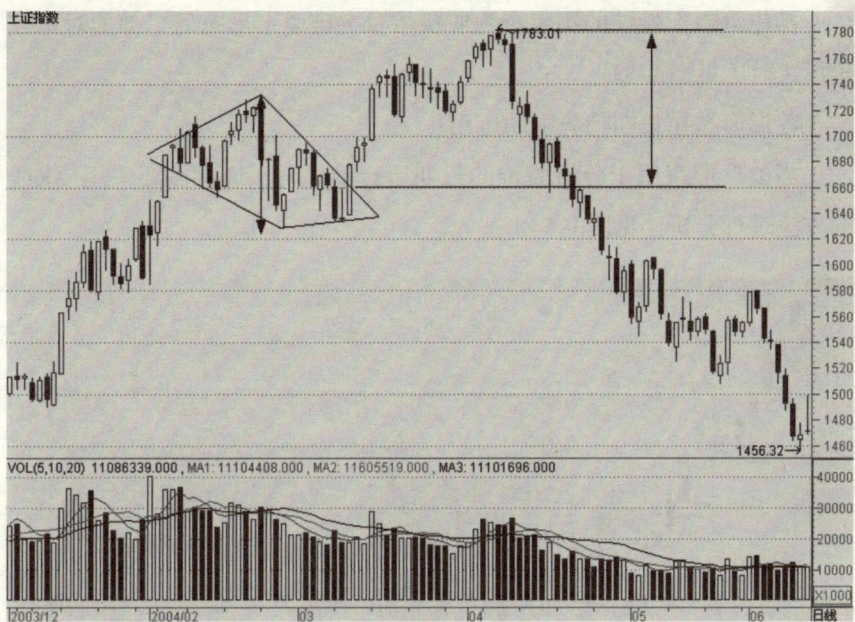

图3-52

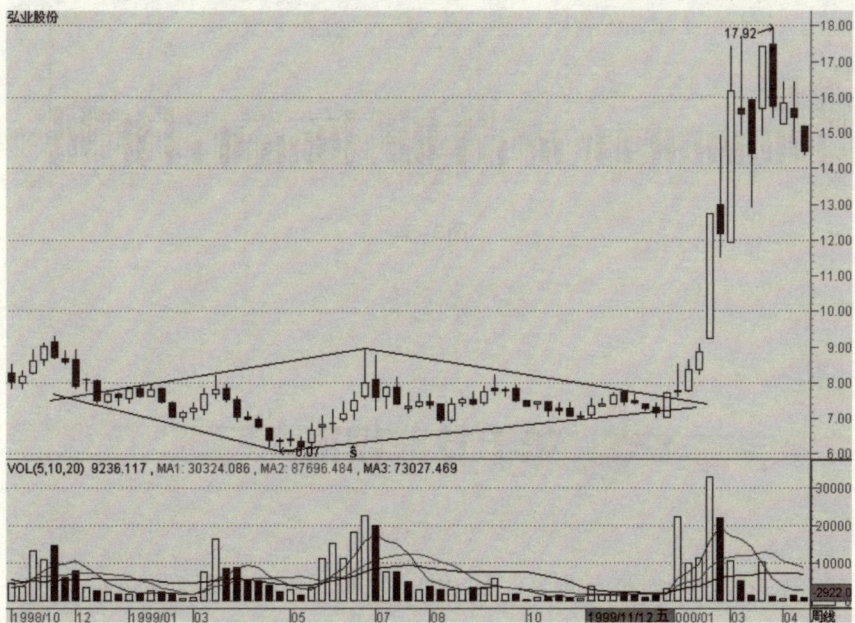

图3-53

5. 如果在下降趋势的中途出现菱形，一般为下跌中继形态。

207

操作策略：最佳的买卖点为股价带量突破菱形形态后半部的对称三角形之时（见图3-53）。

菱形形态在长期趋势中的运用：

当菱形形态用于分析股价的长期运行趋势时，通常需要采用周K线的方法进行分析（见图3-54）。

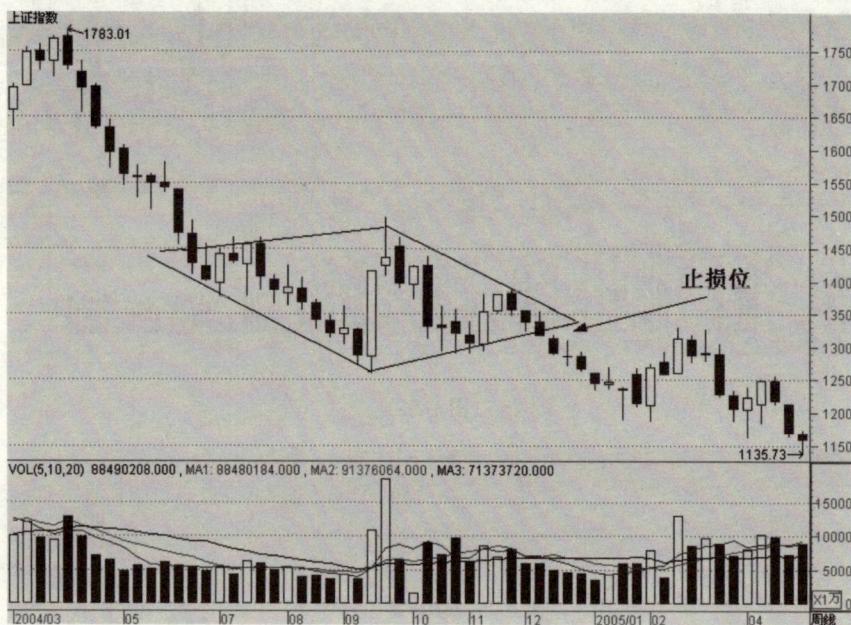

图3-54

第十节　楔形

楔形是一种股价在两条方向相同并呈收敛特征的直线之间上下震荡的一种图形，其中上面的直线称为是上限线，而下面的直线称为是下限线。一般来说，楔形包括两种形态：上升楔形和下降楔形，它们都是多空双方处于争执而形成的盘局状态。

一、上升楔型

指股价经过一段下跌后，出现强烈的技术性反弹，价格反弹至一定的水平高点即掉头下落，但回落点转前次为高，随后又回升创出新高点，即比上次反弹点高，形成后浪高于前浪之势，把短期高点和短期低点分别相连，形成两条同时向上倾斜直线，组成了一个上倾的楔形，下边各低点的连线较上边连线陡峭，从而构成上升楔形形态。

上升楔型形成机理：

上升三角形只有一边上倾，所代表的是多头趋势，而上升楔型上下二边同时上倾，上升楔型从表面上看来多头趋势似乎更浓，但实际上并非如此，因为上升三角形的水平上边线，代表股价到一定价格才有主动卖压，当压力抛盘被吸收上档压力解除后，股价便会往上突破。在上升楔型中，股价上升卖出压力亦不大，但投资者的兴趣却在逐渐减低，股价虽上扬可是每一个新的上升能量都比前次弱，最后当需求完全消失时，股价便反转回跌。因此上升楔型表示一个技术性回暖的意义，是做多意愿和对后市信心渐次减弱的状况，上升楔型显示股价尚未见底，只不过是整体下跌趋势中的一次技术性反弹而已（见图3-55）。

上升楔型技术特征：

1. 上升楔形与三角形形态不同之处，在于两边同时向上倾斜；与上升通道和旗形的区别，在于上升通道和旗形的两边几乎是平行稳定的；

2. 在整个上升楔形形成过程中，成交量不断减少，整体上呈现价升量价的背离反弹特征；上升通道的成交量配合，也是比较健康温和放大的；

3. 上升楔形在跌破下边之后常常会有反抽，但会受阻于下边线的延长线；

4. 常常在60分钟K线图上，股价会一直反弹到楔形的顶端后，便开

始最后一次上冲后的大跌，这可以清楚地认识上升楔形的本质特征——一次较大的反弹，为进一步续跌累积能量。

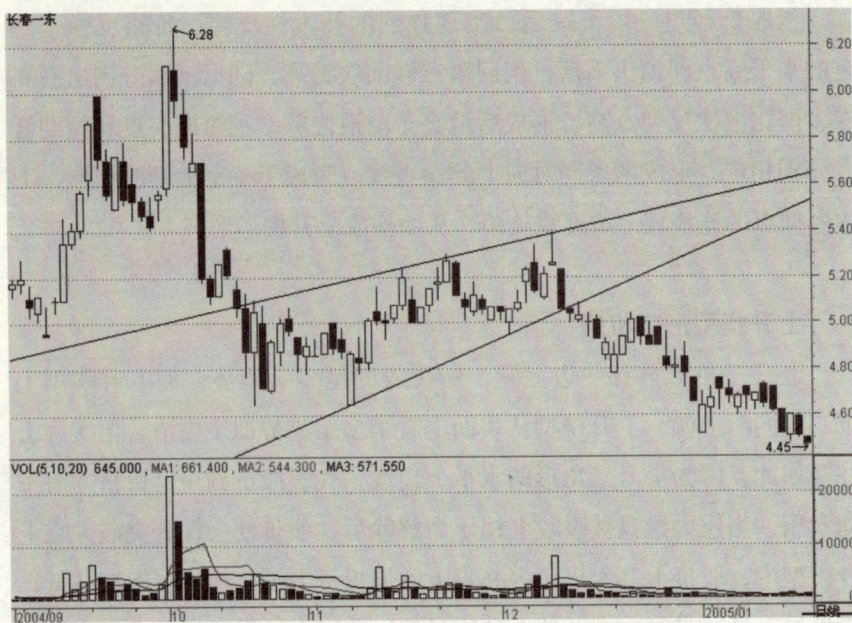

图3-55

二、下降楔形

下降楔型和上升楔形恰恰相反，一般出现在长期升势的中途，下降楔型指股价经过一段大幅上升后，出现强烈的技术性回抽，股价从高点回落，跌至某一低点即掉头回升，但回升高点较前次为低，随后的回落创出新低点，即比上次回落低点低，形成后浪低于前浪之势，把短期高点和短期低点分别相连，形成两条同时向下倾斜直线，组成了一个下倾的楔形，这就是所谓的下降楔形形态。楔形形态是一个短期反向趋势，即下跌趋势时常常出现上升楔形，上升趋势时常常出现下降楔形。下降楔形实质上是股价上升过程中的一次调整波，是空方遭到多方连续打击后的一次挣扎而已，结果往往是股价继续向上突破发展。

下降楔形形成机理：

下降楔型其市场含义和上升楔形正好相反，股价经过一段时间上升后，出现了获利回吐，虽然下降楔形的底线往下倾斜，似乎说明市场的承接力量不强，但新的回落浪较上一个回落浪波幅为小，并且跌破前次低点之后，并没有出现进一步下跌反而出现回升走势，说明沽售抛压的力量正在减弱，抛压的力量只是来自上升途中的获利回吐，并没有出现新的主动做空量的进场，所以经过清洗浮筹后股价向上突破的概率很大。下降楔形也是个整理形态，通常在中长期升市的中途出现，下降楔形的出现告诉我们的是升市尚未见顶，目前仅是升势中途中的一次正常暂时性的调整。

下降楔形技术特征：

1. 下降楔形与三角形形态不同之处，在于两边同时向下倾斜；与下降通道和旗形的区别，在于下降通道和旗形的两边几乎是平行稳定的；

2. 楔形（上下）形态的整体成交量都是由左向右递减，并且股价越接近顶端，成交量越小，但细观就会发现与上升楔形不同，下降楔形成交量的量价匹配的健康的，当股价上升突破下降楔形的上边线时，成交量会明显放大；

3. 下降楔形在突破上边线之后常常会有反抽，但会受撑于上边线的延长线；

4. 从实战的经验统计，下降楔形向上突破与向下突破的比例为7∶3左右；从时间上看如果下降楔形超过三四个星期，那么向下突破的可能性就会增大一些（见图3-56）；

图3-56

楔形形态的分析要点：

1．多数情况下，楔形形态是一个短期反转趋势，即下跌趋势时常常出现上升楔形，上升趋势时常常出现下降楔形。

2．大部分的楔形是在股价趋势中途形成的，通常属于中继形态的性质，上升楔形表明未来股价将呈下降趋势；下降楔形表现未来股价可能将呈上升趋势。

3．楔形与三角形形态的相同之处是：形态的形成需要有一个时间过程，一般而言楔形的完成需要两周以上的时间。

4．楔形的形成过程中也需要量的配合，而且在形成过程中总体来看其成交量是逐渐萎缩的。同时，在形态结束的突破时必须要有大成交量的配合。

5．虽然大多数情况下是在上升楔形中看跌，在下降楔形中看涨，但是不能绝对的一概而论，楔形也具有反转的预示功能，特别是上涨或下跌行情的末期。

楔形形态的操作策略:

上升楔形的最佳卖点为突破下边线和突破之后反抽接近于反压线之时(见图3-57)。

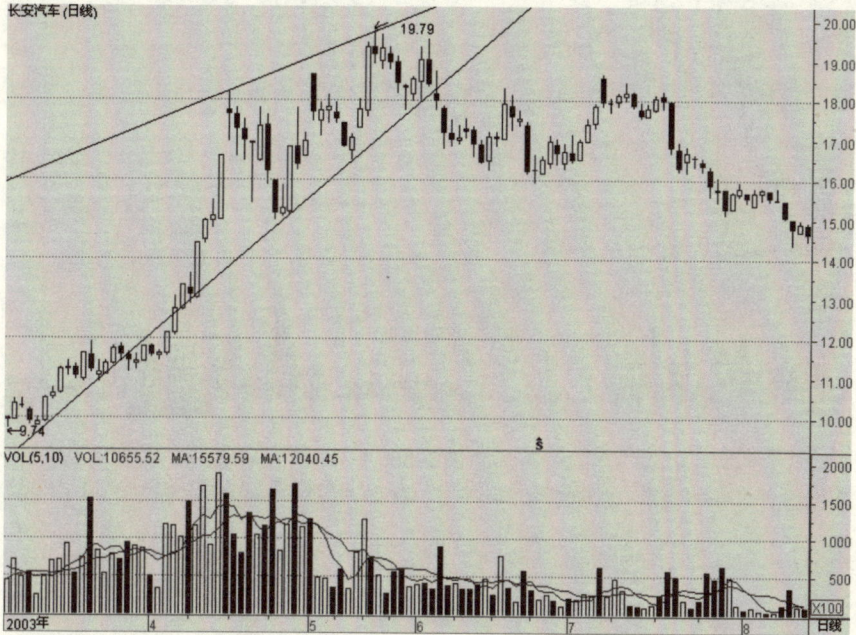

图3-57

下降楔形的最佳买点为突破上边线和突破之后反抽接近于上边线之时(见图3-58)。

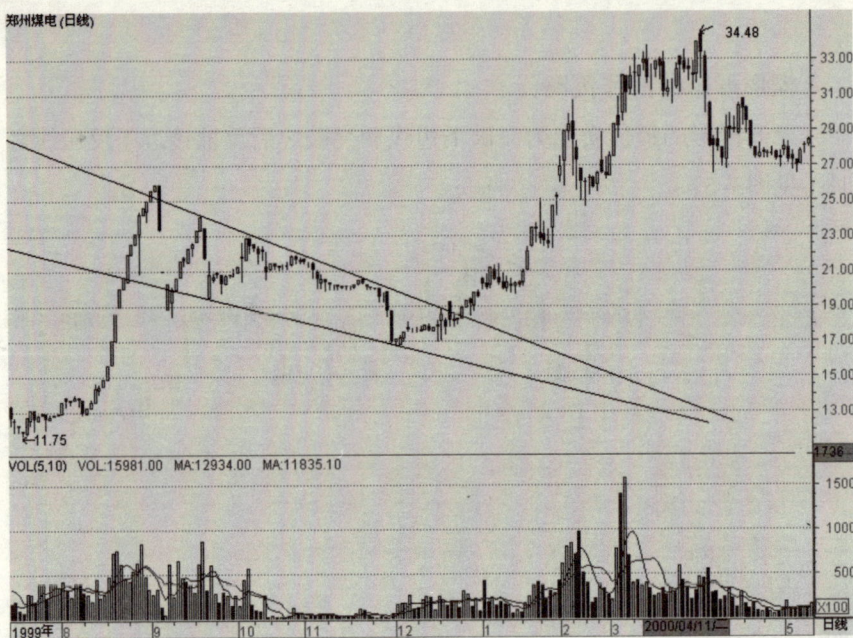

图3-58

第十一节　旗形

在持续整理形态中，旗形是一种比较常见和典型的形态。旗形走势就如同一面挂在旗杆上的旗帜，这种图形经常出现在急速、大幅变动的市况中，股价经过一连串紧密短期波动后，形成一个略与原走势呈反方向倾斜的平行四边形，这种图形又可再分为上升旗形与下降旗形（见图3-59）。

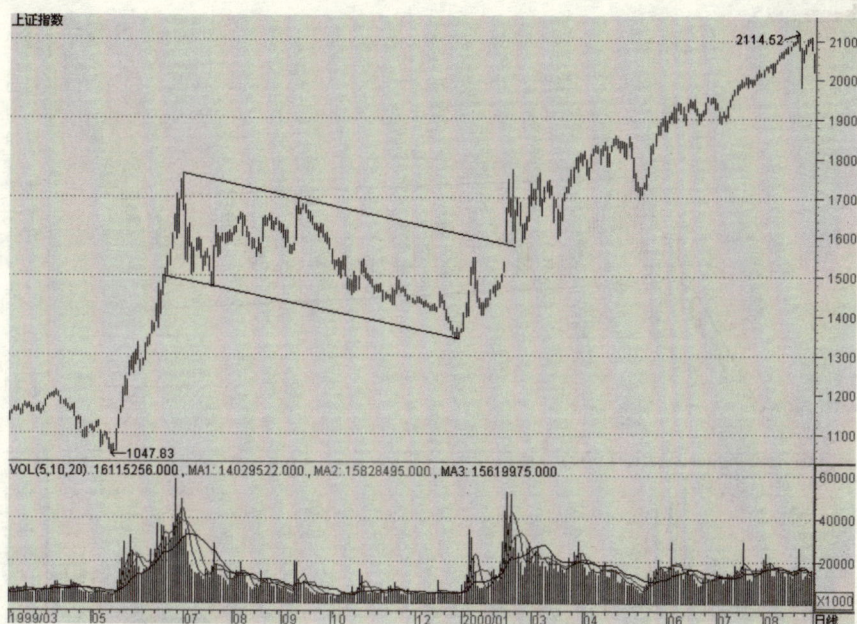

图3-59

一、上升旗形

经过一段陡峭的上升行情后，股价走势形成了一个成交密集、向下倾斜的股价波动密集区域，把这一区域中的高点与低点分别连接在一起，就可看出一个下倾的平行四边形或称上升旗形。

1. 在一波行情当中，股票价格激烈运动，出现近乎直线式的上涨或下跌，而且成交量巨大，这种直线式的涨跌，就是旗形形态的旗杆。

2. 由于股票价格的升降幅度过于猛烈，股票需要作短暂的休息，庄家也借此将跟庄者清洗掉，整理的图形就如同一面小旗，上升旗形的轨道由左向右下斜，一波比一波低，似是即将反转下跌，成交量也随之减少，形成一个形状是平行四边形的图形，旗形的旗面便形成了。

3. 上升旗形形成之后，突然有一天股票放量突破平行四边形的上边，整理旗形宣告结束，股价按原有的方向继续发展（见图3-60）。

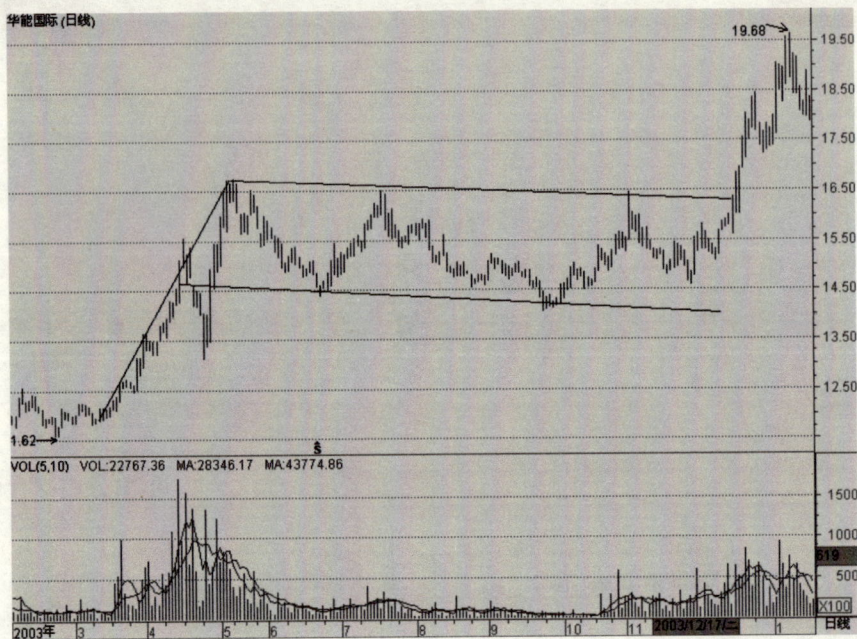

图3-60

上升旗形的选股买进位置重点是选择向上突破的时机。上升旗形形态内的成交量在股价下跌时快速萎缩，向上突破时成交量又快速放大且股价再次出现快速拉升。

上升旗形研判要点

1. 上升旗形是在股价大幅快速上涨之后出现的强势调整形态，持续的时间不能太长，且旗面形态的成交量必须显著萎缩，整理时间太长则会使形态的作用会大为减弱甚至会演化为其他形态，而旗面形态中成交量过大也会影响到未来的突破走势。

2. 上升旗形向上突破时应有成交量放大的配合方可信赖，如果在突破时没有成交量的配合则意味着假突破。突破后的升幅与旗杆的长度大致相同，即从突破形态颈线算起，加上形态前涨幅的旗杆价差，其上涨的速度也与旗杆相似。

3. 上升旗形一旦放量向上突破旗形的上边压力线是最佳买入时机，表明股价将会有一段上升行情，应果断买入（见图3-61）。

图3-61

例如：深华发（见图3-62）。

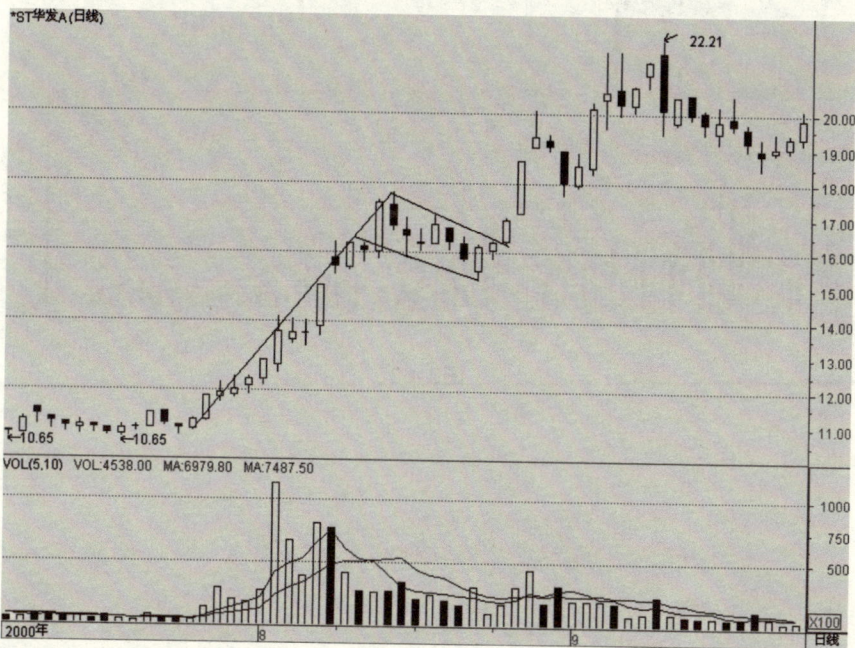

图3-62

二、下降旗形

下降旗形则正好相反，当股价出现急速下跌以后，接着形成一个波幅狭窄且略为上倾的价格密集区域，类似于一条上升通道。将高点和低点分别连接起来，就可以画出二条平行线而又上倾的平行四边形，这就是下降旗形运动。

一般情况下，投资者遇到上升旗形时是实施买进操作，而在遇到下降旗形时是实施卖出操作。下降旗形中最佳的卖出位置在股价跌穿旗形的支撑线和回抽确认之时（见图3-63）。

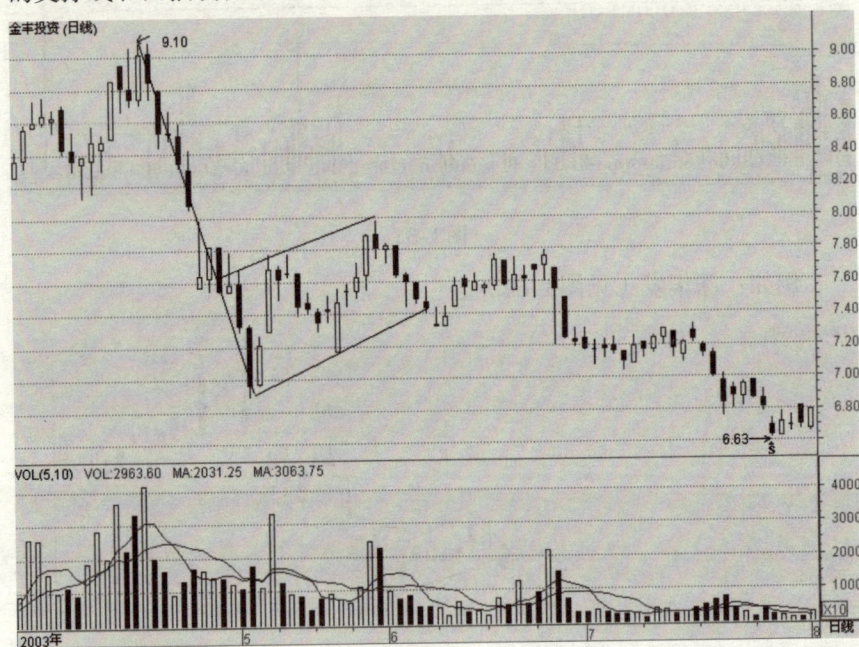

图3-63

第十二节 箱形

箱形是一种典型的整理形态，股价或股指在两条平行直线之间上下波动，既不能向上突破阻力线，也不会跌破支撑线，这种震荡会持续一个阶段，震荡行情中短期高点和低点分别以直线相连。箱体的形成是因为市场处于多空平衡中的一场拉锯式行情，股价向上会遭受沉重抛压，向下又获得各种支撑。造成股价陷入跌不深也涨不高的僵局中。

箱体中的僵局是暂时性的，其突破将是一种必然的结果。在突破之前的箱体整理中，市场的买卖热情会逐渐下降，成交量会出现一定程度的萎缩，当市场逐渐转为平静后，突破性行情会迅速爆发出来。

箱体的突破方向大多与箱体形成前的趋势保持一致，如果原来的趋势是上升，那么经过一段箱体整理后，股价会继续原来的趋势，多方会占优并采取主动，使股价向上突破箱体的上界。如果原来是下降趋势，则股价会突破箱体的下边，继续原有的下跌趋势。

值得注意的是：箱体在其形成的过程中极可能演变成三重顶底形态，正是由于箱体的判断有这么一个容易出错的可能性，在面对箱体和三重顶底进行操作时，尽量等到突破之后才能采取行动，因为突破后的两种走势方向完全相反。一个是反转突破形态，要改变原来的趋势；一个是持续整理形态，要维持原来的趋势。

箱体被突破后的理论涨幅至少等于箱体形态本身的高度，箱体突破以后，会形成反抽行情，最后确认突破的有效性。

箱体为投资者提供了两种投资机会，一种是在箱体震荡幅度较大的情况下，擅长于短线操作的投资者可以把握箱体形态中的短线波动机会，进行波段操作，在箱体的下边线附近买入，在箱体的上边线附近抛出，获取箱体运动中的差价。

另一种投资机会是箱体的突破性机会，这种投资方法比较适合于稳健型的投资者，股价在突破箱体上边线之后，往往会有一定的涨幅空间，有利于投资者获取稳定收益，而且在箱体突破后实施买进操作，可以防止箱体向三重底或三重顶等反转形态演化，避免投资失误（见图3-64）。

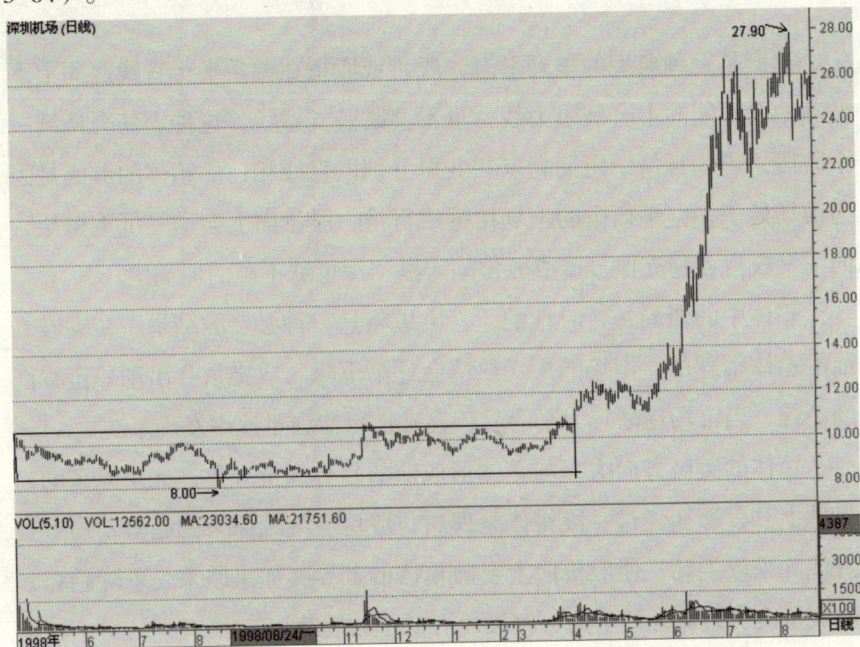

图3-64

投资者在根据箱体选股时，要掌握以下的投资要点：

1. 一般箱体是整理形态，为牛皮市道。这种形态与对称三角形一样，出现于大盘反转形态的次数并不多，只有那些刚刚从底部区域启动、涨幅不大个股，在箱体突破后往往会延续原有的上升趋势；

2. 箱体形态形成之时，短线操作要严格控制资金投入比例，稳妥的方法是等待大盘突破后再实施操作；

3. 在箱体形成过程中，成交量会逐步递减，当量能递减到一定程度时将促使突破性行情的产生；

4. 在股价向上突破上限时，必须有大成交量相配，才能够确认突破的有效性；而向下突破时不需要通过成交量研判突破的有效性。

5. 箱体突破后，常会出现反抽。向上突破的反抽不能明显击穿箱体的上边，否则投资者应该停止买进操作或及时止损（见图3-65）。

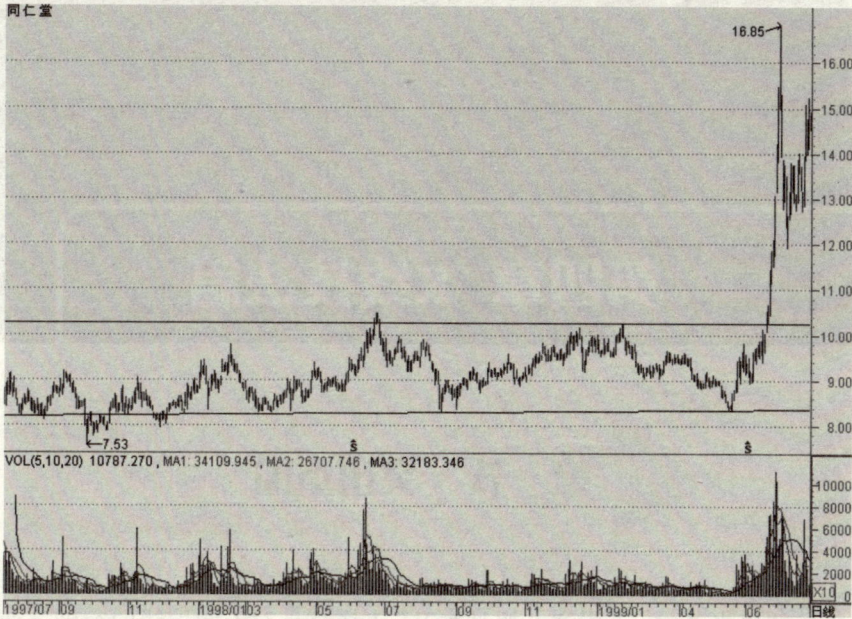

图3-65

第四章　K线技法篇

第一节　突出重围

　　"出水芙蓉"K线和"旭日东升"K线都是对不同均线的突破，前者是指对短期均线的突破（20、40和60日均线），而后者是对长期均线的突破（240—250日均线），而"突出重围"K线则是对所有长短期均线的突破，这种K线的转势信号更加明显。

　　技术特征：

　　1．"突出重围"K线是指一根K线同时突破十条均线，这十条均线包括5日、10日、20日、30日、40日、60日、90日、120日、180日和240日均线。"突出重围"K线的开盘价位小于十条均线，而收盘价位大于十条均线；

　　2．"突出重围"K线形成时的成交量有所放大；

　　3．"突出重围"K线使得部分均线出现转向。

　　应用法则：

　　"突出重围"K线是一种强势突破的K线形态，预示股价将出现大幅上涨行情，因此，在出现该K线形态后，投资者可以积极买进。

　　投资实例（见图4-1）。

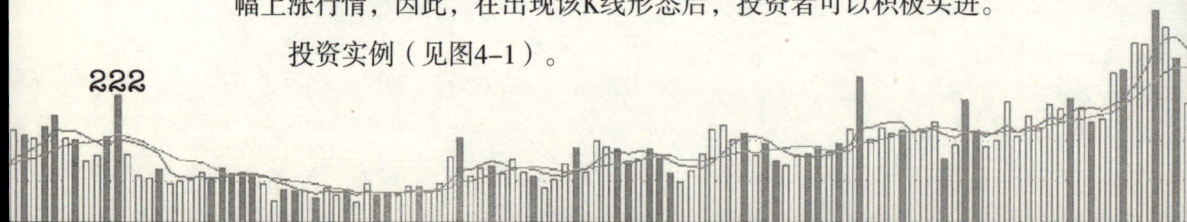

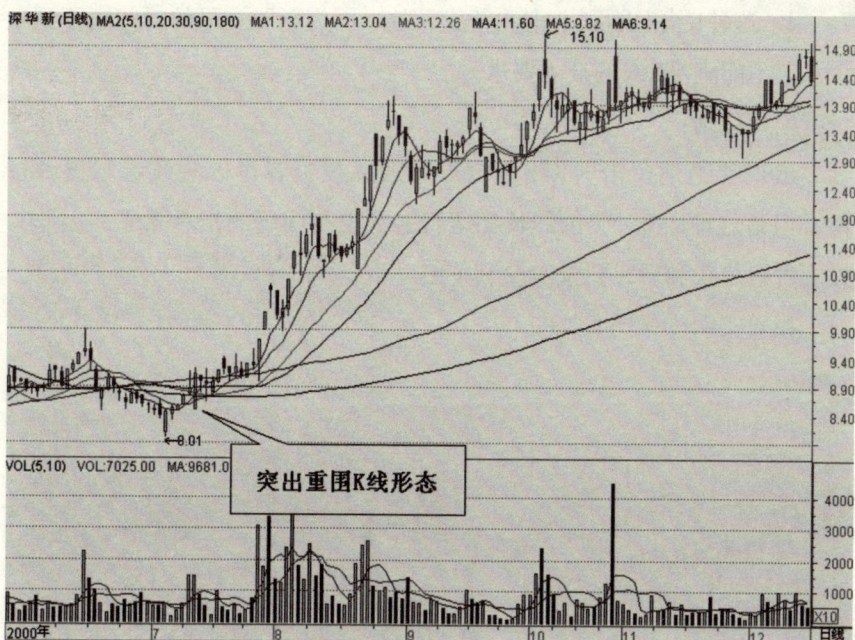

深华新 (日线) MA2(5,10,20,30,90,180)　MA1:13.12　MA2:13.04　MA3:12.26　MA4:11.60　MA5:9.82　MA6:9.14

图4-1

第二节　绝地反击

这种K线是一种短线买进的信号，形容当大盘出现深幅下跌，使得短期做空能量得到释放，个股或大盘积聚了新的做多力量，从而引发强劲反弹行情。

技术特征：

1. 股价创出最近三个月的新底，具体的要求是最近五天的最低价必须是最近三个月（一般是66个交易日）以来的最低价；

2. 出现光头K线，即收盘价等于全天最高价，当日的涨幅要超过3%；

3. 成交量要随着股价的上涨出现同步放大；

4. 这种K线对刚刚上市的新股无效，因为新股交易的时间还不到三个月，不能满足K线的技术要求。

应用法则：

出现"绝地反击"K线组合形态后，投资者可以短线参与反弹行情，但是这种K线对股价的长期运行趋势没有明确的指示意义，因此，投资者短线获利后，要及时获利了结。

投资实例（见图4-2）：

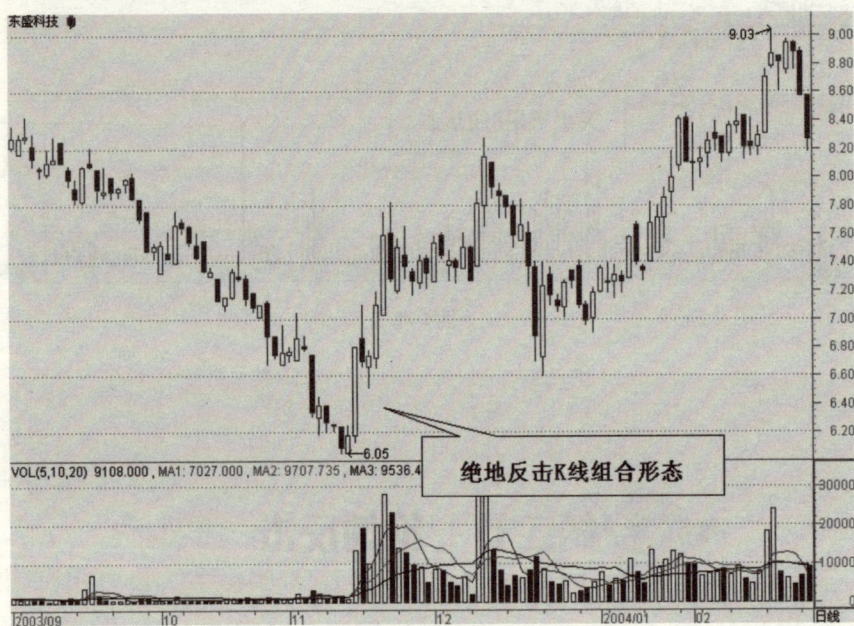

图4-2

第三节　雨后彩虹

这种K线组合表示在经过一连串阴线的"雨点"之后，股价出现反转的上升态势。

技术特征：

1. 过去的10天时间里，有7天是下跌的，也就是10根K线中有7根是阴线；

2. 股价在前期曾经出现过大跌行情，而目前的跌势逐渐缓慢下来；

3. 当前这个交易日出现一根长阳线，并且收盘价相对于开盘价上涨了6%以上。

应用法则：

雨后彩虹形容股市在经历过连绵细雨般的阴跌之后，终于迎来了强势上涨行情。这种K线组合形态是一种典型的见底信号，预示股价在后期将会出现上升走势。

投资实例（见图4-3）：

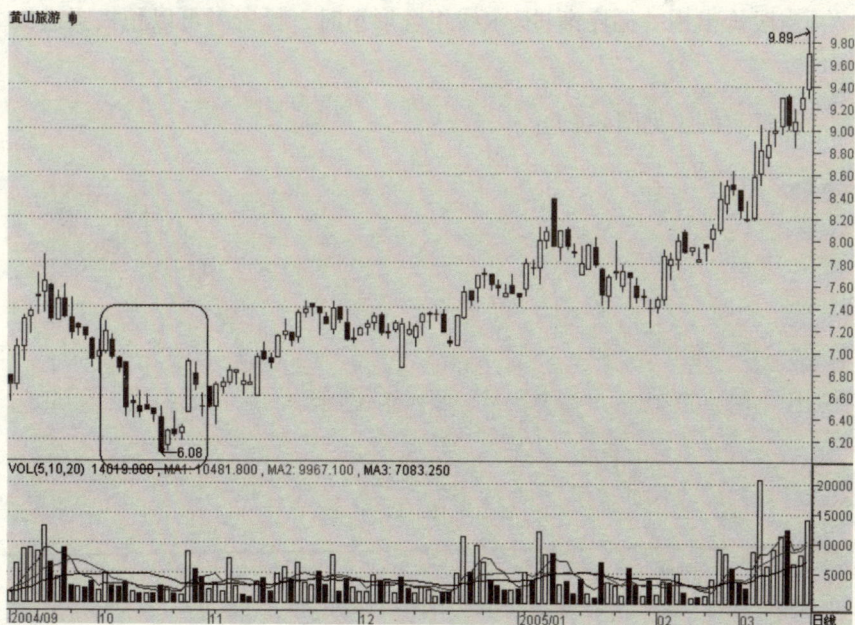

图4-3

第四节　循序渐进

　　"循序渐进" K线组合形态是由四根及四根以上的阳线组成的K线组合形态，在股价的不断上涨过程中，连收阳线，而阳线实体也越来越大，使得股价上涨幅度越来越大，表示上涨行情处于不断加速状态中，一轮个股的牛市行情即将诞生。

　　技术特征：

　　1．连续四天的上涨，K线上有四根或四根以上的阳线；

　　2．每一根阳线的收盘价都大于前一天的收盘价；

　　3．每一根阳线的实体都大于前一根阳线的实体。

　　应用法则：

　　当股价出现"循序渐进" K线组合形态时，投资者可以积极买进操作。

　　投资实例（见图4-4）：

图4-4

第五节　持盈保泰

持盈保泰K线形态是一种与均线系统和移动成本分布配合起来应用的K线形态，表明股价即将形成向上突破走势。

技术特征

1. 该K线形态收盘价位的移动成本分布获利盘比开盘价的移动成本分布获利盘高35%（见图4-5）。

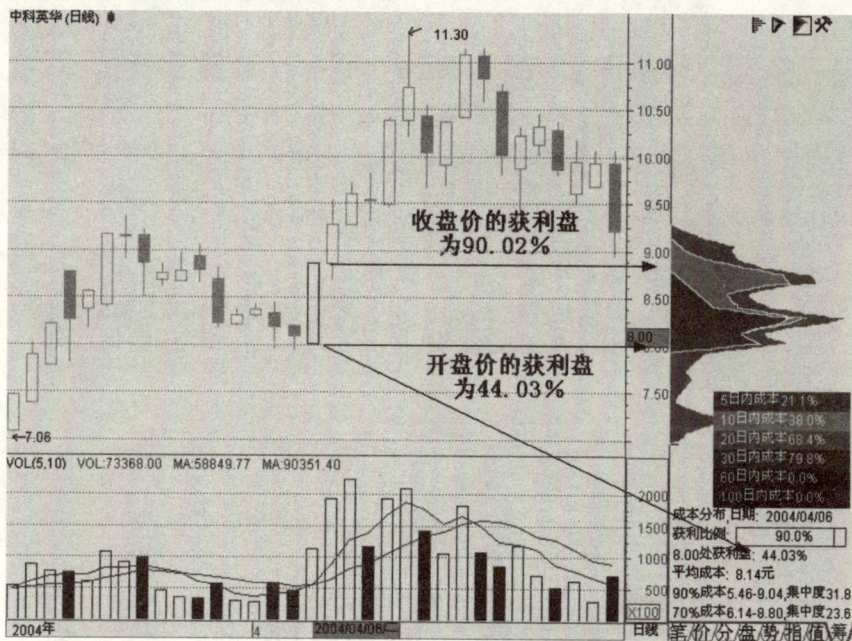

图4-5

2. 出现该K线形态是移动平均线必须出现多头排列，这里指的移动平均线是中短期均线，一般采用5日、10日、20日和30日移动平均线。

3. 出现该K线形态时，成交量需要同步放大。

应用法则：

通常在一轮升市行情中，出现一帆风顺的连续性上涨行情是比较少见的，大多数情况是股价在不断调整中构筑一个个上升中继平台来实现股价的稳步走高。但是上升中继形态中投资者往往误以为股价已经见顶，而持盈保泰K线形态则可以很好的指示股价未来发展趋势，提醒投资者个股行情仍然会向好的方向发展。

投资实例（见图4-6）：

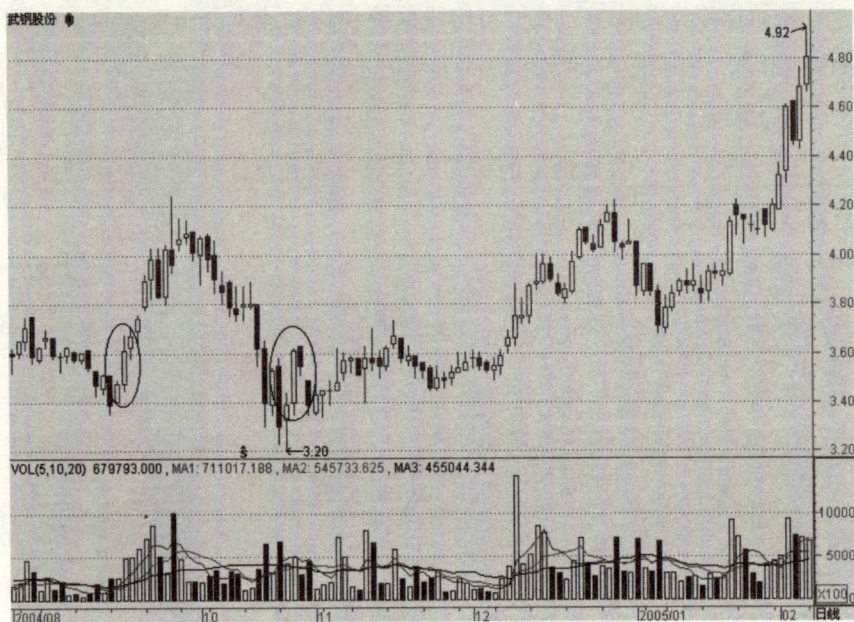

图4-6

第六节　顶天立地

当股市处于剧烈宽幅震荡行情中时，或者上市公司遇到突发消息时，个股会表现出剧烈震荡走势，有些个股在某一交易日内出现振幅极为巨大的阳线，有时最低价能够接近跌停板，而当天最高价却接近涨停。其中K线实体的涨幅超过10%，这种K线形态被称为极度长阳线，出现极度长阳线的个股中将有相当一部分会在后市行情中出现急速飙升的走势（见图4-7）。

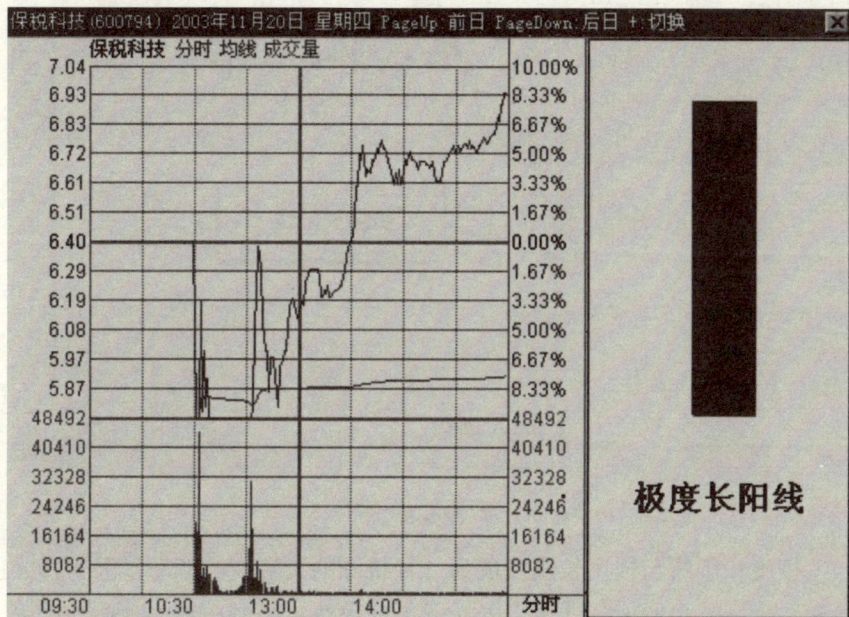

图4-7

极度长阳线与普通的大阳线之间的区别在于：普通大阳线的K线实体较长，上下影线都很短，一般要求收盘价大于开盘价5％即可，而极度长阳线的K线实体远远长于大阳烛，收盘价大于开盘价10％，如果加上上下影线，全天振幅接近20％。在形态上处于向下接近跌停板位置、向上顶着涨停板的形态，所以称为"顶天立地"K线。个股一旦出现这种走势后极易形成黑马（见图4-8）。

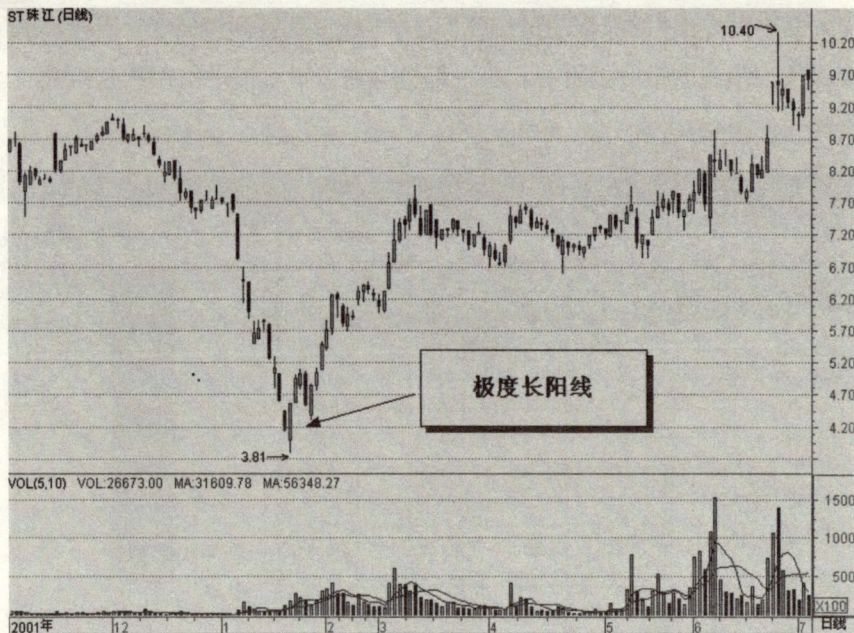

图4-8

极度长阳线与极度长阴线成为一种特殊的投资技巧，都是因为1996年实行涨跌停板制度的结果，在此之前沪深股市的股价波动剧烈，极度长阳线与极度长阴线出现的频率较多。实行涨跌停板制度，两种K线出现极度长的次数减少，但市场指示意义更强。

极度长阳线中容易出黑马的理论依据是：股价在盘中的剧烈宽幅震荡，不是普通的散户投资者可以做到的，往往是股价遇到利空消息而严重超跌之际，主力充分利用投资者的恐慌心理，趁机将股价打到跌停板附近，然后再大肆吃进散户的恐慌抛盘。由于主力建仓迫切，常常将散户的抛盘一路通吃到涨停，表现在K线形态上就是振幅巨大的阳线（见图4-9）。

极度长阳线在实际应用中的具体技术要点：

一、极度长阳线形态特征要求个股前期走势是处于下跌状态中，股价在当天的盘中振幅要达到18%以上，并且在尾市收盘时股价是上涨的（见图4-10）。

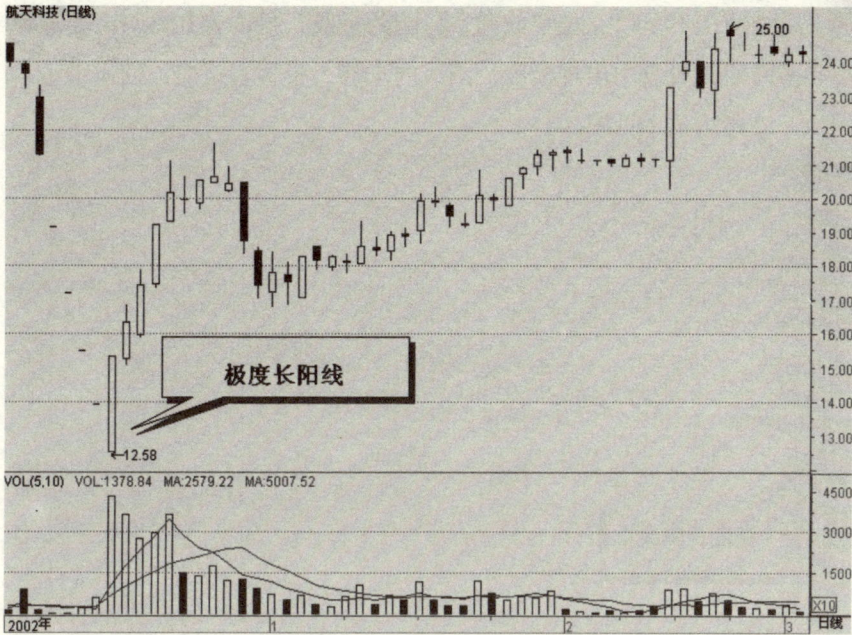

图4-9

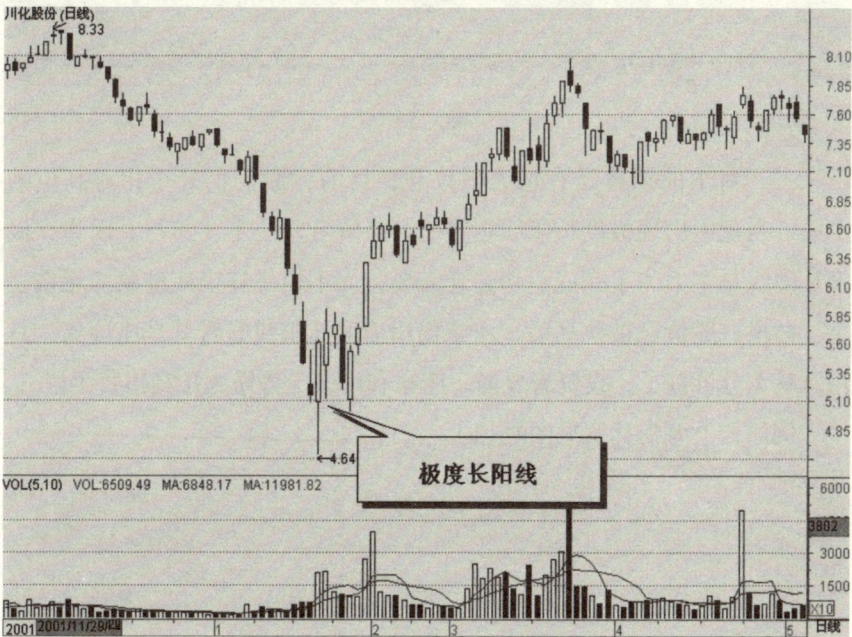

图4-10

二、对于确有重大实质性利空消息的，目前跌幅不深的，或者目前的下跌幅度仍不足以完全释放利空影响的个股，投资者在参与时要谨慎小心。即使该股盘中出现极度长阳线的走势，投资者也应以回避为上。

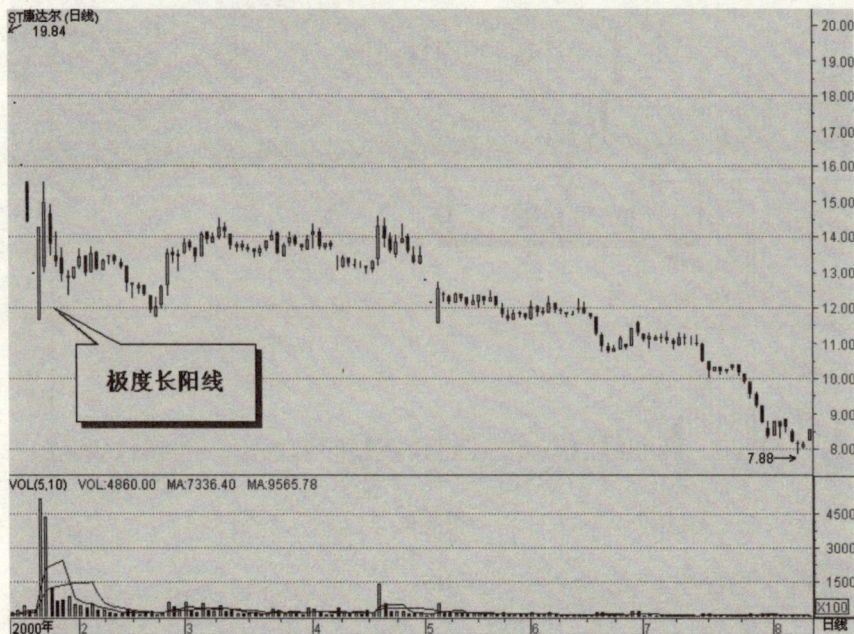

例如：ST康达尔（见图4-11）

图4-11

三、对于前期曾经有过大幅拉升，目前，股价仍处于相对高位的个股，当盘中出现极度长阳线走势时，投资者坚决不要参与。因为，极度长阳线是主力为了完成迫切建仓需要，而不惜暴露坐庄迹象的无奈之举。如果，股价已被拉高后，庄家仍用极度长阳线显露其坐庄迹象，其用意就十分可疑了，投资者要谨防庄家利用该走势做为拉高出货手段。

例如：上海梅林（见图4-12）

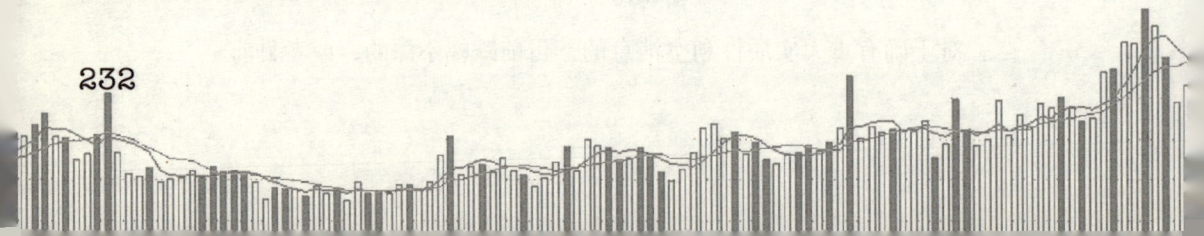

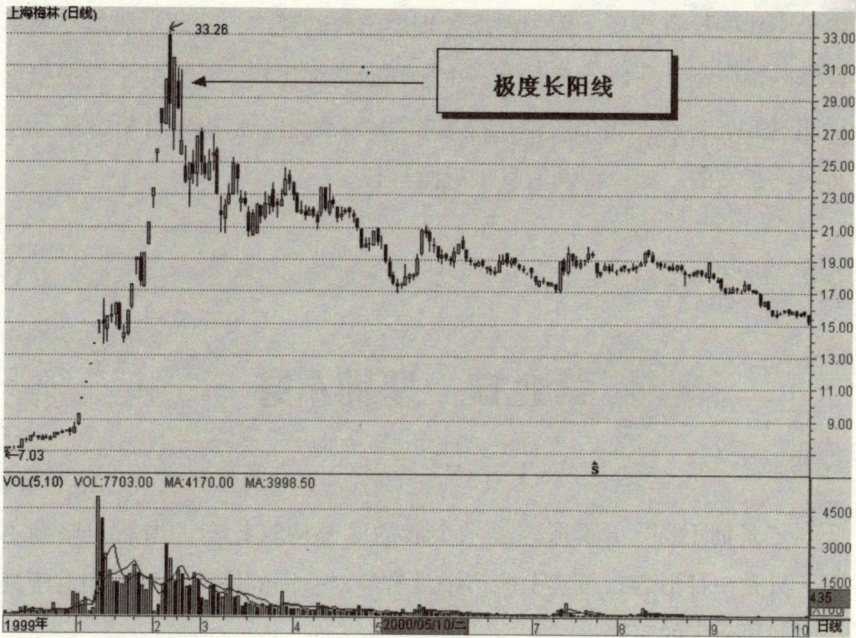

图4-12

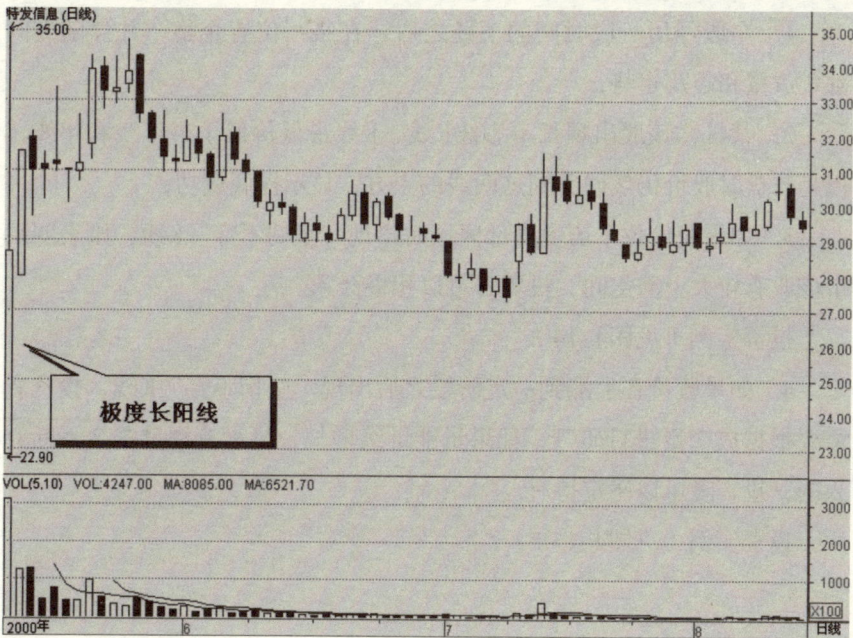

图4-13

四、发行新股上市首日和暂停上市公司恢复上市首日不适宜运用极度长阳线的投资技巧。因为根据管理层出台的规定，这两类股票交易不设涨跌幅限制，所以，首日交易中振幅通常都比较大，有的个股振幅远远超过20%，对此类个股运用极度长阳线K线组合形态的分析方法是没有实际意义的。如：特发信息（见图4-13）。

第七节　坚韧不穿

"坚韧不穿"K线形态表示个股的底部构筑扎实，当然"坚韧不穿"只是一种形容，事实上股市中没有绝对坚固的底部，只有相对于某一时间段而言的底部。

技术特征：

1. 个股经历一段时间的下跌之后，在某一位置企稳，并伴随有间歇式放量和震荡走势；

2. 某日，该股出现长下影线K线，K线最低价低于半年线和年线，但是收盘时股价仍然回升到这两线的上方，显示探底成功；

3. 如果股价位于历史底部区域时出现"坚韧不穿"K线，则表明后市该股有较大上涨空间，投资者可以积极介入。

投资实例（见图4-14）。

4. 如果股价在上涨到一定阶段之后出现"坚韧不穿"K线，投资者需要根据成交量进行研判，如果量能继续增长，显示有增量资金不断介入的，投资者可以坚定持有。

投资实例（见图4-15）。

图4-14

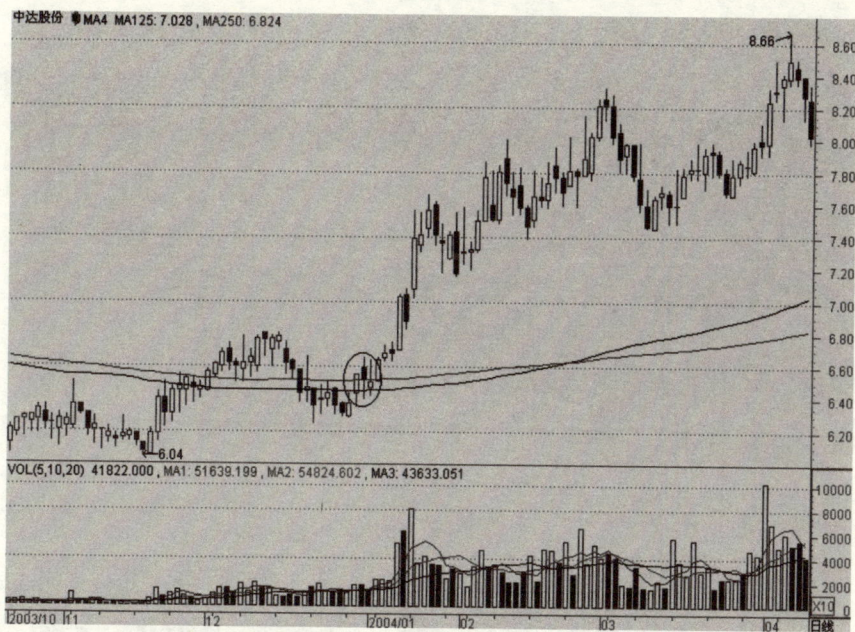

图4-15

235

第八节　三空阴线

"三空阴线"是指股价出现连续向下跳空的K线组合形态。

技术特征：

1. 连续三天向下跳空低开；

2. 连续三天收出阴线。

应用法则：

1. 这种K线组合形态不适宜单独应用于ST股或*ST股，因为ST股出现这种情况是比较正常的；

2. 这种K线组合形态虽然从表面看显得跌势凌厉，但是过度下跌是对做空能量的极大消耗，当空头能量消耗尽时，股价极易出现见底行情（见图4-16）。

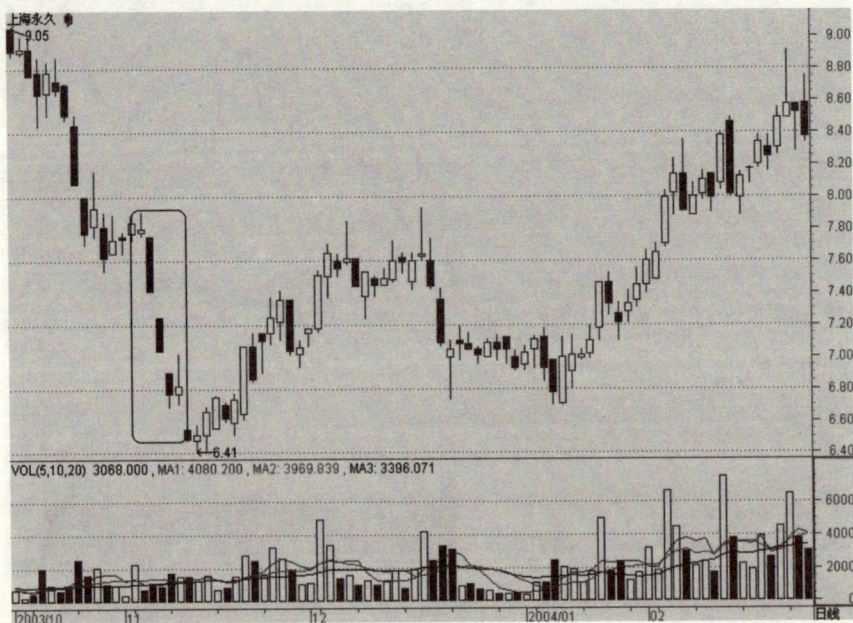

图4-16

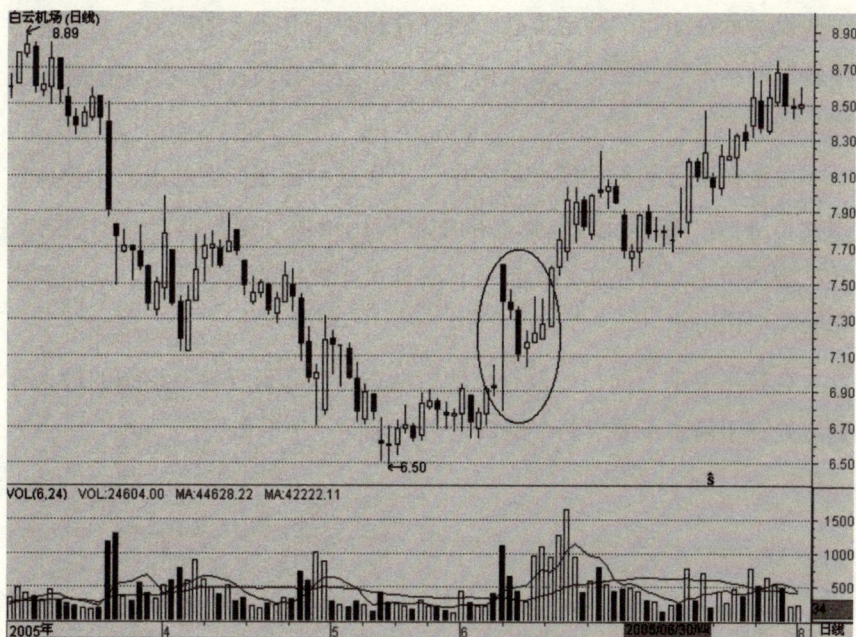

第九节　江上晴云

　　"江上晴云"K线组合形态反映出股价由连续下跌转变为连续上升，是典型的V型反转走势。其技术特征是：

　　1．"江上晴云"由6根K线组成，股价先是连续三天下跌，随后又连续三天上涨；

　　2．在连续下跌的过程中，不仅要求每天的收盘价低于前一交易日的收盘价，还要求必须全是阴线；

图4-17

　　3．在连续上涨过程中不仅要求每天的收盘价高于前一交易日的收盘价，还要求必须全是阳线；

　　4．连续三天的下跌过程中，其累计成交量必须小于连续上涨三天的累计成交量；

5. 连续下跌的幅度越大，越说明该K线组合形态的止跌意义越明显，而连续上涨速度越快，越说明反转的可靠性。

投资实例（见图4-17）。

第十节　裂谷反转

"裂谷反转"形态是一种强烈的底部反转信号，说明股价的下跌趋势已经被彻底扭转，投资者可以果断建仓买进。

这种K线组合形态与缺口理论中的"岛形反转"形态有相似之处，一些投资者在运用"岛形反转"时往往拘泥于形式上的规则，而"岛形反转"的技术限制较紧，要求两个缺口的位置必须在同一水平区域（见图4-18）。

由于在实际的行情演变过程中，出现这种标准形态的次数比较少，因此，导致"岛形反转"形态的实际应用价值大幅降低。而"裂谷反转"则保留了其真正实用的部分，降低过于严格的技术要求，从而提高了实际使用效果。

在技术要求方面，"裂谷反转"形态与"岛形反转"形态的最大区别之处在于前者不要求两个缺口是否处于同一水平位置。

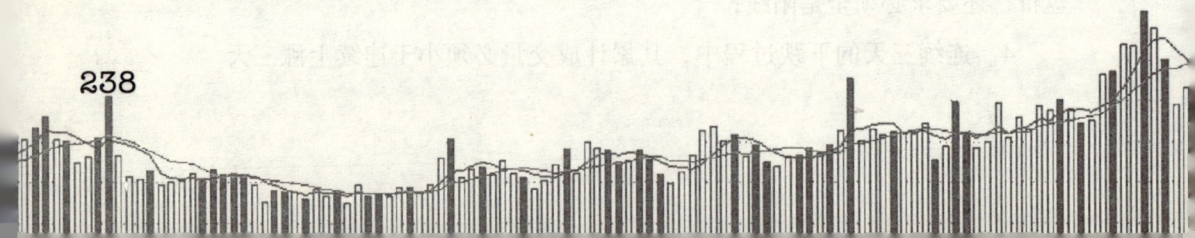

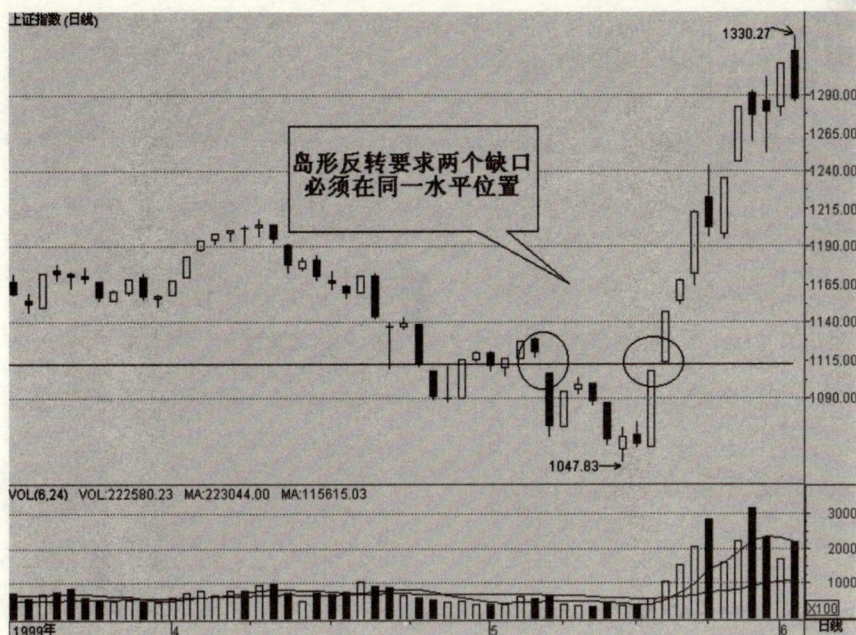

图4-18

技术特征:

1. 股价或指数在短时间内出现两个跳空缺口,这两个缺口的方向是相反的,其中前一个是向下跳空缺口,而后一个是向上跳空缺口;

2. 出现向下跳空缺口时不需要放量配合,而出现向上跳空缺口时则有量能配合;

3. 两个缺口之间的间隔不能长,最多不能超过10个交易日,通常时间间隔越短,反转力度越强,理想的间隔期是2~4个交易日;

4. 两个缺口之间允许有一定限度的高低落差,相对来说,后一个缺口低于前一缺口比较好,如果后一缺口高于前一缺口则要注意两者的股价差异幅度,对于差异幅度过大的形态,需要提高警惕。

投资实例1(见图4-19):

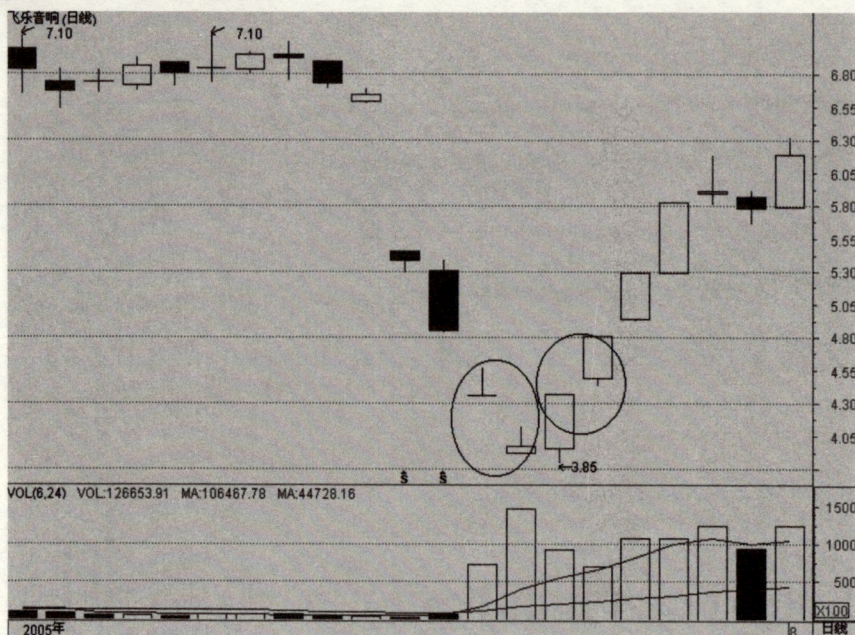

图4-19

注意要点：

一般来说，两个缺口之间的股价波动以低位盘旋形式出现是最好的，如果期间出现一些震荡走势，但幅度不大时也不影响该形态的成立。但如果在两个缺口之间，股价出现大涨行情，投资者则需要谨慎，这时该形态的提示意义将会减弱。

投资实例2（见图4-20）：

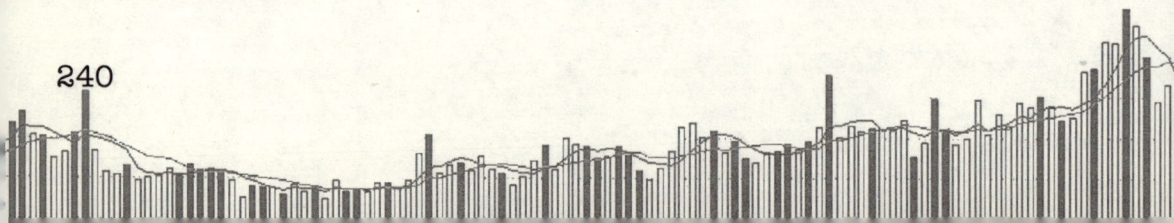

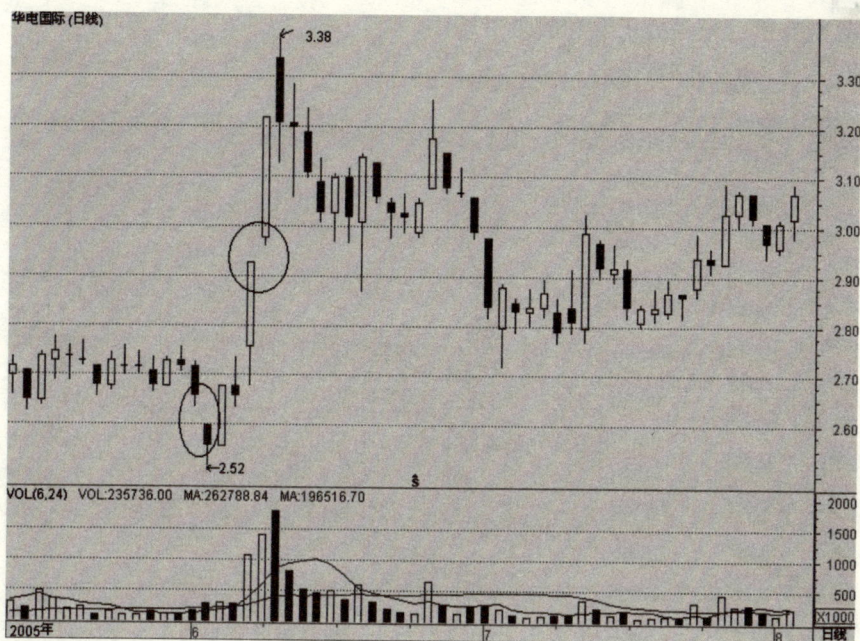

图4-20

第十一节　几度东风

　　该K线组合形态是表示个股行情在经历一段时间的连续下跌走势后，出现明显止跌企稳迹象，比较适合于中线投资。

　　技术特征：

　　1. 在出现"几度东风"K线组合形态之前，个股的股价与成交量必须双双创下新低；

　　2. 在创低后不久，股价随即逐阶走高，以每日最高价为标准，连续5天（或5天以上）走高，即每天的最高价均高于前一交易日的最高价；

　　3. 最高价虽然连创新高，但实际涨幅并不大，而且成交量也不是急剧放量，只是处于温和放量过程中。

投资实例（见图4-21）：

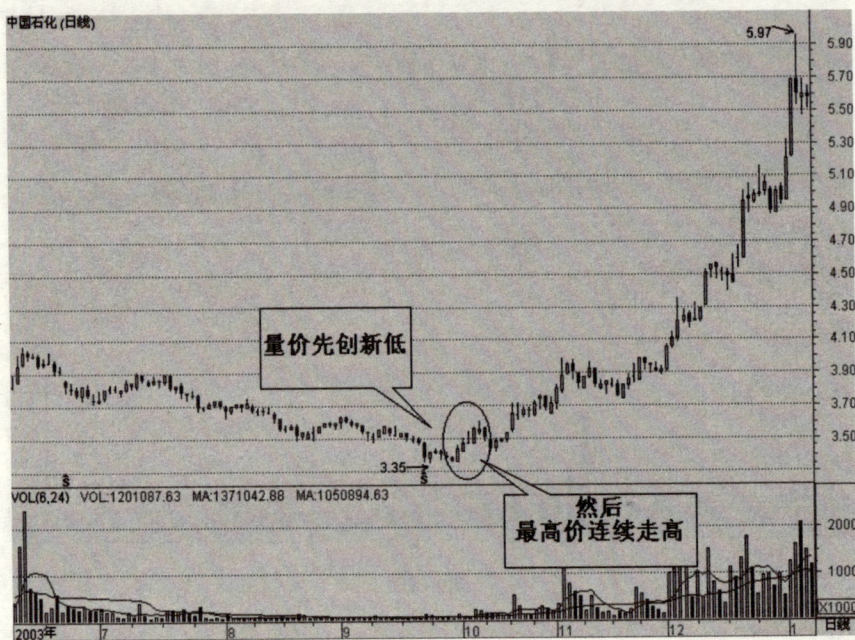

图4-21

第十二节　平台起飞

"平台起飞" K线组合形态是指当个股或大盘在底部区域经过充分的蓄势整理之后，终于爆发向上突破行情。在形态上显示先是有一个横盘整理的过程，然后成功突破并展开新一轮上升行情。

技术特征：

1. 在一段时间内，股价保持不温不火的横盘走势，每天以小阴小阳线运行。

2. 当整理行情运行一个阶段后突然出现快速上涨走势，通常是以中阳线或长阳线展开行情。

3. 在股价突破的同时，成交量也迅速放大。

投资实例（见图4-22）：

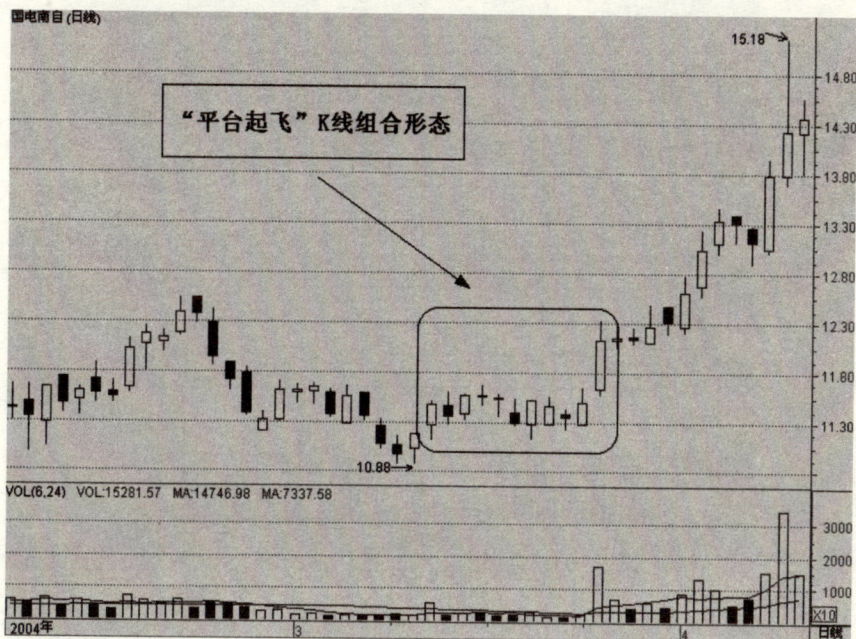

图4-22

研判这种K线的关键在于突破时的分析，不仅要注意量价关系，还要注意突破时的阳线不能依赖尾盘拉升，而要在盘中稳健上行。例如：国电南自在突破当日的走势呈现出稳健推升态势（见图4-23）。

值得注意的是：有时在一轮上升行情中不止出现一次"平台起飞"，而是有多次机会（见图4-24）。

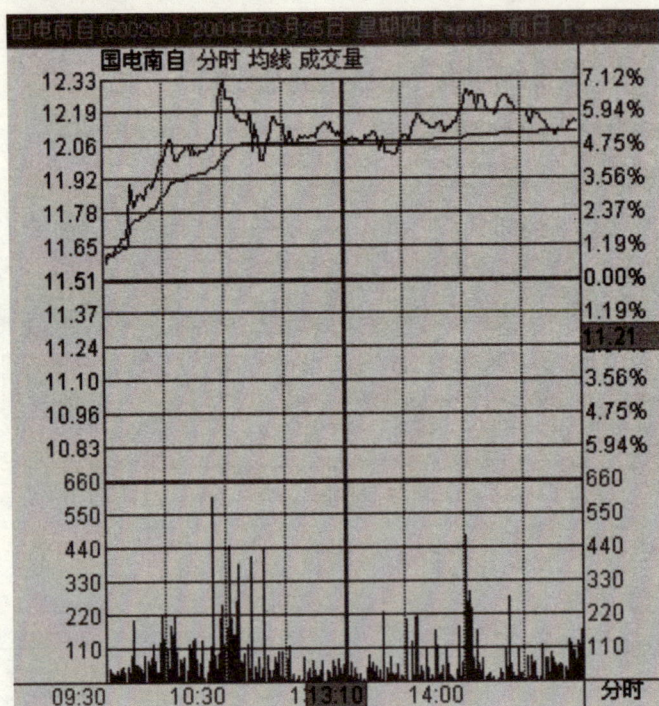

图4-23

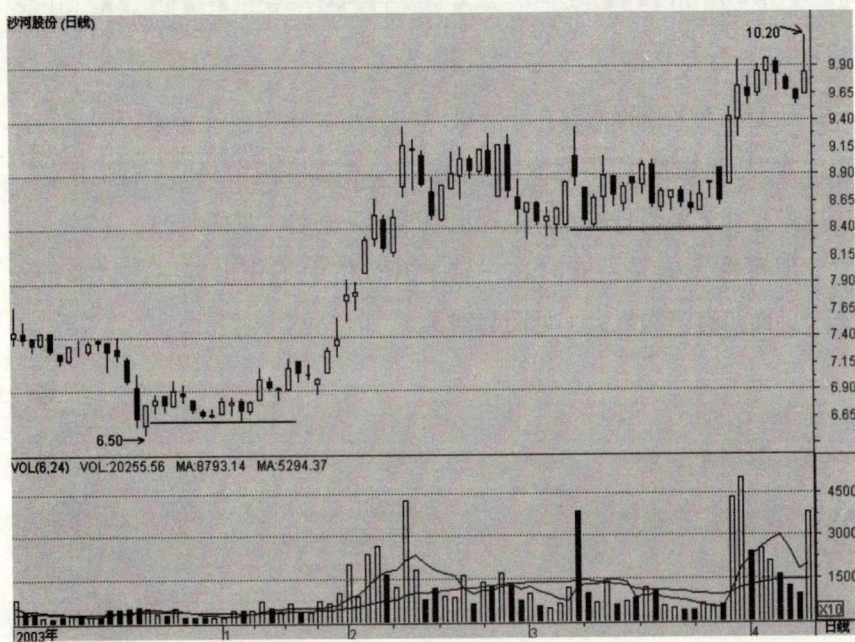

图4-24

后 记

　　写作本书的时候，正是股改即将完成的时候，股市即将迎来全流通的新时代，多年来压制着市场发展的最大因素被解除，股市也迎来自己的艳阳天，上证指数从998点上涨到3000多点，无数股民在股市中获取了丰厚利润。不过也有不少没有经验的投资者，由于缺乏对市场的正确认识，因而获利甚少。在大盘指数上涨200%的大牛市行情中，有的投资者仅仅获利20%～30%，甚至更少。

　　这使得笔者决心将自己的多年投资心得，以及在培训机构操盘手中的经验总结出来，希望能给更多的投资者带来实质性的帮助。

　　由于作者事业繁忙，书中疏漏之处在所难免，希望能得到广大读者的批评指正。在此也感谢出版社编辑对于本书提出的宝贵意见。

　　以下是作者的联络信箱和电话，读者有关本书的咨询问题，任何反馈意见或建议，欢迎联系。

yinhong8@126.com

hf699699@sina.com

电话：0555-8332980

尹　宏

2007年4月

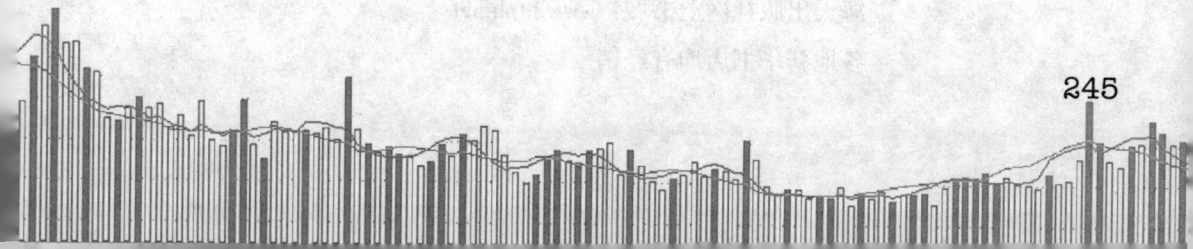

特约经销商名录

（排名不分先后）

郑州求实书社	高延志	0371-67647269
宁波新江厦书刊社	励开刚	0574-87069260
陕西音乐天地	游　勇	029-86313125
陕西嘉汇汉唐图书公司	唐代伟	029-85361642
上海万卷文化公司	王秋海	021-51163311
四川新闻书局	陈　琦	028-88005276
长沙昌硕书店	阳　洪	0731-2233331
湖南弘道文化传播公司	龚新平	0731-4424867
合肥崇文书店	李跃芳	0551-4227222
苏州文欣书店	邵安昆	0512-65307943
南京新知书店	徐有胜	025-83232237
武汉万方文艺书刊社	蔡全芳	027-85498462
江苏鸿国世文图书公司	朱珊珊	025-86961279
贵州西西弗文化公司	李桂黔	0851-5826437
南京万博图书公司	万晓勇	025-86636557
南京新视角文化公司	冯知红	025-83303560
大庆油田书店	安丰丽	0459-6334825
哈尔滨学府书店	李　峰	0451-8660951
厦门图书文化城	钟伟辉	0592-5538353
山西尔雅书店	靳小文	0351-7231473
上海天地新书总汇	葛惠英	021-64150238

海天出版社邮购直销科：0755-83461310 83460397

海天出版社网上书城：www.htph.net

各地新华书店均有经销